우리는
언젠가
죽는다

우리는 언젠가 죽는다

데이비드 실즈 지음 — 김명남 옮김

문학동네

나의 아버지(1910~)에게

차례

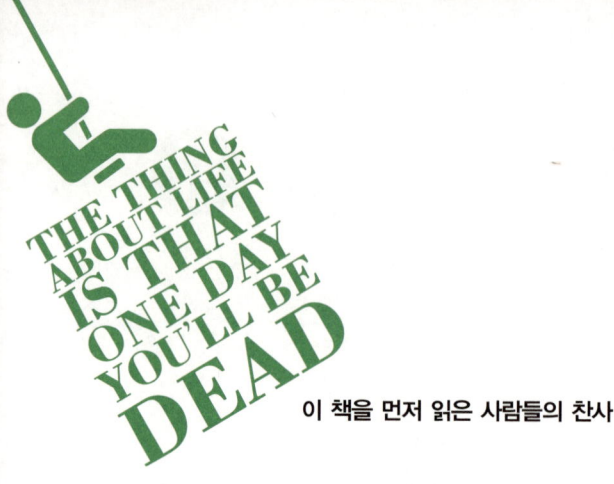

THE THING
ABOUT LIFE
IS THAT
ONE DAY
YOU'LL BE
DEAD

이 책을 먼저 읽은 사람들의 찬사

매력적인 책이다. 우리의 몸과 삶에 대해 쏟아내는 과학적 통찰력들이 우리로 하여금 죽음에 대해 성찰하게 만든다. 촌철살인 같은 명언들에 취하고, 몸의 변화에 공감하며 읽다가, 결국 감동하며 마지막 책장을 덮게 되는 책!

정재승(KAIST 바이오및뇌공학과 교수)

삶은 언젠가 죽음으로 끝난다. 그러니 아등바등 살아서 무엇 하겠느냐고 체념적으로 자조해본 적 있는 이에게 추천하고 싶은 책. 우리는 반드시 죽을 수밖에 없다는 사실을 아예 못 박아버림으로써 오히려 살아 있는 순간의 가치를 빛나게 해주는 묘한 매력을 지닌 책.

이은희(과학칼럼니스트, 『하리하라의 과학고전 카페』 저자)

마지막 장을 덮으면서,
인생의 마지막 순간에 그러듯이
허전한 마음으로 중얼거리게 될 것이다.
벌써 끝인가? 더 읽을 수는 없나?
나는 이 책이 못 견디게 좋다.

이 책은 나를 시작부터 사로잡았다. 흡인력이 강하고, 근사한 대목도 정말 많다.
나는 이 책을 사랑한다. 내가 쓴 책이면 좋겠다.

로렌 슬레이터(『스키너의 심리상자 열기』 『나는 왜 거짓말을 하는가』 저자)

읽는 사람의 기운을 북돋우는 책. 책장을 바삐 넘기게 만드는 이야기들, 소
리 내어 웃게 만드는 순간들, 숨을 멎게 하는 통찰들이 가득한 책이다. 마
지막 장을 덮으면서, 인생의 마지막 순간에 그러듯이 허전한 마음으로 중얼거리
게 될 것이다. 벌써 끝인가? 더 읽을 수는 없나? 나는 이 책이 못 견디게 좋다.

폴린 첸(외과의사, 『나도 이별이 서툴다』 저자)

우리의 삶과 몸을 흥겹고, 오싹하고, 우스꽝스러운 가락으로 노래했다. 실즈는
우리의 몸이 곧장 죽음을 향해 진군한다는 사실을 길게 이야기하면서
도, 결국 삶에 대한 러브레터를 써내려간다. 또한 과학적인 사실들과 웃긴
일화들을 마주 보게 했다. 문체에 관해서라면, 현명함과 겸손함을 겸비했다. 자
신이 학습한 사실을 자신 있게 설명하되 자기를 낮춤으로써, 똑똑한 친구가 저
녁 식사 자리에서 이런저런 이야기를 들려주는 것 같은 느낌을 준다.

시애틀 타임스

회고록인 동시에 명문집. 실즈는 아버지와 자신의 인생 이야기를 쓰면서, 그 겉을 노화와 죽음에 관한 지식과 각종 인용구들로 예쁘게 감쌌다. 그 결과 교훈적이고, 현명하고, 특정 장르로 분류하기 힘든, 아들의 사랑과 오이디푸스적인 분노가 뒤섞인 글이 완성되었다.

『타임 매거진』

실즈는 예리하고, 자기비하적인 유머가 볼 만한, 못 견디게 웃기는 작가이다. 마지막 장의 끝을 향해 갈 때, 독자는 더 읽고 싶어진다.

『월스트리트 저널』

너무나 섬세하게 잘 짜여 있다. 독자와 작가 사이의 그 좁은 틈새에 절묘하게 주파수를 맞추고 있어, 책 속에 담긴 통찰의 숨결과 허무한 탄식을 느끼며 슬며시 미소를 짓고, 숨을 죽이게 된다. 해부학과 자서전을, 생리학과 가족사를 반반씩 섞은 뒤에 그것을 흔들어 섞고, 잡다한 일화들로 양념을 하고, 다른 사람들의 지혜를 몇 줌 뿌린 후, 유한한 생명의 약한 불로 진득하게 끓였다. 그리하여 이렇게 아름다운 책 한 권이 탄생했다.

『보스턴 글로브』

참신하고 발랄하면서 필요한 대목에서는 엄밀하지만, 한편 심술궂고 건조한 태도로 아픈 데를 찌른다. 그리고 무엇보다도, 고백적이다. 실즈는 보편적인 개념의 죽음뿐 아니라 자기 자신의 죽음에, 특히 아버지의 죽음에 집착한다. 출생과 사망에 관한 통계들이 사이사이 뿌려져 있지만, 결국 『우리는 언젠가 죽는다』는 죽음을 도구 삼아 과거의 추억들과 현재의 관계들을 되돌아본 가족사에 관한 책이다. 익숙하진 않지만 감동적이다.

『살롱』

감상주의를 걷어낸 『모리와 함께한 화요일』 같다. 노화와 죽음을 싸구려 감상 없이 받아들이고 싶은 사람들에게 적합한 책이다. 이 기묘한 책을 어떻게 분류하면 좋을까? 회고록? 에세이? 인문서? 무슨 상관이란 말인가? 결국 읽을 만한 가치가 있는 책이란 무릇 죽음을 다룬 책이기 마련이다. 아직 읽지 않았다면 얼른 읽으시라. 당신도 언젠가 죽을 테니까.

『에스콰이어』

인간의 삶이 얼마나 다양하고, 뻔뻔하고, 모순적인지 보여주려 시도한 작가는 숱하게 많지만, 실즈만큼 그 목표를 제대로 달성한 사람이 또 있을까 싶다. 회고록이자 가족사에 관한 에세이이자 해부학 교과서이자 다윈 속성 강좌이자 문학적 경구들의 모음집인 실즈의 이 아홉번째 책은 보기 드물게 예술적인 작품이다.

『오스틴 크로니클』

결국 이 책을, 그리고 삶 그 자체를 가치 있는 것으로 만드는 것은 인간의 내면과 외면을 탐구함에 있어서 실즈가 견지하는 휴머니즘이다. 매혹적이고, 당혹스럽고, 독자의 눈을 틔워주는 이 책은 특정 장르로 분류하기가 무척 어렵다.　『샌프란시스코 크로니클』

THE THING
ABOUT LIFE
IS THAT
ONE DAY
YOU'LL BE
DEAD

실즈와 그 아버지의 이야기가 책의 심장이라면, 짤막짤막하게 소개한 과학적 사실들은 책의 뼈대이다. 개인적인 것과 보편적인 것, 지금 살아 숨 쉬고 있는 개개인들의 관계와 모두의 필연적인 운명을 한데 엮은 효과는 대단하다. 실즈는 우리 눈앞에 죽음을 들이대고서도 또한 우리를 크게 웃게 만든다.

『타임아웃 시카고』

실즈의 책에서 핵심 주제를 찾으라면, 우리 인간의 육체, 두려움, 가족으로만 구성된 벌거벗은 세상 그대로를 그리겠다는 목표일 것이다. 현실 앞에서는 종교도 문학도 우리를 보호해주지 못한다. 실즈의 언어가 이토록 또렷하고 투명한 것은 그 때문이다. 세상의 모든 것이 실즈의 언어를 통해 거의 아무런 왜곡 없이 고스란히 독자에게 전해진다. 또한 실즈는 중년의 작가로서 자신의 실존적 처지에 대해서도 서슴없이 고백한다. 중년은 천국(젊음)과 지옥(노년) 사이에 놓인 지상의 시기와도 같다. 50대인 실즈는 이제 사람으로 산다는 것이 어떤 것인지 노래할 때가 되었다고 판단한 것이다.

『스트레인저』

실즈의 관찰은 섬세하고, 종종 웃기고, 가끔 잔인하다. 하지만 그는 감쇠를 알리는 나팔신호에 맞서 짐짓 허세도 좀 부려보고, 쇠붙이를 떼어낸 신발을 신은 탭댄스 무용수의 발소리처럼 솜씨 좋은 문장을 통해 무대로 내려오는 막을 막아보려 노력한다.

『커커스 리뷰』

아흔 살이 넘은 아버지의 어마어마한 활력에 자극을 받은 나머지, 데이비드 실즈는 생명의 유한성을 이해하고자 인간의 삶이 그리는 궤적을 살펴보았다. 삶과 죽음에 관한 확장된 명상록이라 할 만한 그의 글은 다각적인 접근법, 솔직한 목소리 덕분에 읽기에 즐겁고, 때때로 심오한 책으로 거듭났다.

『퍼블리셔스 위클리』

실즈의 회고록은 독자의 정신을 확 깨운다. 이따금 통렬하다. 우리 중 누구도 이 생을 살아서 빠져나갈 수 없음을 환기시킨다.

『북 리스트』

중년은 천국(젊음)과 지옥(노년) 사이에 놓인
지상의 시기와도 같다.
50대인 실즈는 이제 사람으로 산다는 것이 어떤 것인지
노래할 때가 되었다고 판단한 것이다.

아버지에게 드리는 편지

한 판 시합을 시작해보자. 내 이야기 대 내 아버지의 이야기.

이것은 내 몸의 자서전이고, 내 아버지 몸의 전기이고, 우리 두 사람 몸의 해부학이다. 내 아버지의 이야기이고, 아버지의 그 지칠 줄 모르는 몸 이야기이다.

이것은 나의 연구 결과이다. 나는 이런 것을 배웠다. 생존의 잔인한 현실, 벌거벗은 육신의 탈을 쓴 연약하고 덧없는 생명, 불쌍하고 발가벗은 두 발 짐승(『리어 왕』3막 4장에 나오는 표현—옮긴이)에 불과한 인간들, 내 몸과 아버지의 몸과 모든 사람의 몸에 깃든 아름다움과 비애.

죽음을 받아들이세요, 나는 이렇게 말하는지도 모른다.

삶을 받아들이거라, 아버지의 대꾸는 이해되고도 남는다.

대체 어쩌다가, 나는 자연스러운 죽음에 반쯤 홀렸는가? 내 나이 고작 51세인 것을. 영국의 소설가 마틴 에이미스 Martin Amis는 말했다. '언제일지 몰라도 반드시 때가 온다. "안녕"이 반기는 인사가 아니라 작별 인사가 되었구나 깨닫는 때가 온다. 그리고 죽음, 그것은 삶이라는 임시직 후에 찾아오는 상근직이다. 이제는 애써 고개를 틀지 않고는 반대쪽을 바라볼 수가 없으니, 죽음이 다가오는 것이 너무나 분명하기 때문이다. 전에는 그렇지 않았다. 언젠가 죽는다는 사실을 머리로야 납득하고 있어도 당장의 현실은 아니었다.'

나도 그런 기분이다. 내게 성가실 정도로 기운 넘치는 열네 살짜리 딸이 있다는 사실을 떠올리면 이런 기분은 짙어만 간다. 나는 이제 전혀 운동선수답지 않지만(나는 심한 요통에 시달리는데, 그 이야기는 나중에 하자), 내털리는 운동선수답다. 이번 시즌 언젠가 내털리의 축구 시합이 끝난 뒤에, 상대팀 선수의 부모가 내털리에게 말했다. "프로로 전향해라."

대체 왜, 97세 된 내 아버지는 그토록 수명에 집착하고, 생존 그 자체에 목을 맬까? 아버지는 적어도 내 눈에만큼은 못 말리게 활기차고 흥미롭고 매력적인 인물임에 틀림없지만, 그렇다고 아버지를 낭만적으로 미화하고 싶은 마음일랑 없다. 아버지의 생명력은 가히 기계적이다. 사람의 진을 쏙 빼놓도록 소모적이다. 아버지가 영원한 안식에 든다고? 나는 상상도 안 된다.

미국의 소설가 마크 해리스^{Mark Harris}는 동시대 작가들 가운데 솔 벨로가 발군이라고 믿는 까닭을 설명하면서, 간단히 말해 벨로가 남들보다 더 생명력 넘치기 때문이라고 했다. 내 아버지도 그 비슷하다. D. H. 로런스는 마치 피부가 없는 사람처럼 세상만사에 예민

했다는데, 내 아버지가 또 그와 비슷하다. 제발 좀 무뎌지세요, 나는 아버지를 채근하고, 거푸 아버지는 거절한다.

나는 오이디푸스 콤플렉스가 있나보다. 그래서 이렇게 죽음에 관한 자료를 쏟아부어 아버지를 매장하려나보다. 왜 나는 아버지에게 한시 바삐 수의를 입히지 못해 안달인가? 아버지는 강하고, 아버지는 약하며, 나는 아버지를 사랑하고, 나는 아버지를 미워하며, 아버지가 영원히 살았으면 좋겠고, 아버지가 내일 당장 죽었으면 좋겠다.

1장

유년기와 아동기

Infancy and Childhood

태어난 순간 죽음은 시작된다

태아는 엄마의 자궁 속에 얌전히 앉아 엄마가 먹여주기만 기다리지 않는다. 태아의 태반이 엄마의 조직에 혈관을 뻗어 공격적으로 침투해서 영양소를 뽑아낸다. 아직 태어나지 않은 아기와 산모는 산모가 아기에게 공급하는 영양소를 놓고 무의식적으로 승강이를 벌인다. 임신은, 진화생물학자 데이비드 헤이그David Haig가 말했듯이, 줄다리기이다. 양쪽이 기를 쓰고 잡아당기기 때문에 줄 중앙에 묶인 깃발이 거의 움직이지 않을 뿐이다. 생존은 전쟁이다.

인간은 25만 년 전부터 존재했다. 그 동안 9백억 명이 살고 죽었다. 당신은 현재 지구에 있는 65억 인구 중 한 명이고, 당신의 유전자에서 99.9퍼센트는 남들의 유전자와 같다. 사람의 차이는 나머지 0.1퍼센트에서 온다. 뉴클레오티드 염기 1천 개 중 하나 꼴의 차이에서 온다.

우리는 뼈를 350개 가지고 태어나는데(긴뼈, 짧은뼈, 납작뼈, 불규칙뼈), 자라면서 뼈끼리 붙기 때문에 어른의 몸에는 206개만 남는다. 우리 몸무게에서 70퍼센트쯤은 물이다. 지표면에서 물에 덮인 부분의 비율과 비슷하다.

신생아는 평균 심장박동수가 분당 120회이다. 아기는 태어나는 순간에 어른의 보통 호흡보다 50배나 강한 힘으로 한 차례 공기를 빨아들임으로써 양수에 감싸인 편안한 환경에서 공기에 둘러싸인 차가운 환경으로 옮겨온다. 나는 볼기분만이었다. 볼기분만에서는 머리가(그러니까 내 머리가) 마지막에 나오기 때문에 탯줄이 목을(그러니까 내 목을) 감을 확률이 높아 위험하다. 나는 발부터 세상으로 나왔고, 이후 일주일 동안 병원의 따뜻한 인큐베이터에 누워 약간의 휴식과 안정을 취했다. 아버지는 골키퍼처럼 인큐베이터를 지키고 서서 타격 거리 내에 아무도 들어오지 못하게 했다고 한다. 내가 몇 분 넘게 꼼짝 않고 있으면 아버지는 유리 덮개를 마구 두드렸다. 나 죽지 않았어요, 아빠. 잠 좀 잔 것뿐이에요. 나는 평생 차가운 기체 환경(위험)을 추구하는 척하며 살았지만, 사실 내가 정말로 끌리는 것은 아늑한 액체 환경(안전)이다.

운동장 출입구가 잠겼을 때 억지로 들어가지 않았다고 해서 어머니에게 칭찬을 들었던 기억이 난다. 아버지는 왜 담을 넘어 들어가지 않았느냐며 내게 정나미가 떨어진다고 했다. 미식축구를 할 때 와이드리시버였던 나는 요리조리 복잡하게 달려서 필드 중앙에 홀로 우뚝 선 뒤에 공을 달라고 마구 손을 흔들었다. 패스를 놓친 적은 한 번도 없었지만, 심하게 태클을 받으면 몸이 굳어서 공을 더 듣기가 다반사였다. 나는 동네 제일의 소프트볼 선수였지만, 좀 커서 하드볼을 오버핸드로 빠르게 던지는 패스트피치 경기를 하게 되면서부터는 겁을 잘 먹었다. 땅볼을 안타로 만들려고 꽁지 빠져라 뛰는 와중에도 일루로 날아오는 공에 머리통을 맞을까 걱정되어 속도를 늦췄기 때문에 대개 공이 나보다 앞서 도착했다. 타석에 서면 투구에 맞을까봐 겁났다. 외야 수비를 볼 때는 공이 울퉁불퉁한 내야에서 불규칙 바운드로 튀어올까봐 겁났다. 나는 100미터를 11.8초에 뛰었다. 내 긴 다리를 눈여겨본 육상 코치는 높은 장애물 넘기를 하라고 우겼는데, 나는 매번 장애물 앞에 멈춰서 똑바르게 넘으려드는 바람에 항상 꼴찌로 들어왔다. 입수하는 법을 몰랐을 때, 나는 발부터 수영장으로 뛰어들었다. 수영 강사가 나를 다이빙대 끝으로 끌고 가서 팔다리 자세를 취하게 하고, 잠시 공중에서 내 몸을 잡았다가, 떨어뜨렸다. 나는 마지막 순간에 휙 고개를 들었고, 물은 전기 바늘이 무수히 박힌 받침대처럼 나를 받아냈다. 나는 무엇이 그렇게 두려웠을까? 다치는 것을 왜 그렇게 겁냈을까?

『바가바드기타』는 사람의 몸을 가리켜 구멍 9개가 뚫린 상처라고 했다.

객관적으로 말해서, 신생아는 전혀 예쁘지 않다. 아직 지방이 없어서 볼이 통통하지 않다. 아직 이가 없어서 턱이 홀쭉하다. 드물게 머리카락이 조금 나 있더라도, 너무 가늘어서 흡사 대머리처럼 보인다(백인 아기는 더하다). 태아기름막이라는 진득한 물질이 피부를 보호하는 옷마냥 온몸에 덮여 있으며, 피부는 불그스름하고 축축하고 주름이 깊다. 산도를 빠져나올 때 받은 압박으로 얼굴 여기저기가 부풀기 때문에 일시적으로 코가 뒤틀린 경우도 있고, 눈이 한 쪽이나 두 쪽 다 부은 경우, 머리통이 이상한 모양으로 늘어난 경우도 있다. 두개골은 완전하게 형성되지 않았다. 머리뼈들이 완전히 맞물리지 않았기 때문에 어느 부분에서는 뇌가 부드러운 조직으로만 덮여 있다. 남녀 모두 외부 생식기가 몸에 비해 큰 편인데, 산모를 통해 받은 호르몬 자극 때문이다. 같은 이유로 여자 아기의 가슴이 살짝 부푼 경우가 있고, 젖꼭지에서 '마녀의 젖'이라 불리는 액체 분비물을 낼 때도 있다. 홍채는 옅은 푸른색이다. 진짜 눈 색깔은 나중에 발달한다. 머리가 몸에 비해 몹시 크고, 목이 머리를 지탱하지 못하고, 엉덩이는 자그마하다.

신생아의 평균 몸무게는 3.29킬로그램이고 키는 53센티미터이다. 출생 후 첫 며칠 동안 몸무게가 5에서 8퍼센트쯤 줄어드는데, 주로 수분 손실 때문이다. 공기가 귀관으로 들어가는 데 시간이 걸리기 때문에 첫 24시간 동안은 귀머거리나 마찬가지다. 아기는 자궁을 그리워하고 자극을 싫어한다. 입 안이나 입술 주변에 닿는 물건을 뭐든지 빨려고 든다. 눈길은 멍하고 시선은 사시처럼 엇갈린다. 체온은 변덕스럽고 호흡도 자주 불규칙하다.

생후 한 달이 되면 아기는 머리를 흔들거리고, 팔다리를 뻗는 연습을 한다. 두 달이면 등을 대고 바로 누웠을 때 고개를 정면으로 향할 줄 알고, 엎드렸을 때 고개를 45도쯤 들 줄 안다. 석 달이면 목 근육이 강해져서 1,2초쯤 고개를 가눈다.

출생 시에 아기의 뇌는 크기가 어른의 25퍼센트밖에 안 된다. 사람은 직립보행을 하는 대가로 자궁 크기에 한계가 있기 때문에 아기가 빠져나오는 통로가 그리 클 수가 없다. 그래서 아기의 뇌는 작게 태어나지만, 재빨리 처음의 제약을 보충한다. 1세이면 어른 뇌의 75퍼센트까지 자란다.

유아는 최대 4만 회/초까지 높은 주파수의 소리를 잘 듣기 때문에, 2만 회/초까지만 감지하는 어른이 알아채지 못하는 개 조련용 호각 소리에도 움찔한다. 우리 귀 속에는 털 세포라는 감각 세포들이 들어 있다. 이들이 달팽이관 속 액체의 물리적 에너지를 신경 신호로 바꾸어 신경 세포로 전달하면, 신경 세포가 뇌로 신호를 중계해서 우리가 소리를 듣는다. 그런데 사춘기에 접어들면 털 세포들이 사라지기 시작해서 특정 주파수대를 듣는 능력이 떨어지는데, 고음에 대한 인지력이 가장 먼저 사라진다.

신생아는 주먹을 쥐고 있을 때가 많다. 누가 그 엄지와 집게 사이를 쓰다듬으면 아기의 손은 그 물체를 꽉 움켜쥐는데, 양손으로 잡으면 제 몸무게를 지탱할 수 있을 만큼 강한 힘을 발휘한다. 이 타고난 '움켜잡기 반사'는 사람의 아기에게는 아무 쓸모가 없다. 하지만 인류 출현 직전에, 아기가 어미의 털에 매달려 다녀야 했던 진화 단계에서는 유용했을 것이다.

이 사실을 유대교에서는 어떻게 해석하는지 아버지에게 들은 적 있다. 미드라시(경전에 끊임없이 주석을 달며 고쳐나가는 연구이다)에 따르면, 우리가 주먹을 쥐고 세상에 나오는 것은 "세상은 내 것이야, 내가 다 물려받겠어"라는 뜻이다. 우리가 손을 편 채 세상을 떠나는 것은 "세상에서 아무것도 얻지 못했다"는 뜻이다.

어쩌다 공중으로 떨어지면, 평소에 웅크리고 있던 아기는 즉각 자세를 바꾸어 사지를 활짝 뻗는다. '놀람 반사' 혹은 '포옹 반사'라고 하는 이 반응 덕분에 옛날에는 유인원 아기의 몸이 최대한 펼쳐져서 어미가 떨어지는 아기를 잡아내기 쉬웠을 것이다.

내털리가 태어났을 때 나는 울었고, 아내는 울지 않았다. 울기에는 너무 바빴으니까. 우리가 병원에서 손을 맞잡고 잡지를 읽는데, 갑자기 아내 로리가 전에는 한 번도 보인 적 없는 위엄 있고 진지한 표정으로 내게 말했다. "잡지 내려놔." 그리고 내털리가 나왔다. 입맛을 쩝쩝 다시면서. 나는 간호사를 다그쳐서 그것이 당뇨를 암시하는 징후가 아님을 확인받았다(초보 부모용 지침서를 너무 많이 읽었다). 나는 앞으로는 절대로 사소하거나 멍청하거나 이기적인 생각을 하지 않겠노라 맹세했다. 그런 감정 고양 상태가 그다지 오래 가지는 않았지만 뭐, 그게 어딘가⋯⋯

코기Kogi(남아메리카 콜롬비아의 원주민 부족―옮긴이) 사람들에 따르면 삶을 시작하는 순간에 아기가 아는 것은 세 가지뿐이다. 엄마, 밤, 물.

프랜시스 톰프슨은 말했다. '우리는 모두 타인의 고통 속에 태어나고, / 자신의 고통 속에 죽어간다.' 에드워드 영은 말했다. '태어난 순간 죽음은 시작된다.' 프랜시스 베이컨은 말했다. '우리에게 남은 것이 무엇이뇨? 그저 울부짖을 뿐 / 아예 태어나지 말 것을, 태어났으니 얼른 죽을 것을.' 블라디미르 나보코프의 『말하라, 기억이여 Speak, Memory』는 이런 문장으로 시작한다. '요람은 심연 위에서 흔들거린다. 그리고 상식적으로 생각해보건대, 우리는 단지 영원이라는 두 어둠 사이 잠시 갈라진 틈으로 새어나오는 빛과 같은 존재다.'

사람들이 자주 언급하지만 깊이 토론하지 않는 주제 한 가지. 존재와 비존재는 백지 한 장 차이라는 사실. 1919년, 9세였던 아버지는 친구들과 함께 브루클린의 철로를 건너는 중이었다. 맨 뒤에서 걷던 아버지는 그만 제3레일(철로와 나란히 놓여 기차에 전기를 공급하는 레일—옮긴이)에 발이 걸려 넘어졌다. 수직으로 서 있던 행복한 어린이는 수평으로 걸친 전도체로 단숨에 변신했다. 기차는 덜컹거리며 밀턴 실드크라우트 Milton Shildcrout를 향해 달려오는데, 납작 넘어진 소년은 자초한 감전사에서 자력으로 탈출할 도리가 없어 속수무책이었다. (내가 아버지에게 왜 성을 바꿨느냐고 묻자, 아버지는 말했다. "2차 대전 당시 내 선임 하사관은 일일 병영 알림장에 적힌 단어가 두 음절을 넘어가면 읽지를 못했단다. '우라질 뉴욕 이름들'을 정확하게 발음하는 데도 애로가 많았지. 그가 당밀처럼 걸쭉한 남부 사투리로 이렇게 말하더구나. '자네 이름 말이야, 하사, 뒤지게 길단 말이야. 우리가 해외에 나갔다가 자네가 어쩌다 도조^{Tojo}[진주만 공습을 지시한 도조 히데키의 이름을 따서 일본인들을 지칭하던 은어 — 옮긴이]의 총알받이가 되어도 비석에 다 적지도 못할 정도로 길단 말이야. 나 같은 어르신이 발음하기 좋게 줄여야겠단 말이야. 그러니까 이제부터는 실지^{Shieldsy}라고 부르지.' 힐 하사관은 몇 주 뒤에는 실즈^{Shields}라고 더 줄였지. 나는 꼬박 36개월 동안 실즈라는 이름으로 제164 병참중대에 속해 있었어. 그러다보니 나도 실즈에 익숙해져서 제대한 뒤에 개명했지.")

내가 오늘 여기에 앉아 이 글을 쓸 수 있는 것은 다 빅 에이브 덕분이다. 검은 셔츠를 입고 보라색 모자를 썼던 17세의 레슬링 선수 빅 에이브가, 전도체 신세가 된 꼬마 밀턴과 레일 사이로 바싹 마른 긴 나무작대기를 쑤셔넣어서 기차가 통과하기 불과 몇 초 전에 꼬마를 공중으로 튕겨올린 것이다. 아버지는 팔꿈치며 무릎이 온통 까졌다. 살 색깔이 불그죽죽해졌다가 분홍빛이 되었다가 꺼멓게 되는가 하면 흰 뼈가 드러날 정도로 벗어지는 통에 여름 내내 산송장처럼 지냈다. 손발톱이 부스러졌고, 그다지 많지도 않았겠지만 하여간 몸에 났던 털이 죄다 빠졌기 때문에, 아버지는 거의 환골탈태를 했다. 할아버지는 롱아일랜드 철도회사를 상대로 100달러 소송을 냈다. 일주일에 한 번 의사를 찾아가 감염 여부를 검사하는 비용에서 한 푼도 더도 덜도 아닌, 정확한 금액이었다고 한다.

██████ 포유류는 모두 나이를 먹는다. 나이를 쉽게 먹지 않는 동물은 포유류보다 원시적인 것들, 상어, 악어, 갈라파고스 거북 등이다. 사람이 어째서 지금과 같은 속도로 나이를 먹는가에 대해서는 다양한 이론이 있다. 노화가 유전적으로 통제된다는 이론(잘 적응하지 못한 개체는 죽어 사라지고 잘 적응한 개체는 존속한다는 이야기), 노화 속도는 종마다 제게 유리하도록 발달해왔다는 이론, 엔트로피 생성 인자가 세포를 망친다는 이론, 작은 포유류는 큰 포유류보다 대사 속도가 빠른 편이라서 수명이 짧다는 이론, 개체마다 내분비계나 면역계에 특별히 취약한 부분이 있어서 그 때문에 육체적 기능이 전반적으로 떨어진다는 이론, DNA 전사 과정에 생기는 오류가 유전적 이상으로 이어져서 죽음을 앞당긴다는 이론. 그러나 반론 없는 이론이 하나도 없고, 우리가 왜 늙는지 아는 사람이 아무도 없다.

쇼펜하우어는 말했다. '걷는 것은 넘어지지 않으려는 노력에 의해서, 우리 몸의 생명은 죽지 않으려는 노력에 의해서 유지된다. 삶은 연기된 죽음에 불과하다.' (아버지 왈, "현명한 철학자라는 양반이 왜 그딴 식으로 생각하는 거냐?")

영국 시인 헨리 리드Henry Reed는 유익한 관찰을 했다.

'나이가 들면 젊어지기 힘들다.'

평균적으로 신생아는 하루에 20시간 자고, 첫돌 된 아기는 13시간, 10대는 9시간, 40대는 7시간, 50대는 6시간, 65세 이상은 5시간을 잔다. 나이가 들수록 밤에 누워도 말똥말똥 눈을 뜨고 있는 시간이 길어지고, 잠이 든 뒤에도 훨씬 쉽게 깬다. 노인 중에 불면증을 경험하는 사람이 많은 까닭은 수면 주기를 규제하는 멜라토닌 분비량이 나이 들수록 적어지기 때문이다. 65세 무렵에는 중간에 깨지 않고 내처 자는 경우가 드물고, 밤 시간의 20퍼센트는 깬 채로 누워 있게 된다. 요즘 얇은 잠을 자게 된 아버지에게 내가 거듭 알려드리는 바, 73세에서 92세쯤 되면 수면중 호흡장애 때문에 하룻밤에 평균 21번 깬다.

아기는 분당 40에서 60회 숨을 쉬고, 5세 아이는 24에서 26회, 청소년은 20에서 22회, 성인(25세 이상)은 16회 숨을 쉰다. 한 사람이 평생 호흡하는 횟수는 8억 5천만 번쯤 된다.

포유류로서 사람은 생후 1년이 지나면 젖니가 나고, 유아기를 마칠 때 즈음해서 두번째 치열이 난다. 대부분의 아이들은 학교에 입학할 때 젖니를 온전하게 갖추고 있고, 그 젖니는 12세가 되기 전에 죄다 빠진다. 13세가 되면 대부분의 아이들이 사랑니를 제외한 영구치가 다 난 상태이다. 사랑니, 즉 세번째 큰어금니는 보통 20세에서 21세 사이에 돋는다. 사랑니 뿌리는 18세에서 25세 사이에 성숙한다. 나이가 들면 치태(플라크)가 쌓이고, 잇몸이 줄어들고, 이빨이 마모되고, 충치와 치주 질환을 자주 겪는다. 아버지도 최근 몇 년 동안 잇몸이 많이 사라져서 뼈가 틀니와 맞닿는 터라 음식물을 씹을 때마다 잇몸이 아프다고 한다.

아이의 손톱은 일주일에 1밀리미터쯤 자란다. 발톱이 자라는 속도는 손톱의 4분의 1 정도로 한 달에 1밀리미터쯤 자란다. 피아니스트나 타자를 많이 치는 사람은 보통 사람보다 손톱이 빨리 자란다. 손톱은 11월에 가장 빠르게 자라고, 7월에 가장 느리게 자라며, 밤에는 덜 자란다. 엄지와 새끼손가락의 손톱은 더 늦게 자란다. 날씨가 몹시 추울 때에도 손톱이 느리게 자란다. 30세에서 80세가 되는 동안 손톱 성장 속도는 50퍼센트 줄어든다. 속설과는 달리, 아버지, 당신이 죽은 뒤에 당신의 손발톱과 머리카락이 계속 자라는 일은 없답니다.

우리는 모두
타인의 고통 속에 태어나고,
자신의 고통 속에 죽어간다.

프랜시스 톰프슨

소년 대 소녀 I

■■■■■ XX 염색체 쌍은 여성을, XY 염색체 쌍은 남성을 탄생시킨다. 여성은 평생 의지할 X 염색체가 두 개나 있어서 남성보다 유리한 셈이다. 왜냐하면 한쪽 X 염색체 위의 유전자에 이상이 생겨도 다른 X 염색체가 보충을 해줄 수 있기 때문이다. 가령 한쪽 X 염색체에 질병 유발 유전자를 지닌 여성이라도 다른 X 염색체의 정상 유전자를 쓰면 질병 발현을 막을 수 있다. 물론 질병 유전자를 지니고 있다는 사실에는 변함이 없지만 말이다.

여성은 '초기값' 성이다. 사람의 생식 세포는 고환을 형성하라는 신호를 따로 받지 않는 이상 난소로 자라므로, 개체는 여성이 된다. Y 염색체 유전자들이 적극적으로 행동을 취해야만 잠재적으로 여성의 몸이었던 것이 남성의 몸으로 바뀐다.

여성은 남성보다 대사 속도가 느리다. 잉태 순간부터 그런 것으로, 남성 배아가 여성 배아보다 빨리 분열한다. 남성 세포들은 대사 속도가 빠르기 때문에 상하기도 더 쉽다. 남성 세포의 생명 주기는 여성보다 더 빠르게 마무리된다.

Y 염색체를 지닌 정자가 X 염색체를 지닌 정자보다 조금 빨리 움직이기 때문에 신생아의 51퍼센트가 남자아이다. 배아가 잉태될 때는 남성의 비율이 51퍼센트보다도

더 높지만, 남자 태아는 여자 태아보다 자연유산, 사산, 유산 등을 겪을 가능성이 높다. 조산아로 태어나도 여자 아이가 남자아이보다 더 잘 버틴다. 유아기의 사망률도 남자가 여자보다 높다.

여자아이는 대사가 느린데도 남자아이보다 뼈가 더 발달한 상태로 태어난다. 입학할 무렵에 소녀들은 소년들보다 1년쯤 발달이 앞서고, 3학년 무렵에는 1년 반쯤 앞선다.

9세까지만 해도 내가 아는 한 세상에서 가장 빠른 사람은 바로 나였다. 나는 가게로, 동네 여기저기로, 학교로, 계단으로, 남들로부터 떨어져, 남들과 함께, 남들을 향해, 먼지에서, 모래에서, 아스팔트에서, 맨발로, 운동화를 신고, 샌들을 신고, 부츠를 신고, 반들거리는 검정 구두를 끈을 꼭 조여 신고, 달렸다. 내 다리는 털이 없이 매끈했고, 고무처럼 탱탱했고, 인디언처럼 그을렸다. 내 여자친구도 9세였고 역시 달렸다. 우리는 함께 달렸다. 우리는 경주를 했고, 그 아이가 이겼다. 나는 그 아이가 부정 출발을 했다고 생각해서 다시 붙자고 했다. 그 아이는 싫다고 했다. 나는 운동화를 벗어서 호수에 던져 넣고, 나뭇가지와 바위와 유리 조각을 맨발로 밟았다. 그 아이는 나를 버렸다. 몇 년 뒤에 그 아이는 담배를 피우기 시작했고, 숨이 가빴고, 치어리더가 되었다.

기원

흔들목마(이름은 복숭아, 색깔이 복숭아색이었고 나는 복숭아를 좋아했다)의 입과 귀에 달린 비닐 끈을 움켜쥐고, 몸을 끌어올려 안장에 탄 뒤에, 잠옷 입은 몸을 꼼지락거려 편안한 자세를 취했다. 나는 본격적으로 말 탈 채비를 마쳤다. 목마의 얼굴 오른편에서 갈라진 유리 눈이 번쩍거렸고, 왼 눈은 요전번의 난리통에 산산이 부서지고 없었으며, 한때 산뜻한 붉은색으로 웃음 짓던 목마의 입은 긁히고 벗겨져 이제 아무 색깔 없는 입술을 뿌루퉁하게 꾹 다물고 있었다. 목마의 코는 콧구멍을 낸답시고 갉아낸 자국들로 상처를 입었다. 두툼한 갈색 갈기가 머리 꼭대기부터 거의 등까지 났는데, 할머니가 쓰다 버린 가발들을 나무 몸통에 붙인 것이었다. 나는 고삐로 쓰는 비닐 끈을 당겨서 주먹에 단단히 거머쥐고, 목마의 허리춤에 매달린 가죽 등자에 발을 집어넣었다.

나는 위아래로 몸을 튕기면서 목마를 앞뒤로 흔들고, 오른쪽 왼쪽으로 기울이고, 미끄러져 나아가게 했다. 썰매처럼 생긴 목마 다리가 나무 마루를 스치며 살짝 움직였다. 나는 곧추선 뒤, 허리를 굽히고, 목마의 털북숭이 목덜미에 입술을 대어 말했다. "삐걱거리면 안 돼. 소리 내면 안 돼." (어린애다운 순수한 마음에 나무로 된 동물과 대화할 수 있다고 생각했다.) 나는 팔로 그의 목을 감싼 채 등자에

끼운 다리를 앞뒤로 찼고, 그의 뒤통수에 뺨을 찰싹 붙인 채 굴곡지게 조각 된 그 몸통에 내 몸을 포갰다. 목마가 앞으로 솟구칠 때는 나도 그의 등허리 앞쪽으로 높이 밀어붙였고, 목마가 뒤로 흔들릴 때는 끈을 느슨하게 놓고 최대한 멀리 뒤로 기대어 자유롭게 풀어주면서 그의 움직임에 완벽하게 리듬을 맞추었다. 엉덩이를 뒤틀고 허벅지를 조이다보면 몸 아래 목마가 뜨뜻해졌다. 잠옷이 간지럽게 다리에 들러붙었다. 피부가 축축해졌다. 아무도 이 일을 모른다. 아무도 모를 것이다. 내가 생각하기에도 이것은 은밀하고 개인적인 일 같았지만 왜 그런지는 알 수 없었다. 침대에 누워 있어야 할 때라는 것, 이불을 덮고 있지는 않더라도 적어도 이런 소란을 일으켜선 안 된다는 것을 깜박 잊고, 나는 더 빨리 흔들었다. 목마를 몰며 마루를 가로질러 저쪽 벽까지 내달렸다. 안장 위에서 몸을 움찔거리려 앞으로 나아가면서, 목마의 몸통에 내 무릎을 마구 비벼대면서.

그때 아버지가 들어와 불을 켰다. 나는 복숭아를 반대 방향으로 휙 돌렸다. 목마의 다리가 아버지의 발을 스치고 지났다. 몸 아래 목마는 따뜻했고 나는 멈추기 싫었다. "달려!"

"데이버 아가." 아버지는 규율을 일깨워야 했지만 솔직히 내 마장마술에 감탄한 것이 분명했다. 적어도 내 기억으로는 그랬다. 이런 회상이 정확하지 못하다 해도 누가 뭐랄 수 있겠는가? 나는 4세, 아니면 5세였다. "엄마랑 동생이 잠자리에 들었어. 나도 자려던 참이다. 네가 식구들을 다 깨우겠구나."

"조용히 할게요, 아빠."

"다시 자러 가자, 데이버 아가."

"하지만 피곤하지 않아요."

"지금 몇 시인지 알고나 있니……"

"기분이 너무 좋다고요."

복숭아가 앞으로 흔들릴 때마다 부드러운 안장 표면에 가랑이를 부딪쳤고, 그러면 온몸이 찌릿했다. 나는 말을 꽉 잡고 아버지를 피해 반대쪽으로 비틀비틀 맹렬하게 도망쳤다. 어찌나 사납게 날뛰었던지, 결국엔 그곳이 아파서 더는 말을 몰 수가 없었다. 아빠는 뒤에서 복숭아를 잡아 세웠다. 내 허리를 잡고 번쩍 들어 빙글빙글 돌리면서 방을 가로질렀다. 비행기다! 그런 뒤에 나를 내려서 침대로 던져 넣었다. 신난다! 아빠는 내가 좋아하는 노래를 불러주며 잠을 재웠다. 소년과, 소년의 아빠와 앵무새에 관한 노래였다.

나는 반복해서 꾸는 꿈이 하나 있다. 어릴 적 살던 집의 대문을 열고 들어서니, 아버지가 쐐기 모양의 나뭇조각, 그러니까 문 버팀대를 손에 쥐고 서 있다. 불 꺼진 현관에 안경도 없이 서 있던 아버지는 나를 도둑으로 안 모양이다. 가로 8센티미터 세로 13센티미터의 나뭇조각으로 나를 막으려는 기세이다. 아버지가 나뭇조각을 꾹 쥔다. 손바닥으로 막대기를 감싼다. 문 버팀대를 신발에 떨어뜨린다. (아빠는 케르베로스[그리스 신화에 나오는 지옥을 지키는 개―옮긴이다.)

오랜만이에요, 아버지, 내가 말한다. 현실에서는 한 번도 '아버지'라고 부른 적 없으면서.

집 안은 불 켜진 데 없이 컴컴하다. 2월의 4시이다. 등잔이나, 촛불이나, 난롯불이 있어 나무 벽과 바닥에서 한기를 몰아냈으면 좋겠다고 나는 생각한다. 창문은 다 닫혔고 차양은 다 내려져 있다.

더러운 눈 찌꺼기 들이지 마라, 아버지가 말한다. 신발은 밖에서 털어. (아빠는 갑자기 마사 스튜어트['가정살림의 최고 권위자'로 통하는 미국의 사업가 —옮긴이]가 되었나? 게다가 나는 캘리포니아에서 자랐기 때문에 동부의 대학에 진학할 때까지 눈을 본 적이 없다.)

바깥 벌판에서는 눈보라가 바람에 날려 높다란 벽처럼 제멋대로 솟구치고, 음침한 햇빛을 받은 나무들은 망가진 우산 같은 거대한 그림자를 눈 위로 드리웠다. 바람이 땅에 쌓인 눈을 쓸어 나무들 사이로 흩날리고, 우리 집 창문에 부딪뜨린다.

아버지는 거실에 있다. 두 발은 발판에 올리고 흔들의자에 앉아 까딱거린다. 두 손을 무릎 위에서 포갠 자태가 다소곳이 여성스럽다. 아버지가 입을 열지만 아무 말도 나오지 않는다. 마루에는 신문이 흩어져 있다(아버지의 기사가 실린 것일까? 아마 그런 것 같다). 나는 멀찌감치 떨어져서 쿠션도 없는 소파의 용수철 위에 앉는다.

아버지 옆 탁자의 유리 상판 아래에는 흑백사진이 한 장 끼워져 있다. 한 손에는 지팡이를, 다른 손에는 파이프를 든 아버지가 산속을 하이킹하는 모습이다. 사진 속의 아버지는 배낭을 멘 채 반쯤 몸을 틀어 카메라를 바라본다. 사진 속 얼굴이 햇살을 받아 한결 매력적이다. (시에라 산맥, 내가 어린 시절에 어마어마하게 마술적인 존재로 여겼던 산맥이다. 그것은 원시적인 아름다움과 평화를 약속하는 존재였다. 뾰족한 그 봉우리들은 멀리, 저 멀리에 있었지만, 내 마음에서는 항시 떠나지 않고 머물렀다.)

나는 차양을 연다. 놀랍게도 밖은 황혼녘이다. 바람이 딱 하고 나뭇가지를 부러뜨린다. 눈보라는 더 거세어졌다.

현관 앞길이 깨끗하냐? 아버지가 묻는다.

현관에서 도로로 이어지는 길은 눈으로 두 자쯤 덮여 있다.

아뇨, 아버지, 왜요?

편지 올 게 있단다. (내가 보내는 편지라는 설정인 듯하다.) 길 좀 쓸어주겠니?

나는 쌓인 눈을 양옆으로 파내기 시작한다. 삽의 무게와 갑자기 불어닥친 바람 때문에 넘어질 듯 뒤뚱거린다. 방충망 문 뒤에 선 아버지는 침낭으로 써도 될 만큼 커다란 외투를 입고 있다. 주머니가 무릎에 와 있고, 잔뜩 부푼 모자 속에 아버지의 얼굴이 쏙 들어가 있다. 야윈 유대인 에스키모 같다.

나는 삽 날로 바닥의 얼음을 쳐보지만 꽁꽁 얼어서 어림도 없다. 아버지는 현관 계단을 내려와서 주춤주춤 발을 끌며 도로로 나간다. 도로는 한 자 가까이 눈으로 덮였다. 우리는 터덜터덜 걸어서 한 블록 끝에 있는 우체국으로 간다. 양로원 주민마냥 연약한 아버지는 넘어지지 않게끔 내 어깨를 단단히 잡고 걷는다.

우체국은 오래된 벽돌 건물이다. 시멘트 계단에는 눈이 덮였고, 나무문은 경첩에서 반쯤 빠져 있다. 안에는 긴 의자들이 있고, 흰 마루가 있고, 장밋빛 유리로 된 직사각형 상자에 검게 숫자가 찍힌 사서함이 200개쯤 있다.

아버지는 외투를 벗어 방석처럼 바닥에 깔고 그 위에 무릎을 꿇는다. 사서함의 다이얼을 돌려 맞춘 뒤에 덜컹덜컹 흔들어 연다. 오른손으로 상자 옆면을 두드린다.

편지가 늦게 오는 모양이구나, 아버지가 말한다, 또 말이다. (나는 편지를 보내지 않았다, 또 말이다.)

밖으로 나오니 하늘은 검댕처럼 검어서 내 장갑 색 같다. 움직이기 힘들 정도로 추워, 아버지는 내 팔에 매달린다. 아버지의 모자에 얼음이 뭉쳐 웃긴 우산처럼 덮였다. 아버지는 멈춰 서서 기침을 한다. 눈을 감고 힘겹게 숨을 쉰다. 돌아오는 길은 빨리 감기라도 한 듯 항상 아주 짧다. 그 대목에서 꿈은 끝난다.

천국, 너무 빨리 사라지는

내털리는 10세 생일에 친한 친구 12명을 불러 스케이트킹에서 파티를 했다. 어둑하고, 미러볼이 번쩍거리고, 음악 볼륨을 30초마다 높이고, 화장실 문에 왕과 왕비라고 적혀 있는 스케이트장이다. 롤러블레이드를 탄 소녀들은 하이힐이라도 신은 듯 초현실적으로 커 보였다. 내털리의 중요한 날을 축하하려고 아버지도 샌프란시스코에서 시애틀로 올라왔다. 파티에서 아버지는 내털리가 살짝 통통해진 것 같다며 내털리의 배가 허리띠 위로 튀어나왔음을 지적했다. 나는 아버지가 그 배를 쉬게 한 적이 있느냐고 대꾸했다.

내털리의 친구 중 몇몇은 '단짝 목걸이'를 사왔다. 반으로 나눠서 한 아이가 절반을 걸고, 그 단짝이 나머지 절반을 거는 목걸이다. 어떤 아이들은 경쟁이 상당했다. 내털리의 단짝인 어맨다는 디제이에게 미셸 브랜치 노래를 틀어달라고 했다. 그 노래가 흘러나오자 어맨다의 얼굴이 환하게 빛났다.

조명이 꺼지자, 어린 소녀들은 우르르 스케이트장으로 몰려나갔다. 아이들이 어두운 조명을 좋아하는 까닭은 그 속에서는 남의 눈에 안 띌 것 같기 때문이다. 그렇지만 내털리와 몇몇 친구들은 주황색 야광봉을 몸에 걸었다. 제 몸이 눈에 띄지 않기를 바라면서, 제

몸이 눈에 띄기도 바라는 셈이다. 이 점이야말로 사태의 핵심이라고, 나는 말하고 싶다.

소녀들은 뒤로 스케이트를 탔다. 그러다가 정상적인 방향으로도 탔다. 얼마 후에는 림보 게임을 했다. 디제이는 인기곡을 연달아 틀었다. 〈난 괜찮아〉 〈글로리아〉 〈YMCA〉 〈토요일 밤의 열기〉, 마돈나, 블랙 아이드 피스, 에이브릴 라빈, 어셔. 내털리의 친구 중 몇몇은 조화 장미를 샀다. 멀리 으슥한 구석에서는 10대 아이 둘이 격렬하게 애무하고 있었다. 아니나 다를까 그 장면을 목격한 아버지가 관리자에게 알려서 재빨리 손을 쓴다. 아버지에게는 어떤 형태이든 공공장소에서 애정 표현하는 것을 혐오하는 뿌리 깊은 청교도 정신이 있다. 우리 부부와 아버지가 함께 영화관에 갔을 때 내가 아내의 몸에 팔을 두르거나 손을 잡기라도 할라치면 아버지는 반드시 발작적으로 기침을 터뜨려 결국 내 행위를 중단시킨다. 아버지로서도 무의식적인 반응이 아닐까 싶다.

스케이트장 애호가에서 벗어나지 못한 딸을 둔 아버지 입장에서, 이 장소는 너무 끔찍하다. 이곳은 아이들로 하여금 자신이 마술적인 존재라는 느낌을 갖게 하고, 그 느낌은 곧 성적 열망으로 바뀐다. 아이들은 미래의 전망을 향하여 단체로 행군한다. 내털리와 친구들에게는 스케이트장이 이성을 몽상하면서도 그 낭만적 감정을 지나치게 진지하게 여기지 않아도 되는 곳, 더구나 행동으로 행하지 않아도 되는 곳을 의미했지만, 그것은 가까스로 걸쳐 있는 상태일 뿐 오래가지 않을 것이었다. 어두운 곳에서 내털리와 어맨다는 손을 잡고 아론 카터의 노래를 따라 불렀다.

그날 오후의 마지막 곡은 〈호키 포키〉였다. 디제이가 내게 말한 대로 '어른들은 절대 흥미 없는' 노래다. 어른들은 물론 온몸을 던져 춤을 춰야 하는 노래에는 절대로 흥미가 없다(아버지는 예외라 끼어들려고 했지만 내털리가 격렬하게 손사래를 치며 밀어냈다). 내털리와 친구들은 궁금해하고 있었다. 온몸을 던진다는 건 어떤 일일까?

소녀들의 가슴은 8세에서 10세 사이에 봉긋해지기 시작하고, 12세에서 18세 사이에 완전하게 부푼다. 9세에서 12세 사이에 음모와 겨드랑이 털이 처음 나고, 13세에서 14세 사이에 어른의 털 난 형태와 비슷하게 자란다. 어느 미성년자 강간범이 '땅에 풀이 자라면 공놀이를 해야지 않겠소'라는 말로 제 죄를 정당화했다는 이야기를 들은 적이 있다. 1830년에 소녀들이 월경을 시작하는 나이는 보통 17세였다. 이후 영양 상태, 전반적인 건강, 생활 환경이 개선된 덕택에 초경을 하는 나이는 미국에서 평균 12세로 낮아졌다(1960년대에는 12.75세, 1990년대 초에는 12.5세, 2000년대 초에는 12.3세였다). 소녀들이 갈수록 통통해지는 것 또한 월경을 앞당기는 요인이다.

월경 주기는 평균 29일이 조금 넘는다. 달의 상 변화 주기도 29.53일이다. 다윈은 달이 지구에 인력을 미쳐서 일으키는 조수 현상과 여성의 월경이 연결되어 있다고 보았다. 인간의 기원이 바다 였음을 기억하게 하는 유산이라고 했다. 여우원숭이는 보름달이 뜰 때에 맞춰 발정하고 짝짓기 하는 경향이 있다.

소년들은 9세에서 10세 사이에 음낭과 고환이 커지고 음경이 길어진다. 17세쯤 되면 음경이 성인의 크기와 모양에 도달한다. 음모, 겨드랑이털, 다리털, 가슴털, 수염은 12세쯤 나기 시작하고, 15세부터 어른의 털 난 형태를 갖추어간다. 보통 12세나 13세쯤에 첫 사정을 경험하고, 14세에는 대부분의 소년들이 2주에 한 번 꼴로 몽정을 한다. 나는 중학교 친구들의 이름을 깡그리 잊었지만 팸 글린덴과 조앤 리브스는 절대 못 잊을 것이다. 둘은 단짝에다 불량 소녀였고 항간의 소문에 따르면 '마약 중독자'였다. 나는 8학년 내내 두 소녀의 졸업앨범 사진 앞에서 자위를 했다. 당시에는 그 행위가 더없이 마술적이고, 사적이고, 변태적이고, 독특하고, 중요한 줄로만 알았다. 실은 그렇지 않았다. 그것은 그저 내 몸을 흐르는 뜨거운 피 때문이었다. 그리 멀지도 않은 미래의 어느 순간이 되면 (몸 밖의 시간으로 따져 대강 18,000일 뒤쯤에) 더는 내 몸을 흐르지 않을 피 때문이었다. 머지않아 아버지는 죽을 것이다. 언젠가는 나도 죽을 것이다. 이 책을 쓰느라 온갖 정보를 접했는데도, 아니 어쩌면 접했기 때문에 더욱더, 그 두 가지 사실은 변함없이 나를 압도한다.

우디 앨런은 이렇게 설명했다. '섹스와 죽음의 차이? 죽는 것은 혼자 할 수 있고 남들이 절대 그 문제로 놀리지 않는다는 점이다.'

걷는 것은
넘어지지 않으려는 노력에 의해서,
우리 몸의 생명은
죽지 않으려는 노력에 의해서 유지된다.
삶은 연기된 죽음에 불과하다.

아르투르 쇼펜하우어

소년들은 소녀들보다 더 오래 성장하기 때문에 결국 더 무거워지고 더 커진다. 소년들은 13세에서 16세 사이에 폭발적으로 자라기 시작하며, 한창때는 1년에 10센티미터까지도 큰다. 소녀들은 11세부터 쑥쑥 자라기 시작해서 한창때는 1년에 7.5센티미터까지 크지만, 14세면 성장이 대부분 멎는다. 소년들은 18세에도 1년에 2센티미터 정도 자라지만 소녀들은 이미 성장이 99퍼센트쯤 완료되었으므로 그보다 적게 자란다. 나는 15세부터 18세 사이에 163센티미터에서 185센티미터로 자랐다. 자그마했던 내 모습이 아직도 기억에 생생하다. 지금 내털리는 대부분의 반 친구들보다 작은 편이라서, 제 아빠가 고등학교 고학년에서야 쑥쑥 크기 시작했다는 사실에 마구 화를 낸다. 내털리는 하루빨리 '늘어나고' 싶어 안달이다.

내털리가 2세였을 때 어느 날, 아내와 내가 내털리를 놀이방에 맡기려고 옷을 입혔다. 아버지는 그 주에 우리 집에 와 있었다. 내털리는 미칠 듯 울어 젖히면서 이 옷은 색깔이 잘못됐고, 저 옷은 너무 낀다는 둥 불평해댔다. 내털리는 계속 "내 거야, 내 거야, 내 거야"라고 말했다. 나중에 아버지에게 내털리의 말이 무슨 뜻인지 알겠더냐고 물었더니 아버지가 대답했다. "아가의 말뜻은 이런 거다. '이 사지, 이 다리, 이 팔, 이건 모두 내 거야. 내 몸에 그런 짓을 하지 마. 이건 내 몸이야.'" 나도 아기 적에 비슷한 투정을 부린 일이 있느냐고 했더니 돌아온 대답은 이랬다. "말이라고 하냐? 너는 나하고 네 엄마를 손쓸 수 없는 지경으로 몰았지. 특히 첫해에는 심했고말고. 어찌나 울보였는지!"

속보: 우리는 동물이다

친구 수전이 이메일로 자기 딸 이야기를 해주었다. '나오미는 지금 9세이니까, 위험천만한 시기로 바싹 다가선 참이야. 10대라면 누구나 조금쯤 서툴기 마련이겠지만, 특히 여자아이는 제 몸에 대한 자신감을 한번 잃으면 그걸로 영원히 끝이라는 생각이 들어. 내가 항상 떠올리는 나오미의 모습이 있어. 그 애는 하교해서 집에 오면 냉장고에서 요구르트를 꺼낸 다음에 그걸 먹으면서 훌라후프를 하기를 좋아해. 훌라후프 2개를 동시에 돌리는데, 납작한 엉덩이를 실룩대는 둥 마는 둥 그냥 가만히 선 것처럼 보이고, 입으로는 연신 요구르트를 떠넣으면서 그날 있었던 일을 나한테 이야기하지. 훌라후프가 인공위성처럼 매끄럽게 돌아가는 것을 보면 아이의 몸에서 강한 중력이라도 나오는 것 같아. 나는 그 일상적 의식을 볼 때마다 놀랍고 감사한 마음에 입을 다물지 못해. 그런 우아함은 어디에서 오는 걸까? 내 육감인데, 제 몸의 움직임이 얼마나 큰 즐거움을 주는지 아이가 전혀 자각하지 못한다는 사실에서 그런 우아함이 나오는 것 같아. 아이가 부르는 노래 중에 내가 사랑하는 게 있지. 아이가 다가와서 엄청 진지한 표정으로 "엄마. 엄마! 꼭 할 말이 있어요"라고 말해. 그러고는 내 눈을 빤히 들여다보다가, 갑자기 팔다리를 마구 털면서 폴짝폴짝 춤을 추는 거야, 노래를 부르면서. "우리 몸에는 개구리가 들어 있대요, 너도 나도 개구리가 있대요!'"

내털리는 11세일 때 세상 모든 동물 중에서 판다를 제일 좋아했다(불쌍한 눈에, 늘 퍼져 앉아 있고, 동글동글하고. 한 마디로 귀엽다고 했다). 내털리는 '우리 탈출'이라는 보드 게임을 개발했는데 동물들이 우리를 빠져 나와 제 고향을 찾아가는 놀이였다. 그 즈음에 내털리는 말했다. "섹스는 괜찮은 일인 것 같아요. 왜냐하면 섹스를 해야 더 많은 생명이 만들어지니까요." 내털리는 아직도 동물 흉내를 기가 막히게 잘 낸다.

매주 있는 내털리의 축구 시합에서 내가 가장 좋아하는 순간은 경기가 끝난 뒤이다. 부모들이 간식을 나눠주고, 소녀들은 모두 둥글게 둘러앉아서 별 대화도 없이 주스를 마시고 쿠키를 먹는다. 탈진한 상태를 즐기면서, 자기 자신의 몸은 물론 남들의 몸과도 완벽하게 호응하고 있다. 가끔 아버지도 경기장에 오는데, 이 순간이 되면 아버지는 잠시 사진기를 내려놓고, 촉촉해진 눈시울을 한 채 그 순간을 만끽한다. 살아 있는 육체의 엄연한 현실과 영광을 감상한다.

농구의 꿈 I

이상하게도 내 마음에서는 농구와 어둠이 항상 이어져 있다. 나는 3학년 때부터 방과 후에 공 넣기를 하기 시작했다. 저녁 어스름이 시커먼 자갈 포장 도로에 내려앉아 어우러졌을 때, 세상은 죽어가지만 나는 불사조가 된 기분이었다. 어느 날 오후에 반 친구 르네 한과 둘이서 호스 게임HORSE(두 명 이상만 있으면 손쉽게 할 수 있는 농구 슈팅 게임. 차례로 슛을 하는데 슛에 실패한 사람은 'H' 'O' 'R' 'S' 'E'의 순서대로 알파벳을 하나씩 갖게 되며 마지막까지 철자를 하나도 갖고 있지 않은 사람이 이긴다 — 옮긴이)을 하는데, 르네가 공을 울타리 너머로 던지더니 말했다. "이제 너랑 시합 안 할래. 너는 너무 잘해. 너는 틀림없이 샌프란시스코 워리어스 선수가 될 거야."

르네가 몸을 움직이는 모습은 소년 같아 보였지만, 그러면서도 소녀다웠다. 그날의 호스 게임은 내 어린 시절의 가장 행복한 기억이다. 나는 어둠 속에서 드리블을 하면서도 바스켓이 어디에 있는지 육감으로 알았다. 르네가 보이지는 않았지만 그 아이의 땀 냄새를 맡고, 그 아이의 목소리를 향해 움직이며, 그 목소리에서 나에 대한 사랑과 미래 워리어스 선수의 인생에 대한 사랑이 밤공기로 퍼져가는 것을 느꼈다. 나는 기억한다. 운동장 한편 경사진 땅에 있던 하프코트를, 주황색 골대를, 주황색 바스켓 테

두리를, 나무로 된 녹색 백보드를, 바람결에 찰랑이던 사슬 네트를, 바닥의 모래를, 머리 위에 드리운 유칼립투스 나무를, 울타리에 맞고 거리로 튕겨나가던 공을, 벤치에 앉아서 짐짓 지루한 척하며 우리를 지켜보던 여자애들을.

르네와 나는 여름의 첫 두 주 동안 사귀었지만 곧 깨졌다. 내가 깃발 뺏기 놀이에서 위험을 무릅쓰고 그녀를 구하는 기사도를 보이지 않았기 때문이다. 그래서 내 열번째 생일에는 그녀가 곁에 없었다. 나는 친구인 이던 손더스, 짐 모로, 브래들리 갬블을 불러 넷이서만 밤새도록 길 건너편 코트에서 농구를 하겠다고 부모님을 졸랐다. 엄마 아빠는 마지못해 허락했고, 아버지는 몇 시간마다 들러서 우리가 안전한지 확인하고 콜라, 생일 케이크, 사탕 등을 더 가져다주었다.

자정이 다 된 무렵, 브래들리와 내가 한 편이 되어 짐과 이던을 상대로 2 대 2 게임을 했다. 달이 지려고 했다. 우리는 피 속에 당분이 충분했고, 모두들 경기에 흠뻑 취해 몰입했다. 20점 내기 시합에서 18점 동점인 상황, 나는 먼 구석에서 아주 긴 슛을 날렸다. 공이 내 손을 떠나기도 전에 브래들리가 말했다. "득점이다."

나는 좋은 슈터였다. 다른 것은 안 하고 오직 슈팅만 했고, 시도 때도 없이 슈팅을 연습했기 때문이다. 그런 나라도 그렇게 먼 슛은 확신이 없었다. 하지만 브래들리는 알았고 나도 알았고 짐도 이던도 알았다. 자기 이름을 아는 것처럼, 자이언츠 선발 출장 선수들의 타율을 아는 것처럼, 우리 손바닥의 생명선을 읽을 줄 아는 것처럼 알았다. 나는 다리로 느꼈고, 착지하면서 휘어지는 척추로 느꼈다. 손가락이 찌릿했고, 기쁨의 폴로스루follow-through(슈팅 후의 마무리 동작. 공이 손을 떠난 후에도 계속해서 팔을 뻗치는 동작으로 탄력을 준다─옮긴이)를 하며 오므린 주먹은 온 밤을 거머쥐었다. 우리는 그것이 완벽한 슛이란 걸 알았다. (아버지가 생일 선물로 준) 공이 네트를 통과하는 소리를 들을 때, 우리는 적어도 1초 전부터 예상했던 소리를 듣는 것 같았다. 모두들 미리 결과를 알았던 그 1초 동안 무슨 일이 있었던 걸까? 세상이 잠시 멈췄던가? 내 영혼이 한두 계단 상승했던가? 우리의 초능력은, 그토록 날카로웠던 눈썰미는 어디로 간 걸까? 그보다도, 그때 우리가 지니고 있었던 게 대체 무얼까? 레이더? 언제부터 우리는 힘겹게 애를 써야만 심장의 소리를 들을 수 있게 된 걸까?

J. M. 쿳시의 소설 『엘리자베스 코스텔로』의 마지막에, 책 제목과 이름이 같은 늙수그레한 주인공이 단 하나 확신하는 대상은 사랑도 아니고 예술도 아니고 종교도 아니

다. 개구리 울음소리, 진흙탕에 갇혀서 억수 같은 비가 잠시 멎은 사이에 목청을 울려대는 개구리 울음소리이다. 니체는 말했다. '그 어떤 심오한 철학보다 더 큰 지혜가 육체에 담겨 있다.' 비트겐슈타인은 말했다. '우리가 유일하게 확신할 수 있는 일은 몸을 움직이는 일이다.' 마사 그레이엄은 말했다. '몸은 거짓말하지 않는다.' 우리는 오싹할 정도로 서로 다른 동물들이다. 그리고 어떤 면에서는 모두 같은 동물들이다. 포대기에서 관을 향해 움직여가는 우리의 몸은 사람이 세상에 관해 알 수 있는 모든 것을 말해준다.

모성

알래스카 해양생물센터에서 자이언트 태평양 문어인 암컷 오로라가 수컷 J-1을 소개받았다. 둘은 다채로운 색으로 살갗을 번쩍이다가, '심해의 거주자들'이라고 설명이 붙은 관람객용 화면에서 보이지 않는 구석으로 함께 물러났다. 한 달 뒤, 오로라는 수천 개의 알을 낳았다. 알들은 아무래도 발달하지 못할 것 같고, 문어를 담당하는 수족관 직원도 그 알들이 새끼로 자라지 못할 것이라고 믿었지만, 오로라는 매일 외투막으로 빨아들여 깨끗하게 거른 물을 알들에 뿜음으로써 굶주린 해삼이나 불가사리로부터 알을 지켰다. 이제 그 알들이 새끼로 발달할 것 같다고 믿게 된 수족관 직원이 수조에 담긴 물 13,600리터를 빼기 시작하자, 오로라는 알들을 바위에 펼쳐 노출시켰다. 오로라가 J-1(그는 이미 죽은 지 오래였다)과 만난 지 딱 10달째 되는 날에 알 몇 개가 부화했다. 그렇게 탄생한 새끼 문어 9마리는 양육조에서 전자식 자동 먹이 공급 장치에 의존해 자랐다. 자이언트 태평양 문어 암컷은 몇 달 동안 식음을 전폐한 채 알을 보호하는 일에 기력을 소진하기 때문에 보통 새끼들이 부화하는 시점에 죽기 마련인데, 수족관 직원 에드 데카스트로에 따르면 오로라는 여전히 활기차 보였고 "알들을 보살피는 것처럼" 보였다.

7학년 때, 내털리는 돌연 엄마를 비판하는 데 재미를 들였다. 사실을 잘못 알고 있다고 지적하거나, 이빨 사이에 음식물이 끼었다고 지적하거나, 소리 내며 씹는다고 지적하거나, 특히 먹으면서 말을 한다고 지적했다. 이제 와서 생각하니 그것은 향후 몇 년 동안 우리 집을 장악할 냉혹한 모녀 맞대결의 시작을 알리는 선제공격이었다.

아버지는 불안, 우울, 불면을 물리치려고 여러 처방약을 섞어서 복용한다. 올해 초에 나는 아버지와 함께 정신과를 찾아가서 아버지가 약을 적절한 조합으로 먹고 있는지 확인했다. 상담이 끝났는데 시간이 몇 분 남았기에, 나는 철저한 프로이트적 관점을 지닌 아버지의 주치의에게 왜 10대 딸은 엄마에게 그렇듯 비판적이냐고 물어보았다. 의사가 대답했다. "10대의 몸에는 호르몬 에너지가 미친 듯이 돌고 있는데, 그게 여러 가지 이유 때문에 엄마에 대한 분노로 표출됩니다. 딸은 자신이 가임기가 되면서 어마어마한 영향력을 갖게 되었고, 그 때문에 가족이 자기를 더 존중한다는 사실을 무의식적으로 깨닫는 것 같아요. 가족의 영속은 이제 딸에게 달렸지요. 딸이 그 영역으로 들어옴과 맞물려 엄마는 그 영역을 떠납니다. 엄마와 딸의 분쟁을 놓고 가족이 의논을 한다면 아빠들은 틀림없이 딸 편을 듭니다." 내 기억에 아버지는 누이에 대해 그런 입장을 취했던 것 같지 않은데. 어머니가 계속 집안을 호령했던 것 같은데. "아버지뿐 아니라 모든 사람이 딸 편을 들지요. 가족이 생산력 높은 여성을 우선 보호하도록 유전자가 몰아가는 겁니다. 그러니 딸이 엄마에게 느끼는 분노는 가임 능력을 통해 얻은 권력의 맛과 아이 낳는 사람으로 지정된 데에 대한 부담감이 섞인 것입니다." 옆에 앉은 아버지는 이야기를 들으면서 연방 고개를 끄덕이고 으흠거리고 간간이 팔꿈치로 내 옆구리를 찌른다. 올림포스적 견해를 갖춘 자신의 주치의를 자랑스러워하면서.

통계로 따진 인생의 전성기, 또는 왜 아이들은 맛이 강한 음식을 좋아하지 않는가

톨스토이는 70대 후반에 말했다. '나는 5세 때나 지금이나 마찬가지다.' 성 이그나티우스 로욜라는 말했다. '아이가 7세가 될 때까지만 내게 맡기면 훌륭한 사내로 만들어 보여주겠다.' 워즈워스는 이렇게 썼다. '어린이는 어른의 아버지다.' 내 아버지도 어른의 아버지일까? 그럴 거라고 생각한다.

우리는 통계로 따진 인생의 전성기를 지나자마자 늙기 시작한다. 미국을 비롯한 대개의 선진국에서 통계적으로 본 실제 인생의 전성기는 7세이다. 7세가 넘은 뒤에는 사망률이 8년마다 2배씩 증가한다.

5세가 되면 사람의 머리는 성숙한 크기의 90퍼센트까지 자란다. 7세가 되면 뇌가 최대 무게의 90퍼센트에 도달하고, 9세가 되면 95퍼센트, 청소년기에 100퍼센트가 된다. 몸무게의 2퍼센트를 차지하는 우리 뇌는 60퍼센트가 지방 성분인데, 심장에서 나오는 피의 20퍼센트를 공급받고, 체내 산소의 20퍼센트를 소비한다.

5세에서 10세 사이에 콩팥이 두 배로 커져서 점차 늘어나는 대사 쓰레기를 감당한다. 6세에서 7세 사이에 항체를 생산하는 림프 조직이 최대로 커진다.

유아의 위는 소뿔 모양이다. 9세에는 낚싯바늘 모양이 되고, 12세에는 성인과 같은 백파이프 모양이 되며 기능적으로도 어른에 맞먹게 성숙한다.

6세에서 10세 사이 아이들의 평균적인 활동 지속 시간은 강도가 낮은 활동일 때는 6초, 강도 높은 활동일 때는 3초이다. 쇼펜하우어는 말했다. '10세는 수성의 세력권에 드는 나이다. 그 나이의 어린 인간은 수성과 마찬가지로 좁은 원 속에서 극단적인 운동성을 보이는 특징이 있다. 사소한 것들이 그에게 커다란 영향을 미친다.' 이것은 내 아버지의 현재와 과거를 완벽하게 묘사한 표현이다. 아버지는 영원한 10세이다.

출생에서 청소년기로 가는 성장은 서로 다른 두 단계에 따라 이루어진다. 첫번째는 출생 후 2년까지의 기간으로, 급격하게 성장하지만 성장 속도는 감속하는 단계이다. 두번째는 2세부터 사춘기가 시작될 때까지로, 매년 일정하게 성장하는 단계이다. 평균적으로 1세짜리의 키는 76센티미터이고, 2세는 89센티미터, 4세는 102센티미터, 8세는 127센티미터이다. 초등학생이 되면 매년 5센티미터 정도로 성장이 느려진다. 동년배들에 비해 얼마나 큰가 하는 상대적인 키 수준은 일반적으로 6세 이후에는 거의 변하지 않는다. 자기 키와 몸무게의 비례도 그때 이후로 크게 변하지 않는다.

몸무게도 키와 비슷한 곡선을 그리며 증가한다. 아기는 생후 5개월이면 출생시 몸무게의 2배가 되고, 1년까지 3배로, 2년까지 4배로 불어난다. 2세에서 5세 사이에는 매년 거의 일정하게 1.8킬로그램에서 2.3킬로그램 정도 늘어난다. 6세에서 10세 사이에는 성장곡선이 평탄해진다. 빠르게 성장하는 아동기 초기와 역시 빠르게 성장하는 사춘기 사이에 일시적인 소강상태가 오는 것이다. 그 동안 몸무게는 매년 2.3킬로그램에서 3.2킬로그램쯤 는다.

6세에서 11세 사이에는 확연하게 머리가 굵어지고, 얼굴 생김새에도 뚜렷한 변화가 나타난다. 얼굴뼈들이 자라기 때문이다. 말 그대로 얼굴이 두개골로부터 뻗어나 자란다.

5세이면 태어날 때보다 심장이 4배쯤 커진 상태다. 9세이면 출생시 무게의 6배가 되고, 사춘기 무렵에는 10배쯤 된다. 자라나는 심장은 가슴공간에서 예전보다 더 수직으로 선다. 가로막은 아래로 내려가서 심장 활동과 호흡기 팽창에 충분한 공간을 허락한다.

막 태어난 아기는 입 안 전체에 맛봉오리가 돋아 있고, 입천장, 목구멍, 혀의 옆면에도 미각 수용체들이 나 있다. 아주 어린 아이들이 양념 맛이 진한 음식을 좋아하지 않는 이유가 그 때문이다. 어린 아이가 경험하는 타바스코 핫소스의 맛은 어른이 느끼는 맛과는 전혀 다르다. 잉여의 맛봉오리들은 10세 무렵까지 대부분 사라진다.

생소한 소리를 정확하게 흉내내는 능력은 12세 이후에는 거의 사라진다.

사춘기가 시작되기 2년에서 4년 전이면 대부분의 아이들이 성년

"

요람은 심연 위에서 흔들거린다.
그리고 상식적으로 생각해보건대,
우리는 단지 영원이라는 두 어둠 사이
잠시 갈라진 틈으로 새어나오는
빛과 같은 존재다.

블라디미르 나보코프

"

기에 달성할 신장의 75에서 80퍼센트까지 자라고, 성년 몸무게의 50퍼센트까지 나간다. 사춘기 직전에 긴뼈들(넙다리뼈, 정강뼈, 종아리뼈 등)의 뼈몸통과 뼈끝이 융합한다(성장판이 닫힌다는 뜻—옮긴이). 이처럼 골격계와 생식계는 서로 시기를 맞춘 듯 함께 성숙한다. 유한한 우리의 육체에는 실로 무시무시한 대칭이 담겨 있다.

사춘기를 유발하는 요인이 무엇인지는 아직 아무도 모른다.

성과 죽음 I

아주 이따금 난자 세포가 난소에 들어 있을 때부터 활성화하여 제멋대로 발달하기 시작할 때가 있다. 포유류에게 그런 일이 벌어지면 기형종이 생긴다. (때로 고환에서도 정자 형성 세포들이 기형종을 만든다.) 난자가 분열을 개시해서 겉보기에는 배아 발생의 초기 단계들과 다르지 않은 과정을 밟지만, 결국 정상적으로 발달을 마치지는 못한다. 그렇게 형성된 배아는 여러 종류의 세포들과 부분적으로 형성된 기관들을 지닌 무정형의 세포 덩어리이다. 뼈, 피부, 분비샘 일부 등이 자라고, 머리카락까지 만들어지는 경우도 있다.

기형종이 더 발달해서 기형암이 될 수도 있다. 이것은 치명적인 질병이어서, 동물의 기형암 조직을 유전자 균주가 같은 다른 개체에게 이식해보면 조직은 멈출 줄 모르고 성장해서 결국 숙주를 죽인다. 그런데 가령 쥐의 기형암 세포들을 떼어내어 발달 초기 단계의 쥐 배아에게 주입해보면, 배아는 말짱하게 정상적인 쥐로 자란다. 초기 배아의 몸에 있는 발생 신호들이 기형암 세포를 길들이는 것이다.

달리 말하면, 암 세포는 초기 배아 세포와 굉장히 비슷하게 행동할 수 있다. 생애 말기의 동물에서 암을 유발하는 여러 유전자가 생애 초기의 동물에서는 세포 성장 및 분화 조절에 관여한다. 생애 말기에 알츠하이머 증후군 같은 질병으로 발현하면 그토록 처참한 결과를 낳는 유전자들이, 사실은 생애 초기에 그토록 유용한 기능을 수행했던 유전자들과 같은 종류인 듯하다. 그러나 기형암 속의 생식 세포들은 게걸스러운 기생충처럼 몸을 착취한다. 몸의 목표(건강과 생명의 보전)와 생식 세포의 목표(번식) 사이에 균형이 깨어진다.

모든 세포는 살 시간과 죽을 시간이 정해져 있다. 세포는 손상을 입어 죽기도 하지만 자살하기도 한다. 세포의 자살 형태는 참으로 질서정연하기 때문에 그 과정을 '세포예정사'라고 부른다. 생명의 보전에 위협이 되는 세포들, 가령 바이러스에 감염된 세포, DNA가 손상된 세포, 암 세포 등이 세포예정사에 따라 파괴된다. 딜런 토머스의 시가 떠오른다(나는 이 시구를 사랑하고, 아버지는 혐오한다).

푸른 도화선 속 꽃을 몰아가는 힘이
푸른 내 나이 몰아간다, 나무뿌리 뒤흔드는 힘이
나의 파괴자다.

우리 보렐 중학교 보브캐츠 농구팀은 코딱지
만한 체육관에서 연습했다. 바닥은 미끄러운 리놀륨인데
다가 바스켓들은 늘어난 채로 매달려 있었으며, 군데군데
눈길이 닿는 곳마다 나아가서 정복하라고 훈계하는 방습
지 포스터가 붙어 있었다. 그곳에 늦도록 남아서 단거리
질주와 팁핑을 죽어라 훈련했던 기억이 생생하다. 어느
날 코치가 말했다. "좋아, 얘들아, 이제 데이브한테 공을
몰아주는 연습을 해보자." 친구들은 코트를 달리면서 나
를 위해서 패스하고, 커트하고, 수비했다. 오로지 나를 위
해서. 내가 좋아하는 지점인 3점슛 라인 꼭대기나 왼쪽
구석에서 슛을 할 수 있도록 동료들이 세트플레이를 해주
었다. 온 세상이 빽빽하게 엮여서 나를 보호하다가 어느
순간 풀어주곤 하는 것처럼 느껴졌다.

그해 여름, 아버지는 유대인복지연맹의 홍보 담당자 자
리에서 해고된 뒤에 훨씬 급여가 적은 샌머테이오 카운티

빈곤대책사업 관리자 일을 맡았다. 아버지는 에어컨도 없는 방 하나짜리 사무실에 앉아서 식료품점들에 전화를 걸어 왜 식료품 구매 바우처를 안 받는지 따지고, 식당 사업주들에게 전화를 걸어 정말 창문에 붙여놓은 구인광고 문구 그대로 평등하게 고용 기회를 부여하고 있는지 물었다. 주말에는 이따금 새크러멘토나 워싱턴으로 날아가서 사업 지원금을 요청했다. 워츠에서 폭동이 일어났고, 디트로이트에서 방화가 일어났다(1965년 8월 캘리포니아 주 워츠에서, 1967년 7월 디트로이트에서 벌어진 폭동을 가리킨다―옮긴이). 그러나 아버지의 관할 주민들은 아버지를 숭배했다. 아버지는 말했다. "제발요. 저는 제 일을 하는 것뿐입니다." 주민들은 아버지를 '우리의 희망 백인 선생'이라고 부르며 바비큐 파티, 결혼식, 소프트볼 경기에 초대했다. 소프트볼 경기에서 아버지는 모두를 압도했다. 연봉은 고작 7,500달러였지만 아버지는 행복했다. 빈민가가 그의 것이었다.

나는 수업이 끝나면 도시를 가로질러 걸어서 아버지의 사무실로 갔다. 그곳에 책을 놓고 다시 나가서 그 동네 흑인 아이들과 농구를 했다. 나는 더블점프슛을 개발했는데, 내가 다니던 학교의 8학년생들은 듣도 보도 못한 묘기였다. 튀어오르면서 바로 슛하는 대신에, 무릎을 접은 채로 잠깐 공중에 멈춰서 공을 돌리다가 내려올 때 슛하는 것이었다. 백인 친구들은 내 새로운 묘기를 싫어했다. 거칠고, 개성 있고, 10대답고, 괜스레 흑인 같아 보이는 몸짓이었다. 내가 자꾸 그렇게 슛을 할수록 백인 친구들은 나를 싫어했고, 친구들이 싫어할수록 나는 더 자꾸 그렇게 던졌다. 학년말의 모임에서 나는 '최우수 선수'로 호명되었는데, 나중에 아버지는 상패를 받으러 올라가는 내가 걸음걸이마저 딱 체육특기생 같더라고 했다. 당시에는 살짝 놀리는 말이라고 생각했지만, 이제 와 떠올리니 그것은 아버지가 할 수 있는 최고의 칭찬이었다.

유치원에서 8학년까지 내가 한 일이라곤 스포츠를 하고, 스포츠 생각을 하고, 스포츠 꿈을 꾸는 것뿐이었다. 나는 운동선수들의 약력을 외우다가 글 읽기를 배웠다. 선수들의 (그리고 나의) 통계를 계산하다가 산수를 배웠다. 나는 12세에 50미터를 6.5초에 주파했고, 온 도시의 꼬마들이 우리 학교로 와서 나와 겨뤄보려고 했다. 여름 농구 캠프에서 5 대 5로 위빙 플레이 훈련을 할 때는 프로에서 은퇴한 지 얼마 되지 않은 캠프 소장이 현장으로 불려와서 내가 등 뒤로 얼마나 정확하게 패스를 하는지 감상했다. 소장은 자기가 현역으로 뛸 때 나 같은 선수가 있었다면 포인트가드로 쓰고도 남았겠다고 하면서 나를 학년 등급보다 높게 월반시켜주었다. 리틀 리그 올스타 시합에서 12회 말 공격에 홈런을 때려 승리를 만들었던 기억도 난다. 집으로 돌아온 나는 유니폼을 입은 채 뒷마당 해먹에 누워 레모네이드를 마시고 설탕 쿠키를 먹으면서, 갓 배달된 『스포츠 일러스트레이티드』에 소개된 선수들의 성과와 내가 이룬 성과를 견주어보았다. 이렇게 생각했던 기억이 생생하다. 세상에, 인생이 지금보다 더 좋을 수가 있을까?

아버지는 다음 시구를 좀 지나치게 자주 읊는다. '되돌리라, 거꾸로 되돌리라, 오 시간이여, 그 흐름을, / 오늘밤 나를 다시 한번 어린아이가 되게 해다오!' (미국의 시인 엘리자베스 체이스 앨런의 시 「나를 흔들어 재워주세요*Rock Me to Sleep*」—옮긴이) 아버지가 시간을 되돌려 회상한 내용은 이렇다. '나는 학교생활이 항상 신이 났다. 이유는 간단했다. 나는 제법 뛰어난 사교가였기 때문에, "나쁜" 날이 거의 없었다. 나는 입학하기 전부터 읽을 줄 알았다. 세 형들이, 특히 나중에 뉴욕선의 칼럼니스트가 된 필 형이 가르쳐주었기 때문이다. 철자 공부는 내게 끝없는 기쁨과 경이로움을 안겼고, 그것은 지금도 마찬가지다. 나는 방과 후 운동장이나 소프트볼 경기장에서도 실력이 좋았다. 급우들과 경쟁하는 것이 가슴 두근댈 만큼 좋았던데다가

대개는 내가 이겼다. 곧 내 주변에는 내 덕을 보려는 친구들이 몰리기 시작했다.'

아버지는 20대 중반일 때 브루클린 다저스의 공개 기량 평가에 참여한 일이 있다. 아버지는 최종 라운드까지 끈질기게 버텼지만, 막판에 반 링글 멍고라는 친구가 아버지가 던진 공을 모조리 받아쳐서 베드퍼드 거리까지 넘겨버렸다. 나의 운동선수 유전자가 아버지에게서 왔다는 것은 부인할 수 없는 사실이다. 내털리가 어시스트한 골로 내털리네 축구팀이 시 대회에서 우승하자, 아버지는 환성을 올렸다. "역시 실즈 집안 핏줄이란 말이지!"

스타에게 족보 잇기 I

━━━━━ 아버지의 출생증명서에는 '밀턴 실드크라우트 Shildcrout'라고 적혀 있다. 군대 기록에는 '밀턴 P. 실드크라우트'라고 적혀 있다(아버지는 사실 중간 이름이 없다. 자기가 지어낸 것이다). 1946년에 성을 '실즈'로 바꿀 때 제출한 신청서에는 'Shildkrout'와 'Shildkraut'가 섞여 있다. 에이브 삼촌은 'Shildkrout'를 쓰고, 페이 고모는 처녀 적 성으로 'Schildkraut'를 쓴다. 어떻게 쓰든 무슨 상관이냐고? 나는 상관 있다. 나는 내가 정말 조지프 실드크라우트와 친척인지 아닌지 알고 싶다. 영화 〈안네 프랑크의 일기〉에서 오토 프랑크를 연기했고, 〈에밀 졸라의 삶〉에서 알

프레드 드레퓌스 대위를 연기해서 1938년 아카데미 조연 상을 받은 그 배우 말이다.

나는 어린 시절 내내 그가 아버지의 사촌이라는 확실한 암시를 받으며 자랐는데, 이제 와서 아버지는 상당히 미적지근한 입장을 취한다. "친척일 가능성은 있지만 입증할 방법은 모르겠는걸." 또는 이렇게 말한다. "그가 내 사촌이라는 명확한 증거가 있느냐고? 전혀." 또는 이렇게 말한다. "우리 형 잭이 그를 빼다 박았지, 정말로 닮았거든." 편지에서는 이렇게 썼다. '두 집안이 정말로 친척이냐고? 가타부타 뭐라 말을 못 하겠구나. 어디까지가 내가 오랫동안 공들여 가공한 전설이고 어디까지가 반박의 여지없이 공고한 사실이냐고? 나도 모르겠다.' 또다른 대목에서는 이렇게 썼다. '우리는 루돌프/조지프 실드크라우트 집안하고 정말 연이 있을지도 모른다. 나는 진심으로 그렇게 믿는단다.'

아버지가 13세이던 1923년, 새뮤얼 할아버지가 맨해튼 로어이스트사이드의 유대인극장으로 아버지를 데려가서 전설적인 배우 야코프 아들러 대역으로 루돌프 실드크라우트가 주인공으로 분한 연극 〈야생의 인간〉을 보여주었다. 루돌프는 진정 야생의 인간답게 밧줄에 매달려 무대를 가로지르는 등 몸을 던져 연기했다. 연극은 할아버지가 소속되어 있던 국제여성의류노동조합 조합원들을 위한 자선공연이었다. 할아버지는 막이 내린 후에 무대 뒤로 가서 경비에게 자기가 실드크라우트의 친척이라고 주장했고, 그 설득이 먹혀서 아버지와 함께 대기실에 들어갈 수 있었다.

배우는 좁은 탈의실에서 화장을 지우고 의상을 벗던 중이었다. 배우는 할아버지와 잠시 대화를 나눴다. 아버지에 따르면 루돌프는 자기가 루마니아에서 태어났고, 그곳에서 배우 경력을 쌓다가 후에 빈과 베를린으로 옮겼다고 말했다. ('실드크라우트'는 독일-러시아어에서 유래했다. '실드'는 '지킨다'는 뜻이고 '크라우트'는 '양배추'다. 우리는 양배추를 보호하고 방어하는 집안이다.) 루돌프와 아내와 아들 조지프는 1910년쯤에 처음 뉴욕에 왔고, 베를린으로 돌아가서 몇 년 더 살다가, 1920년에 아예 미국으로 이주했다. (조지프 실드크라우트가 1959년에 낸 회고록 『아버지와 나*My Father and I*』를 볼 때 이 연대들은 정확하다. 하지만 그 사실은 아버지가 내게 이야기를 들려주기 전에 그 책을 참고했을지도 모른다는 점만을 말해줄 뿐이다.) 할아버지는 배우에게 집안 선조들에 관해서 아는 바가 있는지, 그들이 언제 어떻게 오스트리아에 정착했는지 아느냐고 물었다. 루돌프는 거의 아니면 전혀 모른다고 했다. 그는 배우로서 평생 많은 장소를 돌아다녔고, 그의 삶과 관심은 극장과 극장 사람들에게 국한되어 있었다. 두 사내가 이디시 말로 10분 정도 대화한 뒤, 할아버지와 아버지는 극장을 나왔다. 아버지가 제대로 알아듣지 못한 세세한 부분들은 할아버지가 나중에 설명해주었다고 한다.

아버지는 말했다. "몇 주 동안 나는 친구든 아니든 내 말을 들어주는 사람이라면 누구에게나 물리도록 자랑을 늘어놓았지. 미국에서 활동중인 오스트리아, 독일, 유대인 연극계에서 최고의 스타인 루돌프 실드크라우트를 아빠와 함께 만났다고 말이다. 게다가 그가 우리 사촌일지도 모른다고 했지. 아버지와 실드크라우트가 나눴던 대화 중에 그런 결론으로 귀결될 만한 내용은 전혀 없었지만, 나는 친구와 이웃 들을 감동시키고 싶었기 때문에 루돌프와 조지프 부자를 잽싸게 우리 친척으로 끼워넣은 거야. 나는 '아마 육촌일 거야'라고도 하고 어떤 때는 '사촌이야'라고도 했다. 데이브 너도 알다시피 루돌프 실드크라우트는 할리우드에 진출해서 잠시나마 영화배우로도 성공했지. 나는 루돌프가 같은 고향 출신 에밀 야닝스보다 훨씬 괜찮은 배우라고 사람들에게 주장하곤 했단다."

2장

청년기

Adolescence

래틀스네이크 | 호수

테스토스테론은 폭발적인 성장을 일으킨다. 테스토스테론 때문에 후두가 커져 목소리가 굵어지고, 적혈구 양과 근육량과 성욕이 늘어나고, 음경과 고환과 전립선이 발달하고, 음모와 수염과 다리털과 겨드랑이털이 자라고, 피지샘에서 분비물 생산이 촉진된다. 나는 고등학교 다니는 내내 정말 여드름이 심해서 여드름이 제2의 피부인 형국이었다. 모공에서 줄줄 기름이 샜다. 나는 17세가 될 때까지 누구와도 키스를 해보지 못했다.

여드름은 내 턱에, 이마에, 뺨에, 관자놀이에, 두피에, 귀 뒤에 왕성하게 솟았다. 목을 붉게 뒤덮고, 간헐적으로 음경에 나타나고, 배에 등장하고, 등과 엉덩이를 둘러쌌다. 흡사 본의 아니게 시술받은 단색의 문신 같았다. 흰 뾰루지들이 코에 났고, 검은 뾰루지들이 발가락에 났고, 짙은 자주색 물집들이 끝내 터져서 피를 흘렸고, 희게 곪은 것들이 짜내어졌고, 번져버린 자국들이 사라지지 않았고, 감염된 상처들이 뼛속까지 파고들었고, 표면의 흉터들이 섬뜩하게 보였고, 사마귀 같은 돌출물들이 머리 양옆에 났다. 나는 콜라겐 주사를, 펀치 이식술을, 화학 박피를 견뎠다.

나는 기름한 타원형의 갈색 비누로, 투명한 정사각형의 초록색 비누로, 거품이 이는 부드러운 유아용 비누로, 타는 듯 따가운 거친 비누로 씻었다. 특수한 젤 제품을, 말갛고 흰 액체 제품을, 진흙 크림 제품을 발랐다. 하루에 한 번씩, 두 번씩, 세 번씩, 식전에, 식후에, 식사중에 알약을 먹었다. 우유를 마시는 식단과 우유를 금지하는 식단을 따랐고, 햇볕을 절대 쬐지 않는 요법과 햇볕을 너무 많이 쬐는 요법을 시행했다. 에리스로마이신, 트레티노인, 클레오신, 판옥실, 베녹실, 아이소프로필 미리스테이트, 폴리옥실 40 스테아레이트, 부틸레이티드 하이드록시톨루엔, 하이드록시프로필 메틸셀룰로스를 섭취했다. 의사들과 의사들과 의사들을 만났다.

아버지는 내게 제발 얼굴 좀 그만 만지작거리라고 사정했다. 때로 아버지는 참을성을 잃고 내 뺨을 때렸는데(저녁식사 자리에서 뾰루지를 짜는 나를 나무라는 동시에 내 고통의 근원을 가격함으로써 애정을 표시하는 것 같기도 했다), 아버지가 느꼈을 절망감에 비추어보면 확실히 정당한 조치였다. 내 손은 쉴 새 없이 피부를 기어다녔고, 항상 탐색하며 뜯어냈고, 뽑아낸 여드름 뿌리를 튕겼다. 이 염증성 질환 때문에 나는 기묘한 나르시시즘에 빠졌다. 한편으로는 거울을 보기를 갈망하면서 다른 한편으로는 또렷하게 반사되는 영상을 회피했다. 어떤 거울이 사태를 누그러뜨려 비출지, 어떤 거울이 사태를 악화시켜 비출지 예측하는 데 도가 텄다. 더 악화하고 자시고 할 것도 없었지만 말이다.

어머니의 뺨에는 어릴 때 앓은 마마 자국이 남아 있었고, 코에는 피부암 제거 수술을 받을 때 생긴 분홍색 흉터가 있었다. 어머니의 피부암은 X선 요법이 마마 자국을 제거해준다는 의사들의 말을 10대일 때 굳게 믿은 대가였다. (그때 쐰 어마어마한 양의 방사선 때문에 어머니가 유방암에 걸려 고작 51세에 돌아가신 것인지도 모른다.) 외삼촌이 군복을 입고 오키나와에서 찍은 빛바랜 사진을 보면 그의 얼굴도 불길에 휩싸인 듯 흉이 져 있다. 스탠퍼드 대학 병원의 한 의사는 내 여동생에게 말하기를 자기가 샌프란시스코 만 일대에서 가장 잘나가는 피부과 전문의이지만 누이가 적어도 21세가 되기 전에는 누이의 피부 상태를 개선할 방법이 전혀 없다고 했다. 오직 아버지만이 흉 하나 지지 않은 인상적인 얼굴을 갖고 있었다. 어쩌다 아버지가 면도기에 베이거나 안경테 때문에 눈썹 근처에 붉게 눌린 자국이 나면 어머니는 아버지의 피부에도 문제가 있다고 우겨댔다. 두 분은 내 턱에 형성된 다량의 여드름이 누구의 탓이냐를 두고 참으로 한심한 논쟁을 벌였다.

고등학교 2학년 때 내 여드름은 실로 재앙의 수준으로 격화했다. 한 달에 두 번씩 나는 차로 한 시간 거리인 사우스샌프란시스코의 어느 피부과에 가서 액체 질소 요법을 받았다. 피부과는 상점가의 구석에 은밀하게 숨어 있었고, 상점가 한편에 롱스 약국도 있었다.

나는 그달치 마법의 약물 처방전을 약제사에게 건넨 뒤, 조제약이 만들어지는 틈을 타서 커다란 봉지에 든 빨간 스위처 감초사탕을 사왔다. 좀 전에 내 얼굴에 가해진 폭력적 행위 때문에 여태 살짝 피가 나는데도 불구하고(아니, 피가 난다면 더더욱), 나는 봉지를 뜯고 게걸스레 감초사탕을 삼키면서 줄을 서서 약이 나오기를 기다렸다. 돌이켜보며 인정하건대, 감초사탕은 내게 성찬식 제병이나 마찬가지였다. 나는 감초사탕을 먹으면 붉은 뾰루지들에서 흐르는 진물이 달콤하고 맛 좋게 변할지도 모른다고 상상했다. 이것을 받아 삼키면 구원을 받을 수 있을지니. 그 순수한 모순이 황홀경에 가까운 기분을 주었던 것으로 기억한다. 내 고등학교 졸업 앨범 사진은 하도 수정이 많이 되어 있어서 사람들은 그걸 가리키면서 나더러 이게 누구냐고 묻는다.

「여드름은 정말로 질환인가?」라는 글에서 데일 F. 블룸^{Dale F. Bloom}은 이렇게 주장했다. '사춘기의 여드름은 질환이기는커녕 정상적인 생리 과정이다. 여드름에 시달리는 개체가 생식적으로 성숙할 때까지, 그래서 감정적·지적·육체적으로 부모 자격을 갖출 때까지 몇 년 동안 그의 주변에서 잠재적 배우자들을 내쫓는 역할을 한다.' 나는 블룸의 논지에 대해 감히 뭐라 꼬투리를 잡을 수가 없다.

10대 소년들 가운데 테스토스테론 농도가 가장 높은 집단에서는

69퍼센트가 성 경험이 있다고 답했고, 농도가 가장 낮은 집단에서는 16퍼센트가 경험이 있다고 답했다. 소년들은 소녀들보다 테스토스테론 농도가 8배 높다. 소년들의 근육량을 늘리고, 14세에 정점을 이루는 폭발적 성장을 촉진시키는 장본인도 테스토스테론이다. 소년들의 테스토스테론 농도는 11세에서 16세까지 20배 높아진다. 16세가 되면 심장혈관계가 성인의 크기와 박동수로 확립된다.

털은 한 달에 1.3센티미터쯤 자란다. 털 자라는 속도는 청년기에 가장 빠르고, 16세에서 24세 사이의 소녀들에게서 최고다. 낭만적인 사랑의 눈길을 보내는 연인, 갓난아기의 울음소리를 듣는 산모, 코카인에 취한 사람의 뇌를 스캔해 보면 결과가 놀랄 만큼 엇비슷하다. 대니얼 맥닐Daniel McNeill에 따르면 '사람의 동공은 청년기에 최대 크기가 되는데 이것은 틀림없이 연인을 꾀는 미끼일 테고, 이후에는 60세가 될 때까지 서서히 줄어든다.' 내털리한테 알려주면 "끝내주네요"라고 말할 만한 사실이다. 이야기해주었더니 정말 그렇게 대꾸했다.

언젠가 내털리가 사람들이 그래피티를 그리는 이유가 뭐냐고 묻기에, 10대 소년들은 자신의 존재를 증명하기 위해서 가만히 있는 것을 부득불 망가뜨릴 때가 있다고 설명했다. 나는 수영장에서 본 남학생들 이야기도 해주었다. 아이들은 여성 구조대원이 와서 친절한 말투로 문 닫을 시간이니 나가라고 할 때는 들은 척도 않더니, 혹인 남성 구조대원이 와서 퉁명스럽게 요청하자 당장 말을 들었다.

아버지는 전화로 이런 추억을 들려주었다. "어느 일요일 아침에, 우리 아버지가 내 펀치볼 경기를 구경하러 오겠다고 하시더구나. 내가 펀치볼을 한 지가 벌써 몇 년째였는데 아버지가 경기를 보고 싶다고 말한 건 그게 처음이었지. 우리는 우리 집 바로 앞길에서 경기를 했어. 가끔 마차가 지나가는 것 말고는 방해물이 없었지. 아버지는 좌익수 쪽 파울선에 자리를 잡고 서서 구경했어. 나는 아버지가 거기 계신 것을 보고는 내 타순이 되었을 때 마구 손을 흔들어 알렸지. 나는 스팔딘을 힘껏 때렸어. 아, 스팔딩 고무공을 그때는 그렇게 불렀지. 그런데 내가 온 힘을 실어 치는 바람에 공이 화살처럼 정확하게 아버지 쪽으로 날아갔지 뭐냐. 시속 95킬로미터는 되었을걸. 아버지는 서 있던 그대로 팔만 휘저어 공을 피하려 했지만 소용없었지. 아버지는 왼뺨에 공을 맞았는데 몇 센티미터 차이로 겨우 눈을 비껴갔어."

미국의 발달심리학자 보이드 맥캔들리스Boyd McCandless에 따르면 '젊은이는 곧 그의 육체이고 육체가 곧 그이다.'

톨스토이는 말했다. '12세에서 14세 사이의 어린이들, 즉 아동에서 청년으로 이행하는 단계의 아이들은 방화는 물론이고 살인에까지 두드러진 편향을 보인다는 이야기를 어디선가 읽었다. 나도 내 소년 시절을 돌아보면 별다른 목적이나 그릇된 의도 없이 그저 호기심 때문에, 혹은 행동하고 싶다는 무의식적 갈망 때문에 최악

의 끔찍한 범죄들을 저지를 가능성이 농후했다고 인정하지 않을 수 없다.'

10대 소년 10여 명이 래틀스네이크 호수 한가운데의 뾰족뾰족한 바위에 올라섰다. 노스벤드 시에서 남동쪽으로 6.4킬로미터쯤, 시애틀에서 1시간쯤 떨어진 곳이다. 10대 소녀도 몇 명 올라가 있다. 나는 뗏목에 누워 빈둥거리면서 멀리서 그 광경을 지켜보았다. 소년들은 청바지를 잘라 만든 반바지를 입었고, 거의 한 명도 예외 없이 모두들 조각 같은 가슴 근육을 드러내고 있다. 소녀들도 청반바지를 입었고, 비키니 상의를 입었고, 소년들보다는 덜 그을렸다. (사춘기를 맞아 성장하기 시작하면 소녀들은 어깨에 비해 엉덩이가 넓어진다. 소년들은 엉덩이에 비해 어깨가 벌어진다. 18세 소녀들은 같은 나이의 소년들에 비해 몸무게에 대한 뼈의 질량 비율이 20퍼센트나 작다.)
바위는 건물 한 층 높이쯤 되었다. 소년들은 바위에서 제일 높은 곳을 골라 호수로 뛰어들었다. 소녀들도 다들 뛰어들었지만, 남자 아이들보다는 덜 현란하게, 덜 위험하게 했다. 한 소녀가 다이빙을 하지 못하자 친구들은 끈질기게 놀려댔다. "17세인데 다이빙을 못한다는 게 말이 되니! 다이빙 안 하면 나 다시는 너랑 말도 안 할 거야."
래틀스네이크 호수의 소년들은 서로 다이빙 솜씨에 대해 묻느라 바쁘다. "이번에는 어땠어? 어떻게 보였어?"

이렇게 보였다. 남성의 평균적인 음경 길이는 늘어져 있을 때는 7.6에서 10.2센티미터 사이이고, 발기했을 때는 12.7에서 17.8센티미터 사이이다. 발기한 상태의 최소 및 최대 기록은 각각 9.5센티미터와 24.4센티미터이다. 1930년대에 미국으로 수입된 유럽산 마네킹은 생식기의 크기에 따라 세 규격으로 나뉘었는데, 소형, 중형, 그리고 '미국인'이었다(다른 문화에 비해 미국 사람들은 음경이나 가슴 같은 생식기의 크기에 집착하는 성향이 강하다). 린든 B. 존슨 대통령은 자주 비서 앞에서 소변을 눴다고 한다. 보좌관들더러 자기가 변을 보는 동안에 화장실에서 모임을 가지라고 강요했고, '점보'라고 별명을 붙인 자기 음경을 내보이기를 좋아했다. 기자들 두엇과 사적인 대화를 하던 중 기자들이 대체 무엇 때문에 미군이 베트남에 가 있는 거냐고 묻자, 존슨은 앞섶 지퍼를 내려 점보를 꺼낸 뒤에 말했다. "이것 때문이지." 뉴기니 원주민은 깔때기처럼 생긴 성기보호대를 음경에 끼우는데, 긴 것은 60센티미터쯤 된다. 내 음경은 발기했을 때 15.2센티미터이다(시시하게도, 맥 빠질 정도로 평균이다). 여러 번 재봐도 마찬가지였다. 아버지의 물건은 내 것보다 좀 짧은 게 확실하지만(점잖게 엿보았다), 눈에 띄게 듬직하다. 아버지가 대단한 섹스광이었던 것도 무리가 아니다.

신생아는 몸무게의 12퍼센트가 체지방이다. 생후 6개월이면 25퍼센트로 늘고, 1년이면 30퍼센트로 는다. 이후 6세까지 12퍼센트로 다시 줄었다가, 사춘기를 맞아 또 늘기 시작한다. 소녀들은 사춘기가 지나도 체지방률이 계속 증가하지만 소년들은 살짝 감소한다.

고등학생 소녀들의 뼈 발달은 소년들보다 2년 앞선다. 어린 소녀들은 키와 몸무게에서 소년들을 능가하며, 소년들이 사춘기의 징후를 드러내며 폭발적으로 자라기 전까지는 대체로 소녀들이 더 키가 크다. 골격 발달 속도는 여자아이라면 16세에, 남자아이라면 19세에 대개 정점을 이룬다. 같은 학년 고등학생끼리 사귀는 것은 호르몬도 서로 안 맞고 어리석은 짓일 수밖에 없다.

'17세에는 불행한 연애를 하기 마련이다.' 프랑수아 사강은 제대로 알았던 게 틀림없다.

남자의 성적 충동은 10대 말이나 20대 초에 최고점에 달하지만, 여자는 그로부터 10년은 더 지나야 한다.

'16세부터 20세까지의 나이는 아예 없거나 / 그 나이 처먹은 녀석들은 내처 잠이나 처자든가 했으면 좋겠어요. / 아, 그 나이 때 하는 짓이라는 게 뻔하지요. / 계집애들에게 애를 배게 하거나 / 어른들에게 대들거나 훔치거나 싸우거나 하는 거지.' 셰익스피어의 「겨울 이야기」에서 양치기 노인이 설파했느니.

15세에서 24세 사이의 남자들은 사망률이 여자들보다 3배 높다. 대부분 무모한 행동이나 폭력, 즉 살인·자살·자동차 사고·전쟁 등 때문이다.

F. 스콧 피츠제럴드는 딸 스코티에게 보낸 편지에서 말했다. '설익은 모험을 하려 들면 지독한 대가를 치르는 법이다. 언젠가도 말했지만, 18세에서 19세에 술을 마신 남자애들은 지금 다들 안전하게 무덤 속에 누워 있지.'

농구의 꿈 Ⅲ   ■■■■ 아버지는 브루클린 이글스라는 준 프로 농구 팀의 매니저였다. 해리 글라처, 그의 동생이자 토머스 제퍼슨 고등학교 선수였던 내트 글라처(형제가 다 그 학교를 다녔지만, 아버지의 표현을 빌리면 "졸업 후에는 낙동강 오리알 신세가 되었다"), 당시에 세인트존 대학 팀의 주장이었던 맥스 '퍼지' 포즈낙, 역시 세인트존의 스타였던 앨리 슈크먼, 마찬가지로 세인트존 소속인 맥스 '캐피' 캐플런, "코트 어디에서건 혀가 내둘러질 정도로 정확하게" 슛을 했던 흑인 선수 아티 잭슨, "허구한 날 길거리 농구만 했던" 이사도어 '미지' 세로타로 구성된 팀이었다. 이글스는 크리스마스에 예일 대학교 팀과 대전하는 대가로 은밀하게(대학 소속 선수들이 많았기에 은밀해야 했다) 100달러를 받기로 했다.

아버지는 이 이야기를 상당히 신화적으로 각색해서 들려준 게 분명하다(어떤 이야기를 하시든 그렇지만). 최근에 다시 들려주면서 전에 이야기한 그대로 시시콜콜한 점까지 하나도 다르지 않게 재현했는데, 그래서 내가 더 믿을 수가 없다. 아버지와 일곱 선수들은 브루클린에서 뉴헤이번까지 차를 몰고 갔다. "오후 네시나 다섯시쯤 됐을까, 살짝 눈발이 날리기 시작해서 운전하기가 까다로웠지만, 캐피는 운전 솜씨가 좋았지. 뉴헤이번까지 사오십 킬로미터 남았을 때, 가볍던 눈발이 굵어져서 운전이 좀 위험한 지경이 되었어. 우리는 느리지만 착실하게 목적지인 예일대 농구장을 향해 나아갔지.

그때 난데없이 앞 범퍼에 쿵 하는 충격이 느껴졌어. 사람의 몸 같은 것이 범퍼 위로 굴러왔다가 튕겨나가서 도로에 떨어졌어. 사람을 친 거야. 우리는 차를 세우고 가까운 농장으로 달려가서 보안관에게 전화했지. 15분쯤 뒤에 나타난 보안관은 캐피에게 음주 운전이었는지, 이런 위험천만한 날씨에 과속이라도 했는지 묻더군. 그리고 시체를 힐끗 보고는 말했어. '그 폴란드 늙은이구먼, 이 마을 주정뱅이지. 아마 차를 보지도 못했을 거요.'

우리는 시계를 들여다봤어. 여섯시 반까지는 뉴헤이번

에 가야 하니까. 보안관은 근처에 돈 받고 차를 태워주는 농부가 있다고 알려줬어. 다섯시 반쯤 됐을까, 우리는 저녁을 거르고, 농부 운전사를 20달러에 고용해서 경기장으로 가야 했어. 캐피의 차는 증거물이었기 때문에 사람을 친 장소인 월턴 시에 압류되었지. 우리는 커다란 리무진에 우르르 몰려 타서, 일곱시쯤에 경기장에 도착했어. 춥고 배고팠지. 예일 대 선수들은 바람 맞은 줄 알았던지 불같이 화를 내더군.

우리는 유니폼으로 갈아입고 잠시 워밍업을 한 뒤에 경기를 시작했어. 첫 쿼터는 예일 대가 20점 앞선 채 끝났고, 전반전이 끝났을 때는 예일 대가 30점 앞섰지. 쉬는 시간에 앨리하고 다른 팀원들은 샌드위치랑 탄산음료를 우걱우걱 삼켰어. 프로 선수들과 한판을 벌이는 사람들에게 어울리는 식사라곤 할 수 없었지. 상대는 훌륭한 훈련을 받은데다가 브루클린에서 오는 '터프가이'들을 맞을 준비 차 푹 쉬어둔 녀석들이었으니까 말이야. 하지만 퍼지가 팀원들을 격려한 뒤에 이어진 후반전은 이야기가 달랐어.

퍼지, 앨리, 아티가 슛을 집어넣기 시작했어. 경기는 동점으로 끝났어. 연장전을 두 번이나 한 끝에 우리가 한 점 차로 졌지. 예일 대 주장이 고맙다고 하면서 100달러를 줬어. 우리는 거기서 20달러를 바로 농부 운전사한테 줬고, 다시 그의 차를 타고 월턴 버스 정류장까지 갔지. 버스에 탄 게 자정쯤이었고, 뉴욕에 도착한 건 새벽 여섯시쯤이었어. 선수들은 오토매트로 돌진했지(지금은 그런 가게가 없으니 너는 모르겠지만, 5달러 동전을 투입하면 식사거리에서 디저트까지 갖가지 음식이 자동판매기에서 나오는 가게란다). 나는 남은 돈을 나눴어. 선수당 몇 달러쯤 되더군. 내게는 한 푼도 안 남았어. 어쨌든 지하철 요금이야 낼 수 있었어. 브루클린까지 5센트였으니까. 그 경기는 당장 우리 동네의 전설이 되어 역사에 남았지.

한 달 뒤에 캐피는 월턴으로 돌아가서 사건 심리에 참석했단다. 무죄 선고를 받았지. 그게 우리의 마지막 시합이었다."

왜 암사자는 짙은 갈색 수사자를 좋아하는가, 또는 왜 남녀 모두 굵은 목소리에 끌리는가

냄새를 맡는 후각계는 뇌의 사고 과정을 건너뛰어 성과 공격성을 통제하는 영역으로 곧장 정보를 보낸다. 햄스터 수컷은 후각계가 제대로 기능해야만 암컷과 교미할 수 있다. 수컷 생쥐도 이 기능이 있어야 암컷의 생식 신호에 반응할 수 있고, 암돼지도 수돼지에 반응하여 발정할 수 있다. 반면에 사람의 경우에는 냄새가 성적 반응을 장악하지 못한다. 동물의 세계에서 그토록 중요한 냄새가 우리에게는 전혀 그렇지 않다.

사람에게는 시각이야말로 최고로 중요한 감각이다. 우리는 외모에 끌린다. '신사는 금발을 좋아한다'고 했지만, 암사자의 경우에는 짙은 갈색 털을 지닌 사자를 선호하는 듯하다. 그런 수사자는 테스토스테론 수치가 높고, 훌륭한 유전자를 지녔을 잠재력도 크다고 한다.

사람을 비롯한 여러 동물은 상대의 목소리에도 매력을 느낀다. 사람은 남녀 할 것 없이 굵고 허스키한 목소리에 성적 매력을 느끼는데, 이것 역시 높은 테스토스테론 수치와 연관된 특징이므로 더 강한 성적 충동과 좋은 유전자를 지녔을 잠재력을 암시하는 셈이다.

서로 매력을 느끼는 결과를 빚어내려면 즐거운 경험을 공유하는 것보다 두려움과 공포를 공유하는 게 효과적이다. 스트레스 호르몬이 분비되면 애착 반응을 낳는 뇌의 신경화학적 계통이 활성화하기 때문이다. 관련해서 유명한 실험이 있다. 매력적인 여성이 강물 위 60미터에 걸린 흔들다리에서 젊은 남자들을 하나씩 만나 대화를 나누고, 땅에서도 또 남자들을 만났다. 이야기 중간에 여성은 남자들에게 자기 전화번호를 주었다. 흔들다리에서 여성을 만난 남자들 중 60퍼센트 이상이 나중에 전화를 걸었지만, 땅에서 만난 남자들은 30퍼센트만이 전화를 걸었다.

나는 17세였고, 여자친구 칼라도 동갑이었으며, 우리는 둘 다 성경험이 없었다. 비가 억수처럼 쏟아부었지만 칼라네 부모님의 통나무집 뒷현관은 달개지붕이 달린데다가 방충망으로 야무지게 둘러싸여 있어서 비를 피할 수 있었다. 나는 밖에서 자고 싶었다. 감기에 걸리고 싶었다. 질병을 나누며 함께 떨고 싶었다. 칼라는 이빨을 닦고 싶어했다. 칼라는 화장실, 거울, 따뜻한 변기 의자의 냄새를 좋아했다. 치약과 수건을 손에 든 칼라는 방충망 문을 열고 리놀륨 바닥을 찾았다.

나는 침낭들을 펼쳐서 나무 바닥에 깔고, 배낭을 부풀려서 침낭 입구 밑에 쑤셔 넣었다. 현관에 있던 긴 의자는 구석으로 밀었다. 나는 다시 한번 가지런히 정돈한 뒤에 기다렸다.

"이렇게 밖에 있다가는 다 젖겠어." 칼라가 나타나서 말했다. "안에서 자자."

"싫어. 비는 곧 그칠 거야." 내가 대답했다

나는 집으로 들어가는 문을 닫고, 손잡이를 잽싸게 흔들어본 뒤에, 문이 잠겼다고 선언했다. 집 안으로 들어가려면 내일 아침에 현관 근처 어딘가에 감춰진 열쇠를 찾는 수밖에 없다고 했다.

"

젊은이는 곧 그의 육체이고
육체가 곧 그이다.

보이드 맥캔들리스

"

칼라는 제 침낭을 들치고 들어가 내 침낭 옆에 나란히 누웠다.

"나 어떻게 보여?" 칼라가 물었다.

나는 머릿속에서 수식어들을 수색했다. 적절한 묘사를 찾아내서 그녀를 기쁘게 하고 싶었다. "키스하고 싶고, 꿈결 같고, 아리따워."

그리고 나도 물었다. "나, 나, 나는 어떻게 보여?" 나는 칼라와 단 둘이 있을 때는 남들과 있을 때보다 덜 더듬었지만, 그래도 이따금 버릇이 출몰하곤 했다.

칼라는 웃으면서 대답을 피했다. 자기가 어떻게 보이느냐는 질문을 던질 때, 칼라는 내 대답과 상관없이 자신이 매혹적으로 보인다는 사실을 이미 잘 알고 있었다. 칼라는 내가 미남이기를 원했지만 나는 그렇지 못했다. 내 여드름은 결코 증발하지 않을 것이고, 나도 증발하지 않을 것이다. 나는 그저 나였다. 나는 미남은 못 되었다. 칼라도 잘 알았다. 칼라도 눈이 있으니까, 장님이 아니니까. 그래도 칼라는 나를 사랑했다. 내 복잡한 영혼, 하여간 뭐 그 따위 것 때문에 나를 사랑했다. 깨끗한 피부(내 아버지가 그렇다), 푸른 눈동자(내 아버지는 이것도 가졌다), 곱슬머리(아버지는 중년까지 그랬다), 감미로운 목소리(아버지는 지금도 그렇다) 따위 흔해 빠진 것은 남들이나 가지라지.

우리는 손끝을 마주 댔고, 손가락을 얽었고, 납작한 배를 붙이듯이 손바닥을 눌렀고, 꽉 깍지를 끼었다. 그 상태에서 나는 칼라의 가운뎃손가락을 폈고, 내 집게손가락을 그녀의 손가락 사이에 끼우고 위아래로 움직였다. 나는 그녀의 목덜미를 받치고, 눈을 감고, 키스를 했다. 놀랍게도 그녀는 일어나 앉아서, 내게 키스를 했다. 나는 침낭 지퍼를 내려 그녀에게 더 다가가려 했고, 그러다가 우리는 이마를 찧었다. 칼라는 내 서투름을 느낀 듯이 웃었다. 나는 그녀의 들창코에 입 맞추었다. 우리는 입술을 포갰고, 머리를 비틀며 키스했다. 그러다가 내가 말했다. "우리 오늘 밤 같이 자야 할 것 같아."

"난 모르겠어. 그럴 준비가 되어 있는지 잘 모르겠어. 그리고 추워. 진짜로 화장실부터 먼저 가야 해."

칼라는 침낭을 나가 배낭에서 이것저것 챙겨 들고 문을 밀었다.

"잠겼어." 내가 말했다.

칼라는 손잡이를 돌리고는 문을 밀어 열었다.

"거짓말쟁이."

"진짜 내가 잠가버린 줄 알았어."

칼라는 침낭에 누운 내 눈 앞에서 조용히 문을 닫았다. 밖에서는 나뭇가지들이 부러진 팔처럼 휘청거렸고, 살을 엘 듯한 빗줄기가 두터운 장막처럼 하늘을 덮어 지웠다. 나는 칼라를 기다렸다. 칼라는 몇 시간은 너끈히 그 안에 있을 수 있었다. 그녀는 화장실에서 길을 잃었다. 그녀는 화장실에, 집 안에 틀어박혀 편안해했다. 그녀의 세면용품 가방은 여행가방만했다. 그녀는 청결한 것을 좋아했다. 그녀는 수건과 비누와 여러 종류의 화장지에 관해, 그 따스함과 부드러움에 관해 이야기했다. 그녀는 수도꼭지와 놀기를 좋아했다. 아름다움에 꽂힌 그녀는 몇 시간이고 거울을 응시했고, 어쩌다 잡티라도 찾아내면 즉시 제거했다.

나는, 어떤 의미에서는, 그리고 그 순간만큼은 분명히, 그녀의 흠집이었다. 나는 칼라의 왕자님이 아니었다. 나는 굵고 허스키한 목소리를 갖지 못했다. 나는 암사자가 좋아하는 짙은 갈색의 수사자가 아니었다.

아버지는 얼마 전에 첫 여자친구에 대한 추억을 들려주었다. "나는 스물셋에서 스물여덟까지 5년 동안, 네 고모 페이의 친구인 펄 파인버그하고 데이트를 했지. 펄은 늘씬하고 굉장히 매력적인 아가씨라서 길 가던 청년들이 그 조각상 같은 몸매를 보고 휘파람을 불거나 감탄사를 날릴 정도였어. ('데이트'만 하는 관계는 아니었다만, 더 말 안 해도 무슨 뜻인지 알 거다.) 펄은 뉴욕의 어느 큰 의류회사에서 비서 겸 파트타임 모델로 일했어. 나는 좋은 직장이 있었고(저널-아메리칸에서 일했지), 사랑스런 여자친구가 있었고, 눈이 튀어나올 만큼 근사한 황갈색 포드 컨버터블이 있었고(요즘 나오는 폭스바겐 카브리올레하고 비슷하게 생겼다), 돈도 좀 있었어. 스물다섯의 나이에 벌써 세상을 손아귀에 넣은 기분이었지.

우리는 주말에 만날 때마다 그렇게 바쁠 수가 없었어. 영화, 극장, 소풍, 강연회, 근처 하이랜드 공원에서 테니스니 뭐니 하면서.

우리는 5년 동안 계속 만났고 친구들도 다들 우리가 영원히 함께할 거라고 믿었지만 사실 결혼 이야기가 나온 적은 한 번도 없었어. 내 잘못이 크다고 해야겠지. 둘 다 법적 결혼 연령을 한참 넘겼지만 나는 여전히 미성숙했고, 책임을 지는 걸 두려워하다 못해 공포를 느낄 정도였으니까. 나는 아마 서반구에서 가장 세련되지 못한 28세 청년이었을 거다.

뉴욕의 다른 일간신문들과 마찬가지로 저널-아메리칸도 좀체 사라지지 않는 대공황의 여파 때문에 광고 수입이 급격하게 준 터였고, 마침내 대량해고를 해야 했어. 1938년에 나도 실직자가 되었지. 나는 어찌어찌 뉴욕포스트에 자리를 구했지만 6개월 뒤에 거기에서마저 쫓겨났지. 석 달 동안 실직 상태로 있다가, 여름에 캐츠킬 휴양지에 있는 체스터스 준바르크라는 산장에서 일하기로 했어. 테니스장 관리를 하고, 간간이 뚱보 모피 세일즈맨들이나 브롱크스의 학교 선생들한테 테니스를 가르쳐주는 일이었단다. 바로 그곳에서, 그 여름에, 헬렌[아버지의 첫 부인]을 만난 거지. 헬렌은 뉴욕타임스 경제부 기자와 막 이혼을 하고 여름을 산장에서 보낼 계획으로 온 참이었어.

헬렌은 대단히 세련된 여성이었지. 적어도 내 기준으로는 그랬다. 나는 섹스와 정치에 관한 모든 것을 헬렌에게 배웠어. 헬렌은 당시에도 공산당 정치에 깊게 연루되어 있었고, 우리가 만나고서 1년 뒤에는 월스트리트에서 사서로 일하던 것을 그만두고 아예 공산당 자원봉사자로 나섰지.

그해 여름은 정말 뜨거웠어. 10도 안팎인 캐츠킬 산맥의 날씨가 아니라 내 감정이 말이다. 나는 펄은 싹 잊어버렸지. 여름이 끝난 뒤에 브루클린으로 돌아와서는 헬렌과 함께 살기 시작했고, 몇 달 뒤에는 결혼을 했어. 펄은 한 번도 다시 만나지 않았지.

40년이 지나서 네 졸업식에 참석하느라 프로비던스에 왔을 때, 내가 네 고모 페이의 집에 일주일 머물렀던 적이 있지. 왜 그 퀸스의 고급 아파트 있지 않니. 어느 날 아침에 페이가 쇼핑을 갔다가 돌아와선 대뜸 한다는 소리가, '오빠, 내가 쇼핑몰에서 누굴 만났는지 아우? 죽었다 깨나도 못 맞힐걸'. 나는 지금은 연락이 끊긴 소년시절 친구들 이름을 몇 주워섬겼지.

페이가 말했어. '믿거나 말거나, 오빠의 옛날 애인 펄을 만났지 뭐야. 지금은 성이 파인버그가 아니래요. 옛날에 동네에서 우리랑도 자주 같이 테니스 쳤던 어느 남자애하고 결혼했대요. 지금은 죽은 그 남편 성을 따라서 리치먼이 되었다나. 펄은 지금도 예쁘더라고요. 머리는 세었지만. 딸이 둘 있고 손주도 몇 명 있고 퀸스에 산대요. 나한테 전화번호를 줬어요. 펄한테 오빠가 캘리포니아에서 여기로 놀러 와 있다고 했고 요즘 어떻게 지내는지도 귀띔해줬어요. 오빠가 전화해주면 좋겠다고 합디다.'

너도 알다시피 1978년은 네 엄마가 죽은 지 1년 뒤였다. 나는 우울증에서 완전히 벗어나지 못했어. 그리고 그 전날에 닐 사이먼의 신작 연극 〈2막〉을 봤는데, 아내가 죽은 지 얼마 되지 않아 새로 젊은 여인을 만나게 된 작가 주인공의 고통과 번뇌를 다룬 연극이었어. 주인공은 새 여자를 자기 인생에 들여야 하나 하는 곤란한 문제와 씨름하지. 주인공은 죽은 아내에 대한 열렬한 감정이 그대로라서 새 여자와 관계를 맺는 데 강한 죄책감이 느껴진다고, 동생에게 털어놓더구나. 동생은 '산 사람은 살아야지' 하면서 형을 격려하고 말이다. 결국 주인공은 관계를 이어가는 쪽을 택하고, 막이 내리는 장면에서 그녀와 결혼을 하더군. 나는 닐 사이먼의 안온하고 경박한 결말에 철저한 거부감을 느꼈다. '아내가 죽은 지 얼마나 됐다고 결혼을 해?' 극장에 앉아서 속으로 생각했지. '1막에서는 죽은 아내에게 변함없이 사랑한다고 고백하더니, 그럼 그 대사들은 다 뭐야? 대외 선전용이었나? 매년 빼먹지 않고 보냈다는 밸런타인데이 선물은 또 뭐야? 3달러 지폐보다 더한 가짜 같으니라고.' 나는 페이에게도 바로 그런 이유 때문에 펄을 만나기는 고사하고 전화할 마음도 생기지 않는다고 말했단다. 하지만 솔직히 더 큰 이유는 부끄럽기 때문이었어. 내가 그녀를 누더기처럼 버렸던 것, 그렇게 끔찍한 방식으로 관계를 끝냈던 게 부끄러웠던 거지. 전화 한 통 편지 한 장 없었으니까. 아무것도. 부끄러운 일이지. 용서받지 못할 일이야."

슈퍼히어로

우리 집 고양이 주머는 구심력이라도 받는 듯이 사람들 가운데에만 앉고, 무진장 사교적이다. 내가 식탁에 신문을 펼치는 순간, 주머는 그 위에 올라가 눕는다. 손님이 오면 대개는 그 무릎에 올라가 환영한다. 주머가 가장 좋아하는 활동은 아내와 내털리와 내가 독서하는 동안 바로 옆 벽난로 앞에서 몇 시간이고 드러누워 있는 것이다. 두번째로 좋아하는 활동은 우리 셋이 영화를 보는 동안 우리들 사이에 드러누워 있는 것이다. 그러다가 우리가 안 보는 척하면 그릇에 담긴 아이스크림을 훔쳐 먹는다. 밤에는 내털리의 목 옆 오목한 공간에 쏙 들어가서 발로 내털리의 이마를 감싸고 잔다. 그런 주제에 우리가 그를 너무 오래 쓰다듬으며 귀여워하면 반드시 물거나 할퀴거나 해서 지나친 사육에 반발한다. 주머는 책장 뒤에 숨었다가 무방비하게 지나가는 사람을 덮치기를 좋아하고, 책장 위에 엎드려 한 발은 공중에 내민 채 방을 둘러보기를 좋아한다. 흡사 초원을 둘러보며 영양을 탐색하는 사자 같다. 철저한 응석받이 신세이지만, 본질은 여전히 사냥꾼이라는 사실을 자기 자신과 우리에게 알리고 싶어한다.

주머는 내털리가 주머의 여자친구라고 부르는 '자기' 곰 인형을 이 방 저 방 끌고 다니며, 오래 전에 거세수술을 받은 것 같은데도 불구하고, 시도 때도 없이 인형과 성교하는 흉내를 내면서 정복자답게 포효한다. 옆집에 사는 숙적 파이어볼을 내다보며 몇 시간이고 유리창을 긁어대지만, 정작 파이어볼과 얼굴을 맞대도록 멍석을 깔아주면 마치 마지못한 듯이 안전한 감금 상태로 자진해 돌아가면서 짐짓 실망한 척을 한다. 아주 드물게 밖에 나간 때에는 잔뜩 겁에 질려서 조금만 거슬리는 것이 있어도 쉿쉿 소리를 내고, 속이 빤히 들여다보이는 구실로 금세 집 안으로 꽁무니 뺀다. 주머는 스스로 터프가이라고 믿고 싶어하지만, 사실은 야옹이일 뿐이다.

영화 〈스파이더맨〉을 보면 피터 파커가 거미에 물려 스파이더맨으로 변신하기 시작할 때, 벤 삼촌이 이렇게 충고한다. "너는 변하고 있어. 그건 정상이야. 그저 어떤 사람으로 변하는지 알고 조심하면 돼, 알겠니?" 피터가 공부벌레에서 거미로 변하는 것은 소년에서 사내로 바뀌는 것을 노골적으로 비유한 것이다. 피터는 스파이더맨이 되기 전에는 촌뜨기처럼 셔츠를 바지에 집어넣었지만, 후에는 셔츠와 속옷까지 빼내어 입는다. 더는 갇혀 있지 못하는 것이다. 울룩불룩 근육이 생긴 가슴도 가둬두기 힘들고, 시력은 완벽해진다. 피터의 성적 성숙은 신들에게서 불을 훔친 것과 마찬가지이다. '엄청난 힘을 느끼지만 이게 무슨 뜻인지, 어떻게 통제하는지, 게다가 이 힘을 써서 무엇을 해야 좋을지도 모르겠어요'라고 말하는 것이다. 10대 소년들은 성적 충동이 지루한 일상을 결딴내고 변형

시킬 수 있다고 믿고 싶어한다. 내 아버지가 놀라운 점은 그런 변형에 대한 믿음을 80대 넘어서도 한참 뒤까지 간직했다는 사실이다.

메리 제인은 스파이더맨에게 처음 구출된 뒤에, 남자친구 해리에게 '굉장한' 경험이었다고 말한다. "뭐가 굉장했다는 거야?" 해리는 계속 묻는다. 스파이더맨이 두번째로 메리 제인을 구출하자, 그녀는 "이번에는 고맙다고 말할 기회가 있는 거죠?"라면서 그의 가면을 입술 위로 벗기고 열렬하게 키스를 한다. 두 사람은 비에 흠뻑 젖은 채로 황홀경에 빠진다. 각본을 읽어보면 피터가 새로 얻은 능력이 생식 능력, 더 정확하게 말해 자위 능력이라는 사실을 똑똑히 알 수 있다. '그는 손목을 뒤틀면서 끈적끈적한 것을 뿜어내려고 애쓰지만, 그것이 잘 나오지 않는다.' 스파이더맨은 메리 제인을 세 번 구출하는데, 두 사람은 매번 딱 정상체위처럼 보이는 자세로 얽힌다. 임무를 수행하는 스파이더맨? 피터 파커일 때 그의 음경은 개점휴업 상태였다. 스파이더맨일 때 그는 거추장스런 감정적 뒷수습에 대한 고민일랑 하나 없이 신화처럼, 축제처럼, 성적인 비행을 즐긴다.

〈스파이더맨〉은 우리 안에 무성적인 일상의 자아와 성적 충동에 좌우되는 영웅적 자아가 병존한다고 말하는 이야기이다. 등장인물 가운데 남자들은 거의 모두 그 자아의 분리를 걱정한다. 뉴욕레슬링재단의 돈을 훔치고 나중에는 차량을 강탈하다가 벤 삼촌을 죽이고 마는 '미치광이 얼굴'의 도둑조차, 엘리베이터에서 내리는 자기를 위해 피터가 한 발 비켜주자 "고맙습니다"라고 속삭이며 달콤한 미소를 짓는다. 흉포함과 겸손함이 서로 끝없이 대화하며 혼란해한다. (내털리 왈, "누구에게나 감춰진 면이 있다는 걸 말하는 영화예요. 사람들이 항상 있는 그대로의 모습을 남들에게 보여주는 건 아니거든요.")

몇 년 전 토요일 오후, 시애틀의 그린레이크 수영장. 내가 몇 바퀴 수영을 하는 동안, 아버지도 조금 수영을 했고, 그러다가 역기를 몇 번 들고, 사우나를 하고, 조셨다. 언제나처럼 본인은 졸지 않았노라 격정적으로 부인했지만. 탈의실에서 10세짜리 꼬마 하나가 조용조용 콧노래로 〈배트맨〉 주제곡을 흥얼거리기 시작했다. 아버지는 처음에는 곡을 알아듣지 못했지만 내가 말씀드리자 고개를 끄덕였다. 1분도 지나지 않아 콧노래 소리가 온 탈의실에 쩌렁쩌렁 울렸다. 사춘기 소년들 10여 명이 함께 흥얼거렸다. 몇몇은 진지하게 불렀고, 몇몇은 장난처럼 불렀다. 몇몇은 의자 위에 우뚝 섰고, 몇몇은 수건으로 친구들의 엉덩이를 갈겼다. 몇몇은 홀딱 벗고 춤을 췄고, 몇몇은 입던 옷을 마저 입었다. 그것은 놀랍고 신비롭고 혼란스럽고 아름답고 웃기고 오싹한 광경이었다. 물론 아버지는 그렇게 느끼지 않았다. 아버지는 딱 하나 중요한 예외인 스포츠를 제외하고는 모든 형태의 대중적 오락을 경멸한다. 아버지는 집으로 돌아오는 차 안에서 이렇게 설명했다. "대중문화는 진정한 공동체가 아니야. 공동체의 대체물이지."

앤 비티 Ann Beattie의 단편 「불타는 집 The Burning House」을 보면 끝 부분에 별거중인 남편과 아내가 마침내 서로를 대면하는 장면이 있다. 아내가 먼저 입을 연다.

"당신이 어떻게 할 건지 알고 싶어."

그는 깊게 숨을 들이쉬었다가 뱉은 뒤, 더없이 차분하게 거짓말을 이어간다.

"당신의 행동은 전부 칭찬받을 만했어. 학교로 돌아간 것은 잘한 일이야. 메릴린 같은 정상적인 친구를 사귄 것도 옳은 일이었어. 하지만 당신이 인생을 통틀어 딱 하나 실수한 게 있지. 주변에 너무 많은 사내들을 둔 것. 솔직하게 얘기해줄까. 사내들이 어떤 종자들인지. 터커처럼 미친놈이든, 레디 폭스처럼 제가 5월의 여왕이라도 되는 줄 아는 게이이든, 심지어 꼴랑 6세짜리 놈이든 다 마찬가지야. 내가 사내들에 대해서 얘기해주지. 사내들은 자기가 스파이더맨이고 벅 로저스이고 슈퍼맨이라고 생각해. 우리들이 마음속에 품고 있지만 당신은 절대 모르는 게 뭔지 아나? 언젠가 별나라로 갈수 있을 거라는 환상이야."

그는 그녀의 손을 잡는다. "나는 이 모든 상황을 우주에서 내려다보고 있어." 그는 속삭인다. "나는 이미 떠나버렸어."

슈퍼맨.

아버지는 샌프란시스코 만의 우드레이크에 산다. 그곳은 노인을 위한 아파트 겸 복합 스포츠센터다. 사실상 정정한 노인네들이 와서 죽어 나가는 공간이지만, 노인들은 그곳이 올림픽 선수촌이라고 생각한다. 광천수와 프리스비^{frisbee}(플라스틱 원반—옮긴이)가 있는 선수촌. 거품 목욕탕, 사우나, 테니스장, 헬스장, 빙고 놀이방, 무도장, 새까만 주차장, 날쌘 자동차들, 흰 회반죽을 바른 아파트, 여기저기 피어난 솔잎국화. 오리들이 꽥꽥거리며 인공 연못을 떠다닌다. 햇볕에 그을린 젊어 보이는 70대들이 골프장에서 어슬렁거린다. 끈 비키니 수영복을 입은 할머니들이 수영장에서 걸어 나온다. 아버지와 그 무리는 테니스장을 종횡무진 누빈다. 새하얀 테니스복과 펄럭이는 모자와 최신식 테니스화와 영화배우 같은 선글라스를 갖추고, 버겁게 커 보이는 라켓을 지팡이나 곤충 채집망처럼 휘두른다. 아버지의 원룸 아파트에서 구경할 만한 것이라곤 사방에 널린 어마어마한 수의 라켓들, 라켓 커버들, 통에 담긴 공들, 셔츠들, 반바지들, 땀받이 밴드들, 땀복들, 스포츠 양말들, 신발들, 국부 보호대들뿐이다. 그 아파트에는 아버지가 없다. 그곳은 마치 테니스 용품으로 가득 찬 스포츠 용품점 같다.

아버지는 우드레이크가 후원하는 글쓰기 교실에 다니면서 골동품 레밍턴 타자기로 글을 쓴다. 노부인 10여 명, 은퇴한 치과의사, 그리고 아버지가 격주로 수요일마다 선생에게 수업을 듣는다. 아버지가 거의 모든 글에서 자신을 투사하는 주인공이 있는데, 사람 좋고 공평무사한 본호미 씨이다. 그는 언론과 홍보와 사회복지 분야에서 50군데도 넘게 직장을 옮겨 다녔고, 개중 많은 곳에서 해고를 당했고, 50년 동안 조울증에 시달렸고, 무수히 입원하여 전기충격 치료를 받았다. 한마디로 방황하는 천재다. '사람은 불평하지 않고서는 못 살기 때문에 언어를 발명했다'고 말한 릴리 톰린 Lily Tomlin 은 내 아버지를 염두에 둔 게 틀림없다. 아버지는 짖는 개에게 일일이 돌을 던지는 사람이면서, 자기가 쓴 글에서는 친구에게 '짖는 개에게 일일이 돌을 던져 무엇 하나' 하고 점잖게 충고한다. 아버지는 세상 사람 중에 나보다 더 방향 감각이 무딘 유일한 인물이면서, 글에서는 어느 친구에 관해 이렇게 묘사한다. '루는 차고에서도 길을 잃을 위인이다. 캘리포니아 주의 남자 운전자들 중에서 방향 감각이 최악이다.' 세월이 흐를수록 아버지는 자신을 너무 쉽게 용서해버린다. 한때 나는 그런 마초 같은 태도를 버리시라고 설득하고 싶었다. 하지만 그것이 아버지 스스로 기운을 돋우는 방법이고, 시시한 작별의 이야기들을 쓰는 것에 대한 대안이고, 브루클린 출신의 터프가이인 자기가 아직 죽지 않았다는 것을 스스로와 우리에게 확인시키는 방편이라는 것을 깨닫고는 그러지 않기로 했다.

글을 쓰면 쓸수록 아버지의 자화자찬 거짓말은 불어난다. 아버지가 첫 결혼에서 낳은 자식들은 아버지와 관계가 소원해서 95세 생일파티에도 오지 않았지만, 글에서는 그들이 선물까지 들고 온다. 아버지는 40세부터 대머리였지만, 글에서는 지금에 와서야 '머리카락이 거의 사라졌다.' 어머니는 예순에 죽는 걸로 되어 있다(실제로는 51세였다). 글쓰기는 아버지에게 윤색할 기회이다. 아버지는 요즘도 게걸스럽게 독서를 하는데 인생에서든 문학에서든 싸구려 감상을 싫어하는 분이다(얼마 전에는 J. M. 쿳시의 무자비하고 통렬한 소설인 『추락』이 근래 10년 동안 읽은 책 중 최고라고 했다). 그래서 더욱 글에 드러난 낙천적인 어조가 흥미로우면서도 당황스럽다.

이야기 속에서 아버지는 매처macher(대장, 왕초 등을 뜻하는 이디시말—옮긴이)의 목소리로 말하지만, 현실에서 아버지는 자신의 실패에 집착하는 사람이고 겨우 매니큐어만큼 강할까 싶은 사람이다. 나는 아버지가 약점에 관하여, 자신의 약점에 관하여 쓰길 바라지만, 도리어 아버지는 자기 친구가 여성에 대해 했다는 다음과 같은 말을 인용하며 찬동한다. '네 가지만 기억하면 장땡이야. 찾아내고, 느끼고, 자고, 잊어버리고.' 샘 스페이드Sam Spade(하드보일드 탐정소설의 창시자 대실 해밋의 작품 『몰타의 매』에 나오는 사립탐정 — 옮긴이)가 따로 없다.

아버지는 4남 2녀의 형제자매와 가난하게 자랐지만(할머니는 아버지기 12세 때 죽었고 누이 중 하나는 아버지가 16세 때 죽었다) 향수가 현실을 가린다. '아, 좋았던 날들이여, 좋았던 옛 시절이여. 순수의 시대여, 한없는 만족감을 주었던 여름들이여.' 나는 많은 아파트를 거쳤지만 뉴저지 489번지에서처럼 "내 집 같은" 기분은 다시는

느끼지 못했다.' '메이슨 부인은 늘 우리 편이었다. 때때로 나를 가슴에 품어주거나 눈물을 닦아주었다.'

어머니는 30년 전에 돌아가셨는데, 부모님은 그 직전에 이혼했다. 부부 관계는 누가 봐도 최악이었다. 하지만 이제 글에서는 '지브롤터 요새처럼 견고한 결혼'으로 그려진다. 아버지는 상사에게 조퇴를 요청하면서 이렇게 말한다. "저는 궁정 쿠데타에 직면했습니다. 세 혁명가들이 왕을 폐위하려고 집에서 저를 기다리고 있습니다." 왕이라니, 사실은 그렇지 않았다. 나는 바란다. 아버지가 시시각각 변화하고 갈수록 세세해지는 여왕의 요구사항에 맞추어 여왕의 왕관을 닦아야 했던 일을 부디 글로 쓰기를. 나는 묻고 싶다. 그때 기분이 어땠나요? 나는 알고 싶다. 아버지의 껍질 속에서 사는 건 어떤 기분인가요? 반드럽게 벗어진, 병든 둥근 머릿속에서 사는 건 어떤 기분인가요? 부탁이에요, 아버지, 말해주세요. 하지만 지상의 시점에서 들려주세요. 하늘에서 본 광경이나 허황된 구변은 이제 그만 됐어요.

농구의 꿈 Ⅳ V

2군 경기는 학교 대표팀 경기 직후에 있었다. 대표팀 경기 3쿼터가 끝나갈 무렵, 좋은 스웨터를 입고 좋은 신발을 신고 넥타이만 매고 있던 우리 2군 선수들은 운동복으로 갈아입으려고 체육관을 빠져나갔다. 나는 대표팀 경기가 재미있어지려는 찰나에 나와버리는 것이 참 좋았다. 사람들이 우리를 한 무리로 봐주는 게 좋았고, 나를 그 무리 소속으로 봐주는 게 좋았고, 모두들 우리에게 행운을 빌어주는 게 좋았다. 관중의 일원이 되는 것도 좋지만, 관중으로부터 떠나 시합을 하러 가는 것도 좋았다. 그리고 내가 경기를 할 때에는, 여전히 관중이 그곳에 있다는 것은 느꼈지만, 마치 머리 위 조명처럼 멀리 물러나 있는 듯한 기분이었다.

1학년일 때 나는 2군의 지명 슈터였다. 우리 팀이 지역 방어에 걸리면 내가 나서서 슛을 쏘았다. 내가 서너 골 잇따라 성공시키고 나면 상대가 지역 방어를 풀고 나를 포위하려 들었다. 나는 기회를 창조하는 선수는 아니었다. 나는 드리블로 상대를 따돌리는 것은 하지 못했다. 하지만 슛을 쏠 줄 알았다. 내게 한 걸음, 약간의 공간을 주고 누가 방어막을 걸어달라. 바라는 것치고는 좀 많다 싶긴 하지만, 어쨌든, 그러면 내가 예금통장의 잔고처럼 확실하게 점수를 올려줄 테니.

2군 코치는 1, 2학년 내내 나에게 공을 바스켓까지 가져가는 법과 그 아래 껀다리들과 치고받는 법을 배워야한다고 잔소리했다. 나는 원치 않았다. 할 수 없다는 걸 알았기 때문이다. 나는 벌써부터 내가 남들보다 족히 한 발은 늦는다는 걸 두려워했다.

이듬해 여름에 나는 농구를 했다. A&W(패스트푸드 체인점―옮긴이)에서 아르바이트를 하지 않을 때 몇 경기 뛰었다거나 오후에 몇 시간씩 연습했다는 말이 아니다. 나는 1972년 여름 내내 농구를 했다. 끝. 다른 일은 없었다. 다른 일이라고 이야기할 것이 하나도 없었다. 하루 종일, 여름 내내, 적어도 밤 10시까지 농구만 했다.

고등학교 농구장은 국화꽃 핀 둔덕과 학교 건물 벽으로 둘러싸여 있었다. 청록색 바스켓에 사슬 네트가 달린 반달 모양 백보드는 진정한 슈터들에게만 친절했다. 농구장은 잔디 깔린 언덕에 있어서 거리가 내려다보였다. 내 마음속 에덴동산은 그해 여름의 농구장이다. 셔츠에 살갗이 쓸리면서, 5 대 5로, 쉬는 시간도 무시하고 지쳐 쓰러질 때까지 내처 달리던 그때. 나는 길거리 농구도 몇 시간씩 했다. 혼자서, 친구들과 함께, 친구들을 상대로, 처음 만나는 사이이며 다시 만날 일도 없는 사람들과, 대학교 스웨터를 입은, 수비할 때면 내 엉덩이에 손을 올려두길 좋아한 중년 남성들과, 내 실력에 입을 쩍 벌리는 친구 동생들과, 여름 동안 몸을 유지하려고 간간이 경기를 하면서 내게 성공할 수 있겠다고 말했던 샌머테이오 대학 선수들과, 내 성과에 자기네 목이 달렸다고 말하던 코치들과, 나더러 예술영화에 출연할 생각이 없느냐고 묻던 포르노 전문서점 주인들과, 나더러 협동이란 개념은 어디다 팔아먹었느냐고 하던 아버지와.

　나는 아스팔트에서 주로 연습했지만 체육관에서도, 머릿속에서도, 빗속에서도, 공을 호령하는 바람 속에서도, 이글거리는 태양 아래에서도 연습했다. 더 강한 다리로 더 높이 뛸 수 있길 바라며 발목에 가죽 추들을 달고 다녔고, 잠 잘 때만 벗어놓았다. 기술에 관한 책은 구할 수 있는 대로 다 구해 읽었다. 그리고 줄넘기를 했다. 집 안에서, 집 근처에서, 계단을 오르면서, 개를 산책시키면서도…… 교본에 나와 있는 훈련들을 혼자서 반복했다. 자유투 몇 번, 다음엔 양 사이드에서 양손을 각각 써가며 레이업숏 하기, 훅숏, 경기장 이곳저곳에 서서 쏘기, 돌면서 점프숏 하기, 움직이다 말고 점프숏 하거나 패스하다 말고 점프숏 하기, 팁인숏. 이 모두를 무한히 반복했다. 워리어스의 스타 선수 릭 배리만큼 내 어깨가 높이 올라가고, 내 손목이 야무지고, 내 눈빛이 서늘하면 좋겠다고 생각했다. 한참 지나면 내 머리가 바스켓처럼 느껴지고 내 몸이 공처럼 느껴지는 순간이 왔다. 나는 내 머리를 내 몸 안에 깔끔하게 집어넣으려 애쓰고 있었다. 공이 손에서 알아서 나갔다. 나는 그 시점에 연습을 멈추고 그 느낌을 간직했다.

아버지는 "농구는 슈팅이 전부가 아니야. 경기 전체를 배워야지"라고 말하곤 했다. 아버지는 코트 여기저기에 깡통들을 세웠다. 나는 그 사이로 발을 바꿔가며 스텝을 밟아 나아갔다가, 다시 뒤로 밟아오고, 오른손으로 드리블하고, 왼손으로 드리블하고, 다리 사이로 드리블하고, 등 뒤에서 드리블해야 했다. 전력질주를 해서 공을 둑에 던진 뒤, 튕겨 나온 공을 완벽한 패스인 것처럼 받아서 레이업슛을 했다. 이것이 경기의 전체란 것이겠거니, 나는 이해했다.

학교 대표팀 코치인 로시 선생님은 빼빼 마르고 날렵했다. 선생님은 옛날에 샌타클래라 대학의 포인트가드였다고 했고 학생들은 대부분 그 말을 믿었다. 선생님은 말수가 적었다. 늘상 빈틈없이 미소를 짓고 다녔지만, 때로는 학생의 멱살을 움켜쥐고 사물함으로 밀어붙이기도 했다. 그런 뒤에는 다시 미소 짓는 얼굴로 돌아갔다.

3학년이 된 나는 대표팀 윙으로 첫 몇 경기를 뛰었다. 레드우드시티에서 온 팀을 상대로 첫 쿼터를 뛰던 중, 나는 자유투 라인 꼭대기쯤에서 공을 잡았고, 왼쪽으로 도는 척하며 오른쪽으로 스크린 수비를 끼고 돌아 자유투선을 파고들었다. 나로서는 흔치 않은 움직임이었다. 수비수는 끝까지 따라붙었고, 내가 슛을 하려고 뛰어오르자

우리 배가 맞닿았다. 앞으로 밀면 공격자 반칙이 되고 뒤로 가면 엉덩방아를 찧을 판이었다. 나는 수비수를 감싸며 돌아나가려고 했지만 공중에서 자세를 바꿀 정도로 민첩하지가 못했다. 레드우드시티 수비수의 골반이 나와 부딪쳤고, 나는 180도로 몸을 틀며 다리로 착지하고 말았다. 왼쪽 허벅지가 오른쪽 귀를 비볐다. 나는 욕을 퍼부어 대다가 통증으로 정신을 잃었다.

나는 정강뼈가 부러져서 겨울 내도록 병원에서 견인 장치를 하고 누워 지냈다. 의사가 X선 사진을 잘못 판독하여 깁스를 너무 일찍 뜯는 바람에 뼈 옆에 알루미늄 막대기를 삽입해야 했고, 1년 내내 금속 보호기를 착용하고 목발을 짚고 다녔다. (나는 최근에 그 막대기를 제거했다. 이렇다 할 이유가 있는 건 아니고, 단지 언젠가 내가 '이물질'을 몸에 간직한 채 땅에 묻힐 거라고 생각하니 섬뜩했을 뿐이다. 아울러 유대 율법에도 어긋난다. 내가 매장을 원하는 건 아니다. 나는 화장을 원한다. 내가 종교적인 사람인 것도 아니다. 나는 무신론자다. 그래도 몸에 금속을 남겨두는 것은 어쩐지 세상의 질서를 어기는 것처럼 느껴졌다.) 나는 가을에 보호대를 벗었다. 아버지는 내게 컨디션과 민첩성을 되찾기 위한 훈련을 시켰지만 내가 더이상 열정적이지 않다는 것을 명백히 깨달은 뒤로는 그걸 그만두었다. 졸업반일 때 나는 10명으로 구성된 팀에서 열번째 선수였고, 시합 일지 작성을 맡았다. 그 일지가 진화해서 학교신문에 실리는 스포츠 칼럼이 되었다. 나는 농구를 직접 하는 것보다 묘사하고 분석하는 데 소질이 있다는 사실을 깨달았다. 실력이 평범한 우리 팀을 나는 가차 없이 비판했고, 코치는 그런 나를 '에이스'라고 불렀다. 내가 그의 애제자 수비수가 아닌 것은 당연했으므로, 그것은 '에이스 기자'라는 뜻이었다. 나는 왼쪽이 열렸을 때 슛을 할 순 있었지만 잽싸게 가드를 하지는 못했고 끈질기게 따라붙는 상대를 떨쳐내지도 못했다. 나는 해답과 해설을 상비한 사람, 어떻게 지역 방어를 펼쳐야 좋을지 잘 아는 벤치워머, 그러나 경기장에서 몸소 기여하지는 못하는 선수의 역할로 떨어졌다. 내가 프로 선수가 되지 못할 테고, 오히려 스포츠 기자가 되어가고 있다는 사실에 아버지는 깊게 실망했다. 자신은 평생에 걸쳐 간간이 스포츠 기자 일을 했고 그 일을 항상 행복하게 여겼으면서 말이다. 아버지는 그리운 옛 추억을 더듬는 기사를 몇 년 전에 지역 신문에 쓴 적이 있다.

75년 전, 나는 토머스 제퍼슨 고등학교 신문인 『자유의 종』의 기자로서, 학교 대표팀들의 활약에 관해 가히 불멸이라 해도 무방할 명산문들을 써냈다. 우리 학교의 야구팀과 풋볼팀은 영원한 패자들이었다. 그들은 패배의 기술을 과학으로 승화시켰다. 하지만 농구팀은 달랐다. 그들은 자치구 대회에서 두 번 우승했고, 내가 졸업반이던 해에는 시 대회 결승전까지 진출했다.

우리는 브롱크스에 있는 에반더차일즈라는 학교와 뉴욕 시 우승자 자리를 놓고 맞붙었다. 시합의 최종 스코어는 27 대 26이었다. 그렇다, 27 대 26이었다. 1928년 그해는 물론이고 이후 10여 년 동안에는 농구에서 공을 가진 사람에게 적용되는 45초 규칙 따위가 없었다. 득점을 올릴 때마다 센터 점프를 다시 했다. 슛은 정지한 채 두 손으로 던지는 것이 전부였다.

우리는 경기 종료를 불과 몇 초 앞두고 역전을 당해 졌다. 에반더차일즈 올시티 팀의 센터인 조지 그레고리가 2.4미터 떨어진 곳에서 점프하며 뒤로 공을 던져 바스켓에 집어넣었다. 나는 지하철을 타고 집으로 돌아오는 한 시간 동안 욕하기와 흐느껴 울기를 번갈아했다. 다음날이 되어서도 나는 "도저히 믿기지 않아, 아니 믿을 수 없어"라는 투로 동네 친구들에게 경기 결과를 보고했다.

지금과는 달랐던 시절, 다른 것들에 목을 매던 시절이었다.

나는 매년 봄에 반드시 아버지를 찾아가서 함께 NBA

플레이오프 시합을 관전한다. 아버지는 코비 브라이언트, 앨런 아이버슨처럼 혼자서 다 해치우는 선수들을 열렬히 지지한다. 독무대를 좋아하는 것이다. 그런데 그와 전적으로 모순되게도, 나쁜 패스나 몸을 사리는 수비를 보면 꼬박꼬박 혀를 차면서 그 팀의 단결심을, 혹은 단결심의 부족을 1970년의 뉴욕 닉스에 비교해 평가한다. 아버지는 움직이는 육체라면 죽고 못 산다.

조금만 죽기

소년들은 세상을 정복하는 영웅이 되고 싶어하는 반면, 거식증에 걸린 소녀들은 세상과 성적인 성숙으로부터 물러나고 싶어한다. 사춘기 소년들은 더 강하고 공격적인 존재가 되고 싶어하지만, 거식증 소녀들은 약하고 가냘픈 존재가 되고 싶어한다. 남성적 폭력과 영웅적 판타지의 여성적 이면이라 할 수 있는 거식증은 사춘기 또래 집단의 압력에서 유래한다. 10대 소녀들의 거식증은 성적 변화에 대한 대응이다. 소녀들은 극단적으로 마른 몸매를 선호하는 문화적 이상에 자신을 맞추려고, 또는 성적 성숙을 유예시키려고 거식증에 빠진다. 소녀들은 엉덩이와 가슴이 커지는 걸 바라지 않고, 뚱뚱해지는 걸 두려워한다. 거식증에 걸린 소녀는 쇠약해지고, 피로해지고, 월경을 하지 않으며, 영양부족으로 이차 성징이 느리게 나타난다. 그럼으로써 성인의 세계로 입장하기를 미룬다.

이른바 '원시' 부족들의 미신에 따르면 여성이 시체를 건드리면 월경이 멎는단다.

거식증 환자의 90퍼센트가 여성이다. 여성의 70퍼센트가 패션잡지의 모델을 보면 우울하거나, 죄책감이 들거나, 부끄럽다고 한다. 체중 감량 센터에 등록하는 사람의 95퍼센트가 여성이다. 다이어트로 몸무게를 줄였던 여성 중 98퍼센트가 원래로 돌아간다. 미국 여성은 평균에서 6.8킬로그램 더 나가면 스스로 뚱뚱하다고 여기는 반면, 남성은 15.9킬로그램 이상 더 나가야 그렇게 생각한다. 아버지는 자기 허리가 가늘다는 것을 항상 소녀처럼 자랑스러워한다. 아버지가 나를 보자마자 제일 먼저 묻는 말은 내 몸무게가 줄었나 늘었나 하는 것이다. 아버지가 던지는 최고의 칭찬은 '너 갈대처럼 호리호리하구나'이다. 체중 감량을 도울 목적으로 작은창자 절제술을 받는 사람의 80퍼센트가 여성이다. 사춘기 소녀들 중 55퍼센트는 자기가 괴체중이라고 믿는데, 실제로는 13퍼센트만이 그렇다. 거식증은 정신 질환 가운데 사망률이 가장 높은 병이다. 미국인의 11퍼센트는 태아에게 비만 성향이 있음을 알게 되면 낙태를 하겠다고 대답했다. 5세짜리 꼬마들에게 사진에서 잘생긴 사람을 짚어

설익은 모험을 하려 들면
지독한 대가를 치르는 법이다.
언젠가도 말했지만,
18세에서 19세에 술을 마신 남자애들은
지금 다들 안전하게 무덤 속에 누워 있지.

F. 스콧 피츠제럴드

보라고 하면 틀림없이 마른 사람을 가리킨다. 초등학교 아이들은 골목대장, 장애아, 인종이 다른 아이보다 비만인 친구에게 더 부정적인 태도를 취한다. 선생님들은 뚱뚱한 아이의 지능을 습관적으로 과소평가하고, 날씬한 아이의 지능을 과대평가한다. 비대한 학생은 장학금을 받기가 어렵다. 거식증 환자의 몸에는 부드럽고 폭신한 솜털이 날 때가 있는데, 부족한 지방 세포 대신 그 털로 체온을 유지하려는 것이다. 거식증 환자는 기아 상태의 사람이 드러내는 육체적 증상들을 보인다. 배가 볼록 튀어나오고, 머리카락이 윤기가 없으며 잘 부스러지고, 월경이 멈추고, 허약해지고, 감염에 취약해진다. 또한 굶주리는 사람의 심리적 특징들도 고스란히 겪는다. 우울해하고, 짜증스러워하고, 비관적인 시각을 보이고, 냉담해지고, 음식에 고착된다. 그들은 잔치를 꿈꾼다.

킴 셔닌Kim Chernin의 『집착: 날씬함의 횡포에 관하여The Obsession: Reflections on the Tyranny of Slenderness』에 실린 소녀들과 성인 여성들의 증언을 몇 인용해보자.

"신경성 식욕부진증이라는 병이 있다는 이야기를 들은 뒤로, 나는 어디 그 병에 걸린 친구가 없나 계속 찾아봐요. 그런 아이 옆에 앉고 싶어요. 그러면 나도 걸릴 수 있을지도 몰라, 속으로 생각하죠."

"내 사촌은 아무도 보지 않는 틈을 타서 음식을 식탁 밑에 버리곤 했어요. 결국에는 너무 말라서 식구들이 개를 병원에 데려갔죠. 나는 늘 개가 부러웠어요."

"내가 과식증에 걸리다니, 정말 부끄러워요. 지루한 모범생 같은 병이잖아요."

"시간이 얼마나 걸리든 상관없어요. 꼭 내 몸을 복종시키고 말 거예요. 가늘고 군살 없고 단단한 몸으로 만들 거예요. 꼭 성공할 거예요. 그러다가 죽는 한이 있어도."

"자기 몸을 통제한다는 건 어마어마한 성취죠. 몸을 자기가 다스리는 왕국으로 만들어서 절대군주처럼 통치하는 거예요."

"보세요, 저 정말 말랐죠? 사람들이 보기 좋다고 생각하는 것보다 더 말랐죠. 누구도 나한테 음식을 더 먹이지 못해요. 내 운명은 내가 통제하니까요. 그 운명이 굶어 죽는 거라고 해도 말이에요."

"얼마나 칭찬을 많이 듣는데요. 질투하는 친구도 있지만, 새 친구를 사귀면 되니까 괜찮아요. 전에는 나를 거들떠도 안 보던 남자애들이 데이트 신청을 하는걸요."

"이런 말은 좀 뭣하지만, 나는 진한 키스를 하느니 차라리 폭식을 하겠어요."

"나는 치료사로 무척 오래 일했지만, 자기 몸을 좋아하는 소녀는 단 한 명도 보지 못했어요."

나는 20대 중반이었다. 그녀는 옷을 벗기 전에 할 말이 있다고 했다. 자기가 헤르페스herpes(포진 등의 증상이 일어나는 바이러스성 질환—옮긴이)에 감염되었다는 것이다. 그녀의 마녀처럼 못된 면에 정신없이 빠져 있었던 나는 간간이 금욕을 지켜야 한다는 구속조차 미칠 듯이 야하게 느껴졌다. 정조대 때문에 그 잠긴 것이 더 매력적으로 보이듯이 말이다. 우리는 함께 살게 되었는데, 서로 사랑이 식은 뒤에는 그녀의 헤르페스 바이러스가 언쟁의 대상이 되곤 했다. 그녀는 우리가 결혼을 한 마당이니 내게 병이 옮아도 별 문제가 없다고 주장했다. 그리고 실제로 그렇게 되었다. 나는 적어도 현대 의학의 효험을 시험이라도 해보는 게 어떻겠느냐고 주장했다.

숱한 이유들 때문에 우리 둘은 잘되지 못했다. 좌우간 내가 하려는 말은, 그 바이러스가, 뭐랄까, 더 나은 표현이 떠오르지 않아 하는 말이지만, 상황에 따라 뜻이 달라지는 일종의 '기표'였다는 점이다. 내가 그녀를 사랑할 때는 바이러스가 그녀를 매혹적으로 만들었다. 내가 사랑하지 않을 때에는 바이러스가 그녀를 내게서 밀쳐냈다. 몸 자체는 의미가 없다. 우리가 몸에 의미를 부여할 뿐이다.

심리학자 낸시 에트코프는 『미: 가장 예쁜 유전자만 살아남는다』에서 말했다. '임금만이 식량 자원과 노동 공급을 통제하여 배불리 먹고, 육체적 노동을 전혀 하지 않아 살이 쪘던 시절에는, 비만이 유복함의 상징으로서 특권처럼 여겨졌다. 야윈 사람은 가난해서 열량을 구할 수 없고, 노동을 너무 많이 해서 살이 찔 겨를이 없는 사람이기 쉬웠다. 가난한 여성이 뚱뚱한 오늘날 현실에서는(정크푸드가 싸고 간편하기 때문이고, 가난한 여성은 정크푸드의 해악에 관해서 교육을 받지 못한데다가 비싼 건강식을 사 먹을 수 없기 때문이다) 이제 날씬한 몸, 제한된 식단, 운동이 특권이다.'

『집착 The Obsession』에서 어느 야윈 여성은 말했다. '나는 뚱뚱한 여자들을 못 견디겠어요. 찻집이나 버스에서 뚱뚱한 여자가 앉았던 자리가 비면, 달리 앉을 곳이 없어도 나는 절대 거기에 앉지 않아요.'

다른 여성이 시장에서 본 뚱뚱한 여성을 떠올리며 한 말이다. '꼭 죽음의 사자를 보는 것 같아요. 시장 상인들은 돈을 나누어 내서 그녀를 쫓아내야 해요. 세상에 그녀를 보고 나서 집에 가서 맛있게 식사를 할 수 있는 사람이 있겠어요?'

아버지는 배불뚝이 남자를 보면 "수박이라도 훔쳤냐"라고 놀린다.

아내 로리와 나는 둘 다 과체중이 아닌데도 다달이 다이어트 경쟁을 한다. "한 그릇 더 줄까?" "자기 주려고 바나나빵 구웠어." 무슨 수작인가? 우리는 서로에게 말하는 것이다. 당신은 아름다워. 나는 부족하지만. 사랑을 위해서라면 뭐든 하겠어.

단식을 하면 세속의 필요와 욕망에서 자유로워지고, 환영과 환각에 빠지기도 쉽다. 모세는 십계명을 받기 전에 40일간 금식했다. 예수도 깨달음을 얻기 전에 40일간 금식했다. 중세의 성인들은(특히 여성들은) 자신의 순결함과 성스러움을 증명하고자 단식을 했고, 단식 기간이 정상적인 인간의 한계를 넘어설 때에는 그것이야말로 신이 내린 은총의 증거라고 했다. 고대의 수녀들은 호흡을 통제함으로써 월경을 멈추고 음식 섭취량을 줄였다고 한다.

여성 성자의 이야기에는 단식이 빠지는 법이 없다. 13세기에 살았던 코르토나의 성녀 마르가레트는 '내가 굶어 죽어 가난한 자들을 먹이겠다'고 했다. 리지외의 테레사는 1897년에 결핵으로 죽었다. 스물다섯번째 생일 직전이었다. 테레사는 하혈을 하며 물조차 삼키지 못하는 상태로 죽어가면서 만찬에 대한 망상에 시달렸다. 젬마 갈가니는 1903년에 죽었다. 역시 결핵이었고, 역시 25세였다. 젬마도 음식을 꿈꾸었다. 그녀는 고해신부에게 물었다. 예수님께 미각을 없애달라고 간구해도 괜찮을까요? 신부는 허락했다. 그녀는 자신이 고난을 견딤으로써 사제들의 죄를 대신 갚겠노라고 예수님과 계약을 맺었다. 이후 60일 동안 그녀는 먹을 것을 입에 대기만 해도 구역질을 했다.

1859년에 미국인 의사 윌리엄 스타우트 치플리는 '시토포비아' 즉 '음식에 대한 공포'라 이름 붙인 상태에 관한 논문을 발표했다. 1868년에는 영국 의사 윌리엄 위데이 걸이 신경성 식욕부진증이라는 표현을 처음으로 썼다. 한때 살인마 잭이라는 의혹을 받기도 했던 걸은 1873년에 그 장애를 소재로 강연을 했다. 같은 해에 프랑스 의사 샤를-에르네스트 라세그는 '히스테리성 식욕부진증'에 관한 긴 논문을 발표했다. 라세그가 묘사한 증상은 다음과 같다. 월경 중단, 갈증, 복부가 쑥 들어가고 탄력이 사라짐, 만성 변비, 피부가 창백하고 건조해짐, 맥박이 빨라짐, 쉽게 피로를 느끼고 앉았다 일어날 때 종종 현기증을 느낌. 모두 오늘날 거식증에 연관되는 증세들이다.

19세기 말 사람들은 식욕 부진이 여성의 섬세함과 고상함을 증명한다고 보았다. 왕성한 식욕을 인정하는 아가씨는 '쟁기꾼처럼 먹는다'는 말을 들었고 조롱과 희롱의 대상이 되었다. 빅토리아 시대 여성들은 설령 산모라 해도 배고픈 내색을 하면 안 된다는 훈계를 들었다. 배고픔을 토로하더라도 가볍고, 달콤하고, 맛있는 것을 한 입만 갈망해야 했고, 고기는 안 되었다. 고기는 성욕을 자극한다고 여겨졌기 때문이다. 두툼한 로스트비프 덩어리를 즐기는 여성은 스스로는 잘 모르겠지만 틀림없이 저속한 성질을 지녔을 것이라고 했다.

2004년에 힐러리 맨텔Hilary Mantel은 이렇게 썼다. '왜 여성들은 여태 이토록 쫓기며 사는가? 이상적인 몸매는 성형수술로만 달성할 수 있는 것처럼 보인다. 이상적인 여성은 최고경영자의 수입에, 공기 주입식 인형 같은 가슴에, 있는지도 모르게 납작한 엉덩이에, 침범 당하지 않은 6세 꼬마의 터럭 없고 작은 음순을 지녀야 한다. 세상은 점점 가혹해진다. 만족시킬 도리가 없다. 소녀들이 여기에서 벗어나고 싶어하는 것도 당연하다. 거식증은 미친 짓처럼 보일지도 모르지만, 나는 절대 그렇지 않다고 생각한다. 그것은 도로 작아지는 방법이고, 자신을 제약하고 가둠으로써 성적이고 감정적인 혼란을 물리치는 방법이다. 예수께서 말씀하셨듯이 "놀리 메 탄게레^{noli me tangere}" 즉 "나를 만지지 말라"는 뜻이다. 한두 해쯤은 이것이 유효한 전략일 수 있다. 철결핍성빈혈에 걸려서 게임에서 빠지는 것이다. 조금만 죽어 있는 것이다. 외적 존재를 굶김으로써 내적 존재를 돌보는 것이다. 대부분의 거식증은 결국에는 치료된다. 거식증은 적응 행위일 수 있다. 생존 전략일 수 있다.'

셰익스피어의 「심벨린」에서 이머젠이 죽을 때의 나이는 분명 15세쯤인 듯하다. 이머젠의 오빠인 귀데리어스와 아비라거스는 그녀의 무덤에 서서 관 속에 들었을 그녀의 생명 없는 몸을 생각하며 만가를 읊는다. '금빛의 젊은이도 아가씨도 모두 반드시 / 굴뚝청소부와 다를 바 없이 먼지로 돌아가나니.' 그러자 이머젠이 반짝 눈을 뜨고 되살아난다.

마음과 몸이라는 케케묵은 이분법

연방담배상표광고법에 따라서 미국의 모든 담배 광고에는 공중보건국장이 지정한 다음 네 가지 경고문 중 하나가 반드시 포함되어야 한다.

공중보건국장 경고: 흡연은 폐암, 심장 질환, 폐기종을 일으키고, 임산부에게 해롭습니다.

공중보건국장 경고: 금연은 건강에 대한 심각한 위협들을 줄여줍니다.

공중보건국장 경고: 담배 연기에는 일산화탄소가 들어 있습니다.

공중보건국장 경고: 임산부의 흡연은 태아 손상, 조산, 저체중아 출산을 일으킬 수 있습니다.

네 가지 경고문은 동일한 빈도로 사용되어야 하지만, 언제 어떤 경고문을 쓸지는 담배회사가 고를 수 있다. 연방담배상표광고법을 만족시키는 차원에서 담배 광고들에는 공중보건국장의 네 가지 경고문이 모두 동일한 빈도로, 즉 각각 약 25퍼센트씩 사용된다. 하지만 18개 잡지의 52개 광고들을 표본 조사한 결과, 임산부에 대한 경고문은 남성 잡지(『스포츠 일러스트레이티드』『에스콰이어』『GQ』) 광고의 53퍼센트를 차지하며 자주 실렸고, 여성 잡지(『마드무아젤』『매콜스』『미스 보그』『워킹 우먼』) 광고에서는 20퍼센트로 오히려 드물게 사용되었다.

담배 연기에 일산화탄소가 들어 있다는 경고문은 여성 잡지 광고의 37퍼센트를 차지했지만, 남성 잡지 광고에서는 한 번도 등장하지 않았다. 일산화탄소 경고문을 실은 광고는 대개 젊고, 여유롭고, 진지하지 않아 보이는 여성들이 출연하는 광고였다. 일산화탄소는 몸에서 산소 전달 메커니즘을 방해하는 유독 기체이다. 광고주들은 여성, 특히 젊은 여성이 남성보다 이 사실을 모를 가능성이 높다고 가정하는 것이다.

담배 광고가 가장 많이 실린 잡지는 젊은 여성 독자를 대상으로 하는 『마드무아젤』이다. 흡연자의 88퍼센트가 20세 이전에 흡연을 시작한다. 20년 전보다 지금 담배를 더 많이 피우는 유일한 연령 집단은 사춘기 소녀들이다.

담배회사들은 공중보건국장 경고문의 사용을 조작하여 효과를 최대한 억제함으로써 경고의 목적을 퇴색시킨다. 독자가 가장 쉽게 무시할 것 같은 경고문을 선택하여 사용한다.

아내가 수억 년 전에 쓴 정치학 논문 개요를 다시 읽을 때마다, 정녕 존재하는지조차 의심스러운 합리적 사고라는 것에 인간의 행위가 조금이라도 바탕을 두고 있으리라고 여겼던 아내의 신념 내지는 희망에 나는 매번 감동한다. 세상의 모든 증거가 말하거니와 인간은 그렇지 않다(거식증이 좋은 예다). 물론 내 아버지는 예외이다. 아버지는 50년대 초부터 파이프 담배를 피웠는데(당시의 사진을 보면 아버지는 아버지답지 않게 위엄 있어 보인다), 테니스 시합 중에 담배 때문에 폐활량이 줄었다는 사실을 깨닫고는 그날로 담배를 끊어버렸다.

성과
죽음 Ⅱ

　　많은 곤충들은 암컷이 성체가 되어 고치에서 나오는 순간, 수컷들이 당장 암컷을 둘러싸고 그녀와 교미하기 위해서 자기들끼리 처절하게 싸운다. 암컷은 교미를 하고 알을 낳은 뒤에 죽는다. 온전한 성체가 되기 위한 준비 단계로서 유체가 존재한다기보다, 성체는 유체의 정점으로서 잠깐 존재했다가 금세 사라진다. 성체는 생명 주기를 반복하게 해주는 도구에 지나지 않는다.

　　후손을 딱 한 차례 생산하는 연어 같은 동물은 수명의 대부분을 생식 준비에 쓴다. 자라고, 에너지를 저장하고, 단 한 번의 분출을 위해 생식선을 키운다. 그러다가 호르몬 신호가 오면 자원을 총동원해서 생식에 최대한의 노력을 기울인다. 그 과정에서 자신이 크게 다치고 탈진하여 곧 죽는다고 할지라도 말이다. 연어의 생식선을 발달 전에 제거하면 수명이 상당히 길어진다.

　　주머니고양이는 짝짓기 철인 8월이 다가올수록 수컷의 테스토스테론 농도가 서서히 높아져서 7월에 최고가 된다. 부신이 커져서 호르몬을 더 많이 혈류로 보낸다. 수컷들은 극심한 생리적 흥분과 스트레스 상태로 진입한다. 암컷과 교미할 기회를 놓고 자기들끼리 격렬하게 싸운다. 짝짓기를 끝낸 수컷은 싸움의 상처에 더해 위궤양까지 얻어서 심하게 피를 흘린다. 면역계의 기능이 급격하게 저하되어 기생충의 손쉬운 먹이가 된다. 거의 모든 수컷이 짝짓기 후 며칠 안에 죽는다. 암컷들은 더 오래 살면서 아비 없는 어린 것들에게 젖을 물려 키우지만, 역시 극도로 허약해진 상태이다. 이듬해까지 살아남아 다시 번식하는 암컷은 극히 일부뿐이다.

소년이 겪는 첫 사정은 몽정이다. 몽정은 속수무책의 자발적 과정이다. 소년의 몸은 소년이 별다른 의도를 품지 않더라도 기계적으로 성적 재생산 과정을 개시한다. 소녀들도 기본적으로는 비슷하다(물론 명확하고 중요한 차이점들이 있다). 우리가 세상에서 살아가는 일에 익숙해지기도 전에, 하물며 자기 자신에 대한 이해는 거의 갖추지 못한 때부터, 우리 몸은 벌써 생식 과정에 들어간다.

인류 역사를 돌아보면 사람은 대체로 10대일 때 짝짓기를 해서 20세이면 첫아이를 뱄다. 인류학자 수잰 프레이저Suzanne Frayser가 454가지 전통문화를 조사한 결과에 따르면, 신부의 평균 연령은 12세에서 15세였고 신랑은 18세였다.

미국 청소년의 자살률은 지난 30년 동안 두 배로 뛰었다. 자살은 젊은이들의 사망 요인에서 세번째로 흔하다. 어떤 10대들은 호르몬의 격발을 도저히 참아내지 못한다. 학교 총격 사건은 다른 계절과는 비교도 안 될 정도로 봄에 많이 일어난다.

■■■■■ 고등학교 3학년 때, 그러니까 내가 다리를 부러뜨리기 한 달쯤 전에, 첫 리그 시합을 앞두고 선수들이 옷을 갈아입는데, 코치인 로시 선생님이 탈의실 칠판 앞에 서더니 분필을 흔들고 분질러댔다. 우리는 선생님이 정신 무장을 시키려는가보다 했다. 선생님이 발끝으로 의자를 걷어찼다. 우리는 원정 유니폼을 입고 시합용 양말을 신으면서, 술이라도 한두 잔 하셨나 하고 생각했다. 선생님이 터뜨리듯 말을 꺼냈다.

"디키 슈뢰더." 그제야 우리도 생각이 미쳤다. 디키 녀석 어디 갔지? 우리가 링컨 고등학교 애들이랑 붙었을 때 감기 때문에 집에 갔지? 그래서 아스피린 몇 알 주고 택시에 태워 집으로 보냈죠, 로시 선생님?

"디키가 간밤에 차고에서 안 좋은 일을 당했다. 부모님 말씀으로는 사고가 아니란다. 디키는 이제 우리하고 함께 뛸 수 없어."

우리는 사물함을 닫았다. 선생님의 말을 알아듣는 데에 한참이 걸렸고, 그 의미를 새기는 데는 한 학년 내내 걸렸다. 디키 슈뢰더는 롤리 담배를 피웠고 개조한 셰비를 몰았다. 늘상 옷이나 자동차 장식품을 사들였고 섹스에 관해 헛소리를 지껄였다. 자살하기에는 너무 바빴다.

일주일쯤 지나서 학교신문에 부고가 실렸는데, 친구들의 말을 인용해서 디키가 얼마나 견실한 학생이었던가 회고하는 내용이었다. 솔직히 독자의 지능을 모욕하는 일이었다. 기사는 랠프 월도 에머슨의 말을 인용하며 맺었다. '죽음은 끝이 아니라 전환이다.' 이 말은 모두에게 위안이 되었다. 디키는 영원히 사라진 게 아니다. 디키는 공수전환을 뛰고 있을 뿐이다.

로시 선생님은 디키의 자살 소식을 알려준 뒤에 그래도 시합을 하겠느냐고 우리에게 물었다. 선생님은 물론이고 우리 스스로도 놀란 일이지만, 모두들 그러겠다고 했다. 경기가 시작되었다. 우리는 디키처럼 패스하고, 디키처럼 공을 몰고, 디키처럼 뛰었다. 모두들 공을 건넬 사람을 찾아 두리번거렸는데, 그 사람은 디키였다. 하룻밤 자고 나면 그가 이 모든 게 장난이었다며 불쑥 나타나기를 바랐다. 우리가 모두 디키처럼 경기하면, 그가 차고 문 밑에서 튀어나와 3 대 2 공격을 하는 법을 보여줄 것 같았다. 내가 90세가 되어도 잊지 못할 플레이가 있다면, 그날의 그 순간이다. 우리 팀의 스타인 브래드 갬블이 홀로 돌진해 들어가고 내가 뒤를 따랐다. 브래드가 뛰기를 멈추고 바닥으로 공을 굴렸다. 내가 그것을 집었다. 나는 뒤에 누가 없나 돌아보았다. 계속 기다렸지만 아무도 오지 않았다. 나는 공을 던져 백보드를 맞추었다. 우리는 낙승을 거두었다.

3장

중년기

Adulthood and Middle Age

**쇠
락
II**

■■■■■ 어떤 나이에 머물러 영원히 건강하게 살 수 있다면, 몇 살이기를 택하겠는가? 사람들은 나이가 들수록 이상적으로 생각하는 나이도 높아진다. 18세에서 24세 사이의 사람들은 27세라고 대답하고, 25세에서 29세 사이는 31세, 30세에서 39세 사이는 37세, 40세에서 49세 사이는 40세, 50세에서 64세 사이는 44세, 그리고 64세를 넘은 사람들은 59세라고 대답한다.

우리의 지능지수는 18세에서 25세 사이에 가장 높다. 뇌는 25세에 최대 크기가 되고, 이후에는 쪼그라들기 시작하여 무게가 줄고 빈 공간이 액체로 채워진다. 스코틀랜드의 작가 토머스 칼라일은 아버지에게 보낸 편지에서 동생 잭에 대해 이렇게 말했다. '20세의 고결한 청년이 응당 그렇듯, 잭은 외적인 지위나 안락은 헛된 것이라고 단정하고 있습니다. 내적인 품위가 그 무엇보다 중요하다고 믿고 있습니다. 저는, 스물여덟의 합리적인 청년이 응당 그러듯, 그런 태도는 어찌 보면 시적인 아름다움과 같고, 몇 년이 지나면 산문적인 단조로움에 섞여 상당히 희석될 것이라고 짐작합니다.' 괴테는 말했다. '스물여덟에 유명해지지 못한 사람은 명예에 대한 꿈을 버려야 한다.'

내가 31세일 때, 어느 서점의 여자 화장실 칸 안에 '데이비드 실즈는 훌륭한 작가에다 멋진 남자야' 라는 낙서가 있더라는 말을 들었다. 그때가 아마 내 인생의 절정이었다. 여드름은 사라진 지 오래였고, 머리카락이 있었고, 다이어트를 안 해도 날씬했고, 아직 콘택트렌즈를 낄 수 있었고, 내가 유명해질 거라고 생각했다. (얼마 전에 아버지에게 내가 커서 뭐가 되리라 생각했느냐고 물었다. 칭찬을 기대하면서. 아버지는 "너는 꼬마일 때 무척 훌륭한 운동선수였지. 네가 프로 농구선수나 야구선수가 될 거라고 확신했단다"라고 했다.) 영국의 의학자 윌리엄 오슬러 경은 말했다. '세상의 모든 쓸모 있고, 감동적이고, 고무적인 업적은 25세에서 40세 사이의 사람들이 이룬 것이다.' 이 말은 사실이다. 창조성은 30대에 절정에 달한 뒤 급격히 쇠퇴한다. 사람들이 창조적인 성취를 해내는 것은 대부분 30대 때이다. 드가는 말했다. '25세에는 누구나 재능이 있다. 50세에도 재능을 유지하기가 어려울 뿐이다.' 위안이 필요하다면 지식적인 면을 생각하자. 어휘력은 20세일 때보다 45세일 때 3배 풍성하다. 60세의 뇌는 20세 때보다 정보를 4배 더 많이 간직하고 있다.

사람의 근력과 조절 능력은 19세에 최고가 된다. 몸은 20세까지 가장 유연하고, 이후에는 관절 기능이 서서히 쇠퇴하기 시작한다. 세계적 수준의 단거리 육상선수는 거의 다 10대 후반이거나 20대 초반이다. 지구력은 20대 후반이나 30대 초반에 최고가 된다. 마라톤 기록은 거의 틀림없이 25세에서 35세 사이의 사람들이 세운다.

젊을 때는 폐의 예비 용량이 막대하다. 세계적 육상선수라도 심폐 능력을 최고 한계까지 다 쓰는 경우가 거의 없을 정도이다. 하지만 나이가 들면 폐가 탄성을 잃기 때문에 신선한 공기를 완벽하게 채울 수도 없고, 김빠진 공기를 완전하게 비워낼 수도 없다. 호흡 능력은 20세에서 60세가 되기까지 매년 1퍼센트씩 줄어든다.

'젊은 야구선수들에게 지장이 되는 것은 섹스가 아니라 섹스를 기대하면서 밤늦게까지 안 자는 것이다.' 야구선수이자 감독인 케이시 스텐젤Casey Stengel의 말이다.

아버지가 글쓰기 교실에서 발표한 글 중에 이런 게 있다.

1938년과 39년 여름에 나는 체스터스 준바르크에서 테니스장 관리인 겸 간간이 테니스 강사로도 일했다. 준바르크는 히브리어로 "태양의 언덕"이라는 뜻이다. 그곳은 뉴욕 시에서 130킬로미터쯤 북동쪽에 위치한 캐츠킬 산맥에 자리잡은 120명 수용 규모의 작은 휴양시설이었다. 첫해 여름의 첫날, 앤 체스터가 내게 자기 호텔에서 할 일에 관해 간략하게 알려주었다. "보수는 작아요. 여름 내내 일하면 200달러예요. 미안하긴 하지만, 부대급부가 톡톡히 벌충해줄 거예요."

"부대급부라니요?" 나는 순진한 젊은이답게 물었다.

"그게 뭔지는 금세 직접 알게 될 거예요." 그녀는 장난기 어린 윙크를 날리며 말했다.

24시간 뒤, 관능적인 갈색머리 미인이 테니스장에 있는 내게로 걸어와서 교습을 하느냐고 물었다.

나는 그렇다고 하고, 무슨 요일 몇 시에 하면 좋겠느냐고 물었다.

"테니스 이외의 다른 교습도 하나요?" 테니스 수강생의 탈을 쓴 세이렌이 노래하듯 말했다.

"테니스만 합니다, 아가씨." 나는 겨우 짜내어 대꾸하며 악수를 청했다. "내 이름은 밀턴이에요. 내일 10시에 여기서 뵙죠."

"네, 알겠어요." 그녀는 내 손을 잡은 채로 대답했다. "이리로 올게요." 그녀는 내 손을 영원히 놓아주지 않을 것 같았다. 나는 서브를 넣으려면 그 오른손이 필요했다. "내 이름은 에바, 에바 고든이에요."

이튿날 아침 10시가 되기 몇 분 전, 나는 테니스공 한 무더기와, 내 손을 꽉 쥐던 이세벨(구약성서에 나오는 인물로, 팜파탈의 전형 ─ 옮긴이)이 테니스 선수로는 어떤 타입일까 하는 두근대는 호기심을 챙겨서 코트로 나갔다. 10시 15분이 되어도 에바는 오지 않았다. 새 테니스 강사를 평가하는, 교묘하다고도 못할 계략이었을까? 세간의 통설에서 테니스 선생은 매력적이고 섹시한 사내이기 마련이지만, 나를 그렇게 묘사하는 사람은 아무도 없을 것이다.

내가 이제 포기해야겠다고 생각한 순간, 에바가 유유히 코트로 걸어 들어오면서 인사했다. "저 왔어요, 코치님." 그녀는 목이 깊게 파여 심장이 제 자리에 있다는 걸 빤히 보여주는 홀터네크에 새빨간 반바지를 입은 완벽한 차림이었다.

"시작하죠." 나는 사무적으로 잘라 말했다. 11시에 다른 손님이 수업을 받기로 되어 있었다.

코트에서 에바는 뜻밖의 발견이었다. 그녀는 헬렌 윌스[미국의 테니스 스타 ─ 옮긴이]에 맞먹을 만큼 부드럽게 포핸드를 날렸고, 공을 찢어버릴 정도로 사납게 백핸드를 날렸다.

"학교 대표라도 되나요?" 나는 잠시 쉬자고 손짓하면서 물었다.

"네, 뉴욕 헌터 칼리지에서요."

그때 처음으로 체스터스에 머무는 것이었던 에바는 두 주 동안 매일 교습을 받았다. 우리는 경기장 밖에서도 꽤나 여러 차례, 흠, 시합을 벌였다. 과외 활동에서도 그녀는 경기장에서처럼 뛰어났고 폭발적이었다.

그녀는 그해 여름에 두 번 더 돌아와서 일주일씩 머물렀고, 그 뭐랄까, 그 수업도 받았다. 노동절 무렵에 우리는 상당히 깊은 관계가 되어 있었다. 그렇지만 나는 도시로 돌아가서 대공황 한가운데에서 직장을 구해야 했고, 에바는 헌터 칼리지에서 공부를 마쳐야 했다. 서로 소중하게 간직할 여름의 연애를 나눴지만, 여러모로 볼 때 관계를 이어가기는 힘들다는 사실을 잘 알았다(우리는 감정에 도취된 아이들이 아니었다). 그래도 함께하는 동안은 근사했지, 우리는 호텔 바에서 칵테일을 시켜놓고 그렇게 입을 모았다.

동맥경화증은 빠르면 20세부터 시작된다.

나이가 들면 모든 종류의 자극에 대한 반응이 느려지고 부정확해지는데, 특히 복잡한 작업에 대해서 둔감해진다. 20세에서 60세까지 소리에 대한 반응 속도가 20퍼센트 느려진다. 60세가 되면 말로 하는 학습에서 실수를 많이 저지른다. 70세에는 가령 시계바늘의 움직임 같은 작은 변화를 감지하는 능력이 확연히 떨어진 것을 깨닫게 된다.

단어 24개를 주었을 때, 20세 청년은 평균적으로 개중 14개를 기억하고, 40세는 11개를, 60세는 9개를, 70세는 7개를 기억한다.

대부분의 사람들은 20대 초에 골격이 완전하게 성숙한다. 30세에는 골밀도가 최고가 된다. 뼈가 최대로 빡빡하고 강해진다. 사람의 뼈는 강성과 유연성의 조합이 놀랍도록 탁월하기 때문에, 제곱센티미터당 1,700킬로그램까지 압력을 견딘다. 강화 콘크리트가 견디는 강도의 4배나 된다. 하지만 뼈에서 무기질 성분을 제거하고 남는 것은 꼬아서 매듭을 묶을 수 있을 정도로 유연하다. 30대 후반에는 새로 생성되는 것보다 사라지는 뼈의 양이 더 많아진다. 처음에는 1년에 1퍼센트쯤 서서히 줄다가, 나이가 들수록 속도가 빨라진다.

20대 초부터 짜고 쓴 맛을 감지하는 능력이 떨어지고, 냄새를 구별하는 능력도 떨어진다. 침에서 녹말을 분해하는 프티알린 효소의 양이 20세 이후부터 줄어든다. 30세가 넘으면 소화관에서 분비되는 소화액의 양이 준다. 요컨대 20세부터 체액들이 빠져나가기 시작하고, 30세에는 빠르게 몸이 말라가는 것이다.

미국의 배우 로런 바콜^{Lauren Bacall}은 말했다. '미국에서는 여자가 스물여섯이 되면 꺾였다고 한다. 이후로는 줄곧 내리막이다. 자신감과 평온함이라는 멋진 감정을 다시는 느낄 수 없다.'

지미 헨드릭스는 27세에 죽었고, 재니스 조플린, 짐 모리슨, 롤링스톤스의 브라이언 존스, 커트 코베인, 블루스 가수 로버트 존슨도 마찬가지였다.

손아귀 힘은 30세까지는 증가하고, 40세가 넘으면 급격하게 약해진다. 65세가 넘으면 아래팔과 등의 근력이 줄어든다. 힘이 약해진다기보다 조정 능력이 떨어지기 때문에, 50세가 넘으면 가령 오래 자동차 핸들을 돌리는 것 같은 힘쓰는 일이 점점 어려워진다. 그러나 내 아버지는 60대 중반까지도 팔씨름에서 나를 이겼다.

30세가 되면 남자들은 스포츠, 음주, 자동차 정비 등 전형적으로 남성적인 활동들에 흥미를 잃기 시작한다. 이봐, 이제는 소소한 취미들에 만족할 때라고. 그래도 내 인생에서 단연코 가장 행복했던 순간으로 꼽을 만한 일은 내가 30세 가까이 되었을 때 일어났다. 대학원에 다닐 때였다. 동기들 몇 명과 함께 체육관에서 농구를 했다. 나는 옆에서 올라온 속공을 받은 뒤, 얼마 전부터 아이오와 대학 농구팀에서 포워드를 맡고 있던 윌리엄 메이필드를 등 돌려 제치고 슛을 성공시켰다. (그가 건성으로 뛰었을까? 누가 알랴? 그리고 나는 굳이 알고 싶지 않다.) 죄다 공부벌레인 내 대학원생 친구들은 열광하면서 연신 "너는 전혀 농구 선수처럼 보이지 않는데!"라고 말했다. 안경도 썼겠다, 배에 군살도 붙었겠다, 뻔하다 이거지. 분명 그것은 농구의 꿈 VII로 이름 붙여도 좋을 사건이었다.

농구의 꿈 VII

███████ 미국의 철학자 니컬러스 머리Nicholas Murray는 말했다. "'30세에 죽었으나 60세에 묻혔다'라고 묘비에 써야 할 사람이 얼마나 많은가.' 고대 페르시아 사람들은 인생의 첫 30년은 삶을 사는 데 쓰이고, 이후 40년은 삶을 이해하는 데 쓰여야 한다고 믿었다. 쇼펜하우어는 숫자를 역전시켜서 말했다. '인생의 첫 40년이 텍스트라면 나머지 30년은 그것에 대한 주석이다.' 루소는 뭐라고 했을까. '사람의 인생은 모두 같다. 10세에는 사탕에 휘둘리고, 20세에는 이성에, 30세에는 쾌락에, 40세에는 야망에, 50세에는 탐욕에 휘둘린다. 그 후에는 달리 남은 것이 없으니 지혜를 추구한다.' 아버지는 어느 나이든, 10세이든 90세이든, 미사일처럼 정확하게 쾌락을 추구했다.

척추는 30세까지 계속 자라기 때문에 20세에서 30세 사이에도 3 내지 5밀리미터쯤 키가 더 크곤 한다. 하지만 30세부터는 매년 0.16센티미터쯤 줄어든다. 척추가 짧아지고, 고관절과 무릎관절이 휘어서 아래로 내려가고, 발의 아치 굴곡이 편평해지면서 자세가 변한다. 아버지는 180센티미터에서 170센티미터로 키가 줄었다. 나이가 들면 수분이 빠져나가고 장기들이 쪼그라든다. 30세 이후에는 1일 열량 소모량이 매년 12칼로리씩 줄어든다.

대부분의 사람들은 높은 주파수의 소리를 듣는 능력이 30대부터 떨어진다. 고음 청취 능력이 감퇴할 확률은 남자가 여자보다 3.5배 높다. 사람마다 감퇴 수준이 다르겠지만 10년마다 약 2.5배씩 나빠지는 게 보통이다. 청각관을 촉촉하게 해주던 땀샘들이 하나씩 죽어가기 때문에 귀지가 점점 말라서 딱딱해지고, 단단한 귀지가 쌓여서 소리를 막는다. 노인의 청력 감퇴 원인은 3분의 1쯤이 단단한 귀지 때문이라고 봐도 좋다. 고막은 얇아지고 늘어져서 음파에 맞춰 진동하는 능력이 전보다 떨어진다. 그리하여 모든 주파수대에 대한 청력이 점진적으로 감소한다.

'감정이 자리하는 곳'이라고도 하는 변연계는 뇌의 해마 영역에 들어 있는데, 해마는 인간이 도마뱀과 공유하는 부분이다. (뇌는 세 층으로 이루어진다. 뇌줄기는 기초적인 기능과 감정을 통제하는 영역으로서 파충류 뇌라고 한다. 두번째 포유류 층은 학습이나 적응 같은 보다 복잡한 정신 기능을 담당한다. 사람의 뇌에서 대부분을 차지하는 세번째 층은 대뇌겉질과 대뇌를 아우르는데, 이 영역 덕분에 사람이 언어를 사용하고 복잡한 기억을 지닐 수 있다.) 30세부터 해마의 일부가 죽어가기 시작한다.

에머슨은 말했다. '30세가 넘은 뒤 죽는 날까지는 대여섯 번쯤 예외가 있을 뿐 거의 매일 아침에 눈 뜰 때마다 슬프다.'

31세에 톨스토이는 말했다. '우리 나이가 되고서, 머리를 굴려 이해하는 게 아니라 자신의 존재와 삶 자체를 통해서 불현듯 이제는 즐거움을 추구하기가 힘들고 또한 헛되다는 것을 깨치는 순간, 아울러 고문인 듯 끔찍하게 여겼던 노동과 노력이 어느덧 인생의 유일한 요소가 되었음을 깨치는 순간, 모색과 번민과 자신에 대한 불만족과 한탄 같은 젊음의 특징들은 이제 적절하지 않고 소용도 없는 것으로 느껴진다.'

프랑스 혁명의 지도자였던 카미유 데물랭은 단두대에서 목이 잘리기 전에 몇 세이냐는 질문을 받고서(34세였다) 대답했다. "나는 33세이다. 급진 혁명가였던 예수의 나이와 같다. 혁명가들에게 치명적인 나이이다."

35세이면 거의 대부분의 사람들이 다소나마 노화의 증상을 보이기 시작한다. 머리가 세고, 주름이 지고, 힘이 떨어지고, 민첩성이 떨어지고, 대동맥 벽이 굳고, 심장혈관이 퇴화하고, 뇌로 가는 혈액 공급이 줄고, 혈압이 상승한다. 그렇지만 내 아버지가 35세에 보인 유일한 증상은 빠른 속도로 이마가 뒤로 물러나는 것뿐이었다. 미국인은 셋 중 한 명꼴로 고혈압이다. 최대 심박수는 220에서 자기 나이를 빼면 되는데, 그 말인즉 매년 맥박수가 1씩 줄어드는 게 된다. 심장은 지속적으로 효율이 떨어져가는 펌프 기계이다.

그렇지만 내 아버지를 볼라치면 그런 효율 감소를 입증하기가 어려울 것이다. 아버지는 90대 초반까지도 매일 캄캄할 때 일어나서 운동화 끈을 묶고 조깅복을 걸쳤다. 새들이 막 울기 시작하는 시간, 색연필로 곱게 칠한 듯한 푸른 하늘에는 여태 어둑한 기운이 남아 있다. 아버지는 달린다. 한 시간에 20바퀴쯤(더 나이가 들어서는 15바퀴, 더 나중에는 10바퀴), 관람석도 조명도 레인도 없는 운동장을, 중앙에는 잡초가 났고 직선 주로 끝에는 물 빠진 분수가 있고 달리는 길에는 유리 조각과 돌멩이가 지천인 운동장을 달린다. 그런 것쯤 아버지는 상관하지 않는다. 먼지를 피우며 발을 내딛고, 팔을 휘젓고, 팽팽한 다리를 움직인다. 밤을 몰아내고 아침을 불러들일 때까지, 발을 굴린다. 아버지가 한번은 특별히 무엇에 관한 말이라기보다는 그냥 이런 말을 적었다. '놀라지 말고 들으렴. 나는 야구공을 쫓으며 페가수스의 속도로 브라운스빌 거리를 내달리던 그 빼빼 마른 꼬맹이 그대로란다.'

류머티즘성 관절염은 35세에서 55세 사이 연령대에 가장 많이 발병한다.

1907년, 36세이던 프랑스 작가 폴 레오토는 말했다. '어느 날 누가 물었다. "요즘 뭐 하고 지냅니까?" 나는 대답했다. "나이 먹느라 바쁩니다."'

영화 〈앙드레와의 저녁식사〉의 시나리오를 쓰고 직접 출연한 미국의 배우 겸 극작가 월리스 숀은 자신의 영화에서 이렇게 말했다. '나는 어퍼이스트사이드에서 자랐어. 10세 때 나는 부자였고, 귀족이었고, 택시를 타고 돌아다녔고, 안락한 것들에 둘러싸여 있었고, 머릿속에는 온통 미술과 음악 생각뿐이었지. 지금 나는 36세인데 머릿속에는 온통 돈뿐이야.'

모차르트는 35세에 죽었다. 바이런은 36세에, 라파엘로와 반 고흐는 37세에 죽었다.

영국의 작가 새뮤얼 존슨의 전기작가인 제임스 보즈웰은 말했다. '젊은이와 늙은이가 불화를 일으킬 때는 젊은

이가 아니라 노인의 탓이기 쉽다고 나는 생각한다. 젊은 이는 비록 예민하고 성급하지만 그를 부드럽게만 다룬다면 대개는 노인의 충고를 받아들인다. 하지만 노인은 자신도 인생 초기에 느껴보았을 감정을 놀랍도록 깡그리 잊어버린다.' 이 말을 할 때 보즈웰은 37세였고, 새뮤얼 존슨은 69세였다. 내가 아버지에게 뭐든 내가 성취한 것을 자랑하면, 아버지는 황급히 주제를 바꾸거나 남들의 더 인상적인 성취를 언급한다. 한번은 내가 부자 관계에도 경쟁이 성립한다고 생각하는지 물었다. 아버지는 쌀쌀맞게 부정하면서 자신은 아들에게 대견하고 뿌듯한 감정 외에는 느낀 바가 없다고 했다.

런던 심포니 오케스트라의 지휘자인 콜린 데이비스는 38세에 말했다. '사람은 나이가 들수록 통상적인 의미의 야망을 잃는 듯하다. 스무 해 가량 우리를 자극하고, 안달하게 하고, 자기 안의 나쁜 특질들을 끄집어내게 했던 강력한 추진력이 좀먹은 듯 조금씩 지치기 시작한다. 나 자신을 보더라도 전반적으로 훨씬 차분해졌다. 음악을 전보다 덜 사랑하는 것은 아니지만, 열광하고 도취하던 과잉의 에너지는 사라졌다. 나는 인생의 어느 때보다 지금 더 자유롭다.'

권투 선수권 보유자로서 최고령자는 38세였다. NBA에서 활약한 최고령자는 43세였다. 육상 기록을 수립한 최고령자는 41세였고, 1909년의 일이었다. 육상에서 올림픽 금메달을 획득한 최고령자는 42세였고, 1920년의 일이었다. 『캔터베리 이야기』의 서장에서 초서는 말했다. '금이 녹이 슨다면, 철이야 오죽하겠는가?'

40세에는 빠르게 움직여야 하는 활동에 대한 선호가 떨어진다.

40세부터 백혈구가 암이나 감염성 질환과 싸우는 능력이 떨어진다.

잭 런던은 40세에 죽었다. 엘비스 프레슬리는 42세에 죽었다.

나는 30세 생일에, 당시 사귀던 여자친구의 영향을 받아서, 왼쪽 귀를 뚫고 다이아몬드 귀걸이를 했다. 이후 10여 년 동안 갖가지 귀걸이를 하고 다녔지만 사실 어느 것도 내게 썩 어울리지 않았다. 귀걸이는 내 스타일의 본질을, 혹은 스타일 없음의 본질을 직면하라고 강요하는 것 같았다. 나는 터프가이인 양 멋들어지게 귀걸이를 할 만큼 마초가 아니고, 게이 훈련중인 양 다소곳하게 오른쪽 귀에 귀걸이를 할 만큼 여성적이지도 못하다. 나는 그저 어물쩍 중간으로 지내왔고, 그 세월 동안 귀걸이는 현실에 눈을 뜨라고, 인정하고 받아들이라고 강요하는 것 같았다. 나는 40세 생일에, 귀걸이 때문에 내가 해적 같아 보인다고 생각한 내털리의 영향을 받아서, 당시 하고 있던 고리형 금 귀걸이를 뺐고, 이후로는 다시 끼지 않았다.

44세에 죽은 F. 스콧 피츠제럴드는 공책에 썼다. '20세에 취했고, 30세에 파멸했고, 40세에 죽었다.'

해가 갈수록 대동맥과 굵은 동맥들의 벽에 지방이 축적되어서 혈관이 좁아진다. 작은창자의 무게가 줄어든다. 콩팥의 부피와 무게가 줄어든다. 40세가 넘으면 콩팥으로 가는 혈류량이 매 10년마다 10퍼센트씩 감소한다. 결국에는 모든 기관이 작동에 필요한 만큼의 영양을 공급받지 못하게 된다.

미국의 신문 칼럼니스트로서 59세에 사망한 돈 마퀴스는 말했다. '40세에서 45세만 해도 퍽 나쁜데 50세는 그야말로 지옥이 코앞이다. 15분 지나면 어느새 60세이고, 또 10분이 지나면 어느새 65세이다.'

조지프 콘래드는 말했다. '45세는 무모한 나이다. 언덕 아래 불길한 골짜기에서 두 팔 벌려 우리를 기다리는, 피할 수 없는 쇠락과 죽음에 반항하려 드는 나이다.' 중년의 위기를 겪는 남자들이 저지른다는 진부한 행동들, 가령 바람을 피운다거나 빨간 스포츠카를 산다거나 하는 일은 생물학적 견지에서 볼 때 '희미해져가는 빛에 분노하고 또 분노하십시오' (딜런 토머스의 시 「순순히 저 휴식의 밤에 들지 마십시오*Do not gentle into that good night*」—옮긴이) 류의 심오한 반항이다. 아버지의 첫 결혼은 아버지가 로스앤젤레스 광역시 유대복지연맹에서 자기 비서로 일하던 붉은 머리의 끝내주는 미인과 바람을 피우는 바람에 끝이 났다. 좀 이상한 일이지만, 그녀의 사진이 예전 우리 집 앨범에 한 장 있었다.

키케로는 말했다. '노년은 46세에 시작된다.' 그는 53세에 죽었다.

존 F. 케네디는 46세에 죽었다.

버지니아 울프는 말했다. '삶을 통제하는 법을, 삶을 경제적으로 관리하는 법을 배울 나이다. 나는 가난한 사람마냥 조심성이 늘었다. 이제 내 나이 46세이므로.'

빅토르 위고는 말했다. '40세는 청춘의 노년기이다. 50세는 노년의 청춘기이다.'

내 10세 생일에, 56세이던 아버지가 우리 꼬마들에게 어찌나 세게 공을 던졌던지 우리는 방망이를 휘두르기가 겁났다. "당장 타석에 들어서!" 아버지는 친구들과 내게 으르렁거렸다.

스타에게 족보 잇기 Ⅱ

■■■■ 1955년에 부모님은 로스앤젤레스에서 살았다. 어머니는 그곳 미국시민자유연맹^{ACLU}에서 일했다. 어느 날 어머니는 아버지에게 ACLU가 후원하는 행사에 조지프 실드크라우트를 초청해달라고 부탁했다. 그해 4월에 죽은 알베르트 아인슈타인을 추모하는 행사였다. 내가 아버지에게 정보를 요청하느라 보낸 무수한 편지에 대한 한 답장에서, 아버지는 이렇게 말했다. '뭐니뭐니해도 아인슈타인은 독일계 유대인이었고, 페피[실드크라우트의 별명]는 연예인 경력의 적잖은 부분을 베를린에서 보낸데다가 히틀러 집권 전에 독일을 탈출해서 퍼시픽팰러세이즈-샌타모니카 일대에 살게 된 유대인들 중에서 거물이었으니까 말이지.'

아버지는 실드크라우트의 번호를 구해서 전화를 걸었다. 자신도 실드크라우트라고 밝히고, 추모행사에서 한마디 해달라고 요청했다. '전화기 너머에서 한참을 망설이고, 의미심장하고도 길게 침묵한 끝에(내가 아니라 그가 말이다)' 실드크라우트는 아버지에게 원고를 가지고 와보라고 했다. 며칠 뒤에 아버지는 실드크라우트가 참석할 경우에 낭독하게 될 헌사 원고를 들고 베벌리힐스에 있는 실드크라우트의 집으로 찾아갔다. 실드크라우트는 문간에서 딱딱하게 실즈(절대 실드크라우트가 아니다)를 맞았다.

'그는 굉장히 사무적이었다. 싸늘하게 거리를 뒀지.' 두 사람은 1,2분 정도 집안 이야기를 나누었다. 아버지는 1923년에 무대 뒤를 찾아갔던 이야기를 했다. 조지프는 실드크라우트 집안의 선조에 관해서는 아는 바가 전혀 없었다. '조지프 실드크라우트가 유대 혈통에 관해 아무 생각이 없는 사람이었다고 해도 틀린 말이 아니야.'

실드크라우트는 문어발처럼 뻗은 대저택의 현관에서 30분 정도 아버지와 대화했다. '나중에 남들한테 이야기할 때 나는 과장을 섞었지. 실드크라우트가 프러시아 사람처럼 뒤축을 딱딱거렸다고 말이야. 사실은 그러지 않았어.' 실드크라우트는 도리 샤리에게 원고를 보여서 승낙을 얻어야 한다고 했다. (샤리는 각본가로 출발해서 RKO와 MGM 사의 제작 책임자가 된 사람이었다. 당시는 아직 블랙리스트가 유효하던 때라 공산주의에 대한 경계심이 남아 있었다.) 실드크라우트는 실즈에게 일주일 뒤에 다시 오라고 했다.

아버지가 다시 찾아갔을 때도 실드크라우트는 현관에 선 채로 신속하게 용건을 처리했다. '두 번 다 그는 나를 거실로 들이지 않았고, 옆방에서 왔다갔다하던 자기 아내에게 소개해주지도 않았다.' 결론인즉 원고를 읽은 샤리가 괜찮다고 했다는 것이다. 물론, 원고는 아인슈타인의 글에서 시민의 자유, 학문의 자유, 언론의 자유에 관한 대목을 골라 짜깁기한 것이나 다름없었으니까. 추모회가 열린 곳은 할리우드체육회관으로, 후에 유대교 대학으로 바뀐 곳이다. 연단에 오를 사람으로는 실드크라우트 외에도 라이너스 폴링(미국의 화학자로 노벨화학상과 노벨평화상을 수상했다—옮긴이), ACLU의 고문 변호사인 A. L. 위린^{A. L.} ^{Wirin}, 각본가이자 '할리우드 10인'(영화계 인사에 대한 청문회에서 공산주의자 동맹에 관한 질문에 묵비권을 행사하여 블랙리스트에 올랐던 인물들—옮긴이)의 비공식 대변인이던 존 하워드 로슨^{John Howard Lawson}, 블랙리스트에 오르기 전에 영화 〈낙원의 천사〉에서 엘리자베스 테일러의 엄마 역할로 아카데미 여우조연상을 받았던 앤 리비어^{Anne Revere}, 그리고 아버지의 억지에 따르면 한때 아주 유명했고 막스형제 ^{Marx Brothers}(미국의 코미디팀. 사회 저명인사들과 조직사회에 대한 재기발랄한 공격으로 유명하다—옮긴이)에 필적하는 인물인 것이 분명한 소설가 리온 포이히트방거가 있었다.

행사는 무료였다. 거대한 강당이 입추의 여지없이 들어찼다. 통로에 앉은 사람만 수백 명이었다. ACLU의 이사장이자 내 어머니가 평생 가슴 깊이 짝사랑했던 이슨 먼로^{Eason Monroe}는 넘쳐나는 관중에게 위층의 작은 방들로 올라가서 앉거나 서 있어달라고 했다. 먼로는 연사들이 주강당에서 연설을 마친 뒤에 위층으로도 올라가서 강연할 것이라고 약속했다. 행사는 예정보다 조금 늦은 오후 8시 반쯤에 시작되었는데, 그때까지도 실드크라우트가 나타나지 않았다. 먼로는 아버지에게 "밀턴, 자네 사촌 안 왔나? 늦어지네"라고 물었다. 아버지는 꼭 올 거라고 다짐했다. '그런 행사를 펑크 내기에는 그가 너무 큰 배우였지.' 이미 행사 광고지에도 그의 이름이 대문짝만하게 주요 연사로 소개된 터였다.

마침내 실드크라우트가 모습을 드러냈다. 먼로는 그를 맞으면서 다른 연사들이 흔쾌히 동의한 것처럼 그도 위층의 사람들에게도 한마디 해달라고 청했다. 실드크라우트는 우선 강당 관중에게 연설을 한 뒤에 '생각해보겠다'고 대꾸했다.

다른 연사들, 즉 폴링, 위린, 로슨, 리비어, 포이히트방거는 강당에서 연설을 마치고 '따뜻한 박수를 받은 뒤에' (정확하게 어떤 반응인지는 모르겠지만) 위층으로 가서 몇 개의 대기실에서 기다리던 많은 사람들에게 다시 한번 연설을 했다. '상황이 상황인지라, 애초에는 별 감흥이 없던 연사나 청중마저 감정적으로 고조된 상태였지. 그때 마지막 연사인 페피가 올라왔어. 그가 연단에 섰을 때 관중석은 소란하고 부산했지. 사람들은 이 위대한 인물에 대해 감격하고 있었으니까. 실드크라우트는 좌중을 쓱 둘러본 뒤에 배우다운 책략을 취했어. 원고의 첫 한두 줄을 속삭이듯 읊은 거야. 그러자 좌중에 침묵이 내렸지. 주목을 끌었다는 걸 확인한 그는 다음 줄부터 웅변해나갔어. 연설이 끝나자 사람들이 기립박수를 쳤지. 그것은 정치적으로 순진한 사람, 어쩌면 그보다 더 나쁜 사람에게 보내는 박수였어. 그는 분명 자기가 방금 읽은 내용에, 나아가 아인슈타인이 상징하는 모든 것에 한 자도 동의하지 않는 사람이었거든. 하지만 경지에 오른 배우였기에 완벽하게 대사를 읽어냈던 것이지.'

실드크라우트가 연설을 마치자 아버지는 위층으로 올라가는 문제를 물었다. 실드크라우트는 아버지를 정면으로 쏘아본 뒤에 걸어 나갔다. '그때야말로 진짜 프러시아 군인 같더라. 내가 그를 본 건 그게 마지막이었다. 직접 본 것 말이다. 물론 〈안네 프랑크의 일기〉는 극장에서 대여섯 번이나 봤지. 요즘도 텔레비전에서 그 영화를 방송하면 나는 또 본단다.'

소년 대 소녀 Ⅲ

■■■■ 30세에서 34세 사이의 여성은 20세에서 24세 사이였을 때와 비교해 생식 능력이 85퍼센트로 떨어지고, 40세에서 44세 사이에는 35퍼센트로, 50세 이후에는 사실상 0퍼센트로 떨어진다. 남성의 생식 능력은 그보다는 완만하게 하락한다. 45세에서 50세 사이의 남성은 절정기에 비해 90퍼센트의 능력을 지니고, 55세 이후에도 80퍼센트까지만 감소한다. 남성이 나이 많은 여성과 결합하면 유전 암호를 불완전하게 넘겨줄 확률이 높지만, 여성이 나이 많은 남성과 결합할 때는 그런 문제가 일어나지 않는다.

2005년 1월 22일, 플로리다 주 팜비치의 베데스다 해변 성공회 교회에 모인 400명의 하객들 앞에서, 재산이 25억 달러로 추정되는 당시 59세의 도널드 트럼프가 6년 동안 함께해온 푸른 눈의 슬로베니아-오스트리아계 모델 멜라니아 나우스와 결혼을 했다. 신부는 당시 35세였다. 트럼프의 전 부인인 말라 메이플스와 이바나 빈클마이어도 모델이었다. 그가 첫 결혼에서 낳은 아들 둘과 딸 하나, 두번째 결혼에서 낳은 딸 하나가 결혼식에 참석했다. 30분 정도 진행된 결혼식은 사흘에 걸친 축하연의 절정이었다.

아이가 갖고 싶을 것 같다고 밝혔던 신부는(그녀는 이듬해에 아기를 낳았는데, 『피플』이 수십만 달러로 추정되는 금액에 아기 사진을 사들였다) 자기가 세례받을 때 썼던 양초에 신랑과 함께 불을 밝혔다. 신부는 '세련되고, 우아하고, 간결하고, 섹시한' 예식을 원한다고 했다. 신부의 드레스는 흰 새틴 천 90미터로 만들어졌고, 옷자락이 4미터였고, 무게가 23킬로그램이었다. 크리스티앙 디오르의 재봉사 28명이 죄다 매달려 1,000시간 동안 바느질을 했고, 50시간을 더 들여 수를 놓았다. 트럼프는 신부에 대해 이렇게 평했다. "우리가 식당에 들어설 때, 나이 든 남자들까지 훌쩍훌쩍 울더군."

기꺼이 노동력을 바친 프랑스 요리사 장-조르주 봉어리흐턴의 말에 따르면, 새 트럼프 부인은 '한 점 나무랄 데 없는 취향'을 가졌다. 도널드 트럼프가 그 요리사의 식당 건물 주인이다. 웨딩 케이크는 높이가 2미터 가까이 되었고 3천 개의 설탕 장미들로 뒤덮였다. 트럼프 소유의 마르-아-라고 클럽에서 열린 피로연에서는 36인조 오케스트라가 연주했다.

빌리 조엘은 트럼프의 결혼식이 '아름다운 예식'이었다고 평했다. 조엘은 55세의 나이에 23세의 '레스토랑 비평가' 케이티 리와 결혼했는데, 19세였던 조엘의 딸 알렉사 레이가 아빠의 결혼식에서 신부 들러리를 섰다.

53세의 배우 존 데릭은 미국의 유명 저널리스트인 바

버라 월터스로부터 당시 23세였던 아내 보 데릭이 몸에 문제가 있었거나 불구였어도 사랑했겠느냐는 질문을 받았다. 존 데릭은 잠시 생각하더니 아니라고 대답했다. 보 데릭은 애써 미소를 유지하려 했지만 그럴 수 없었다.

성은 (모든 것을) 바꾼다

폐경, 일반적으로 45세에서 50세 사이에 벌어지는 이 사건은 사람에게만 일어나는 독특한 현상이다. 여기에는 진화적으로 합당한 이유가 있다. 50세가 되면 여성은 노화의 악영향을 여러 가지 경험하기 시작한다. 따라서 그녀가 직접 아기 낳기를 그만두고 대신 자녀를 돌보면서 손주 키우는 일을 돕는다면 후세에 대한 유전적 기여를 극대화하는 것이다.

폐경은 점진적으로 벌어진다. 생리가 멎기 10년쯤 전부터 생리 주기가 짧아진다. 30세에는 생리 주기가 보통 28일에서 30일 사이인데, 40세에는 25일로 당겨지고, 46세에는 23일이 된다. 35세가 넘으면 여성의 난자는 유전적 결함을 지닐 가능성이 높다. 이때 수정이 이루어져 태어난 아기는 선천적 장애를 안고 있을 확률이 높다. 난포는 에스트로겐을 생산하라는 뇌의 명령을 무시하기 시작한

다. 에스트로겐 중에서도 특히 강력한 종류인 에스트라디올의 농도
가 옅어진다.

에스트로겐이 줄면 여성의 음모가 성기어지고, 음순에 주름이
더 잡히고, 외음부를 둘러싼 피부가 위축된다. 질의 세포벽이 약해
져서 쉽게 찢어진다. 질은 건조해지고, 감염에 취약해지고, 탄력을
잃어서 수축 및 팽창 능력이 떨어지고, 음경을 받아들이는 융통성
이 떨어진다. (배우 에바 가드너에 대해 그녀의 첫 남편 미키 루니는 이렇
게 말했다. "그녀는 아랫도리가 남달랐죠, 작고 따스한 입 같았다고나 할
까.") 에스트로겐 치료를 받지 않는 한 폐경기 여성의 질은 길이와
너비가 줄어든다. 가슴이 처지고, 젖샘 조직이 지방으로 대체되면
서 처짐이 심해지고 주름까지 생긴다. 젖꼭지가 작아지고 전보다
잘 돌출하지 않는다. 가슴의 튼 살 자국이 검어진다. 몸통에 지방이
쌓이는데 특히 허리, 목, 팔, 허벅지 부근이 심해서 울퉁불퉁 튀어
나온다. 얼굴은 예외적으로 지방이 빠져서 낯이 홀쭉해진다. (아내
의 친구가 말하길, "마흔이 되면 여자는 얼굴과 엉덩이 중에서 하나를 골라
야 해. 엉덩이가 멋지면 얼굴이 귀신 같고, 얼굴이 보기 좋으면 엉덩이가 뒤
룩뒤룩하지.") 피부가 주름지고, 건조해지고, 얇아진다. 남자는 피부
의 섬유성 결합 조직인 진피가 여자보다 두꺼운데, 그래서 여성의
얼굴이 더 빨리 늙는 것인지도 모른다. 여성도 폐경 전에는 대개 골
밀도에 별 이상이 없지만, 폐경 후에는 같은 나이대의 남성에 비해
더 빠르게 골밀도가 감소한다.

20세에서 40세 사이의 여성은 성적으로 흥분한 뒤 질 윤활액이 나오기까지 15초에서 30초쯤 걸리고, 50세에서 78세 사이의 여성은 1분에서 5분쯤 걸린다. 젊은 여성은 흥분했을 때 별다른 통증 없이 질이 확장하지만, 나이 든 여성의 질은 확장하는 데 한계가 있다. 젊은 여성은 소음순에 피가 몰려서 붉어지지만, 나이 든 여성은 충혈되지 않는다. 젊은 여성은 발기한 음핵이 몸에 편평한 방향으로 눕지만, 나이 든 여성은 그런 현상이 일어나지 않는다. 젊은 여성은 오르가슴 중에 질이 대략 1초씩 간격을 두고 8번에서 12번쯤 부드럽고 율동감 있게 파도치듯 수축과 팽창을 반복하고, 자궁도 수축한다. 나이 든 여성은 수축이 4번 내지 5번에 그치고, 자궁이 수축할 때 가끔 통증도 동반한다. 나이 든 여성은 흥분 전의 상태로 보다 빨리 돌아간다.

남성이 40세가 되면 전립선 뒷부분 조직이 위축하고 근육이 퇴화하며, 대신에 비탄력적인 결합 조직이 들어찬다. 때로는 전립선에 딱딱한 덩어리가 생겨서 정액 부피가 줄고 분출 압력도 낮아진다. 전립선 세포들과 전립선 중앙의 결합 조직이 비대하게 자라서 배뇨중에 통증을 느끼는 사람도 많다. 전립선 비대증은 내 아버지를 비롯해서(85세에 전립선 수술을 받으셨다) 거의 모든 남성에게 일어나는 현상이고, 비대 현상에 수반되는 호르몬 변화 때문에 암을 비롯하여 여러 질환이 야기될 수 있다. 고환암 발병률은 30대에 가장 높고, 이후에는 급격하게 준다. 음경 표면에 유연성이 떨어지는

"

세상의 모든 쓸모 있고
감동적이고, 고무적인 업적은
25세에서 40세 사이의 사람들이 이룬 것이다.

윌리엄 오슬러

"

결합 조직이 자라고, 음경의 혈관들이 굳어진다. 혈류량이 감소하기 때문에 발기를 하거나 지속하기가 갈수록 어려워진다. 어느 의사는 노인들에게서 짧은 기간 동안 격렬한 성 충동이 솟구치는 현상을 '전립선 최후의 발버둥'이라고 표현했다.

20세에서 40세 사이의 남성은 자극을 받은 뒤 발기하기까지 약 3초에서 5초가 소요되는 반면, 50세에서 89세 사이의 남성은 10초에서 수 분까지 소요된다. 젊은 남성은 금세 사정하고픈 기분을 느끼지만, 나이 든 남성은 사정의 필요를 덜 느끼고, 심지어 몇 차례 관계를 가졌을 때도 그렇다. 젊은 남성은 오르가슴중에 요도가 1초의 간격을 두고 서너 차례 수축하고, 정액이 30에서 60센티미터까지 솟구친다. 나이 든 남성은 오르가슴중에 요도가 한두 차례만 수축하고, 사정해도 정액이 8에서 13센티미터 정도만 움직이며, 정액의 양도 줄고 생산성 있는 정자의 양도 적다. 나이가 들수록 미성숙한 정자의 비율이 높아진다. 젊은 남성은 몇 분에서 한두 시간이면 두 단계에 걸쳐서 발기 전 상태로 돌아가지만, 나이 든 남성은 몇 초 만에, 그리고 한 단계 만에 원래대로 돌아간다.

긍정적인 면을 보자. 확인된 사례들 중에서 가장 나이 많은 아버지는 94세에 막내를 낳은 경우였다. 가장 나이 많은 어머니는 66세였다.

긍정적인 면이긴 한데 좀 노골적인 이야기. 아버지는 어머니가 돌아가시고 몇 년쯤 지난 때인 70세에 내게 이렇게 말했다. "나는 네 엄마하고 25년 살 때보다 세라[아버지의 새 애인]하고 보낸 올해가 훨씬 활동적이었다. 하룻밤에 한 번만 하는 것도 아니야. 거의 하루도 거르지 않고 매일 밤 두세 번 하고서 아침에도 또 하지."

메멘토 모리, 죽음을 기억하라

머리카락은 피부의 털주머니(모낭)에서 만들어진다. 털주머니에는 머리카락 생성 세포들 외에도 여러 가지가 담겨 있다. 멜라닌 세포들이 머리카락 뿌리 부근에서 멜라닌 색소를 내놓아서, 자라나는 머리카락 몸통에 단백질을 침착시킨다. 순수한 멜라닌이 만들어지면 갈색이나 검은 머리가 된다. 멜라닌의 유사물질인 페오멜라닌이 만들어지면 붉거나 금발이 된다. 세포들이 아예 기능을 멈추면 머리가 허옇게 된다.

회색 머리카락이란 것은 사실 없다. 머리카락은 회색이 아니라 흰색으로 센다. 회색처럼 보이는 이유는 머리가 세는 과정이 머리통에서 고르게 진행되지 않기 때문에 우리가 중간 단계들을 보게 되어서 그렇다. 어떤 음영의 회색으로 보이느냐 하는 것은 원래의 머리카락 색과 흰색이 얼마나 섞였느냐에 달렸다.

모든 사람은 털주머니를 1백만 개쯤 갖고 있지만 개중 약 10만

개만이 머리카락을 길러낸다(금발은 수가 약간 많고, 붉은 머리는 살짝 적다). 나머지 90만 개는 쉬고 있다. 머리카락은 1년에 15센티미터 쯤 자라고, 내버려두면 결국 60에서 90센티미터까지 자랄 수 있으며, 독자적으로 혈액 공급을 받는다. 나이가 들면 머리카락의 밀도, 지름, 강도가 줄어든다. 자라는 머리카락 수가 줄고, 쉬는 털주머니 수가 는다. 두피에서는 털이 사라지지만 얼굴에서는 털이 돋는다. 머리카락은 색깔만이 아니라 질감도 바뀌곤 한다. 직모였던 것이 곱슬머리가 되는 경우가 있다. 남자들은 눈썹이 굵어지고, 바깥귀의 안쪽 통로에서 털이 자라 비어져나온다.

폐경 후의 여성은 몸속의 에스트로겐 농도가 낮아져서 테스토스테론을 억누르지 못하기 때문에 수염이 자란다. 55세 여성의 40퍼센트쯤이 코 밑에 털이 난다. 여성은 나이가 들면 겨드랑이털이 성기어지고, 노인이 되면 완전히 사라지는 일도 종종 있다. 일본 여성들은 폐경 후 대부분 겨드랑이털이 다 사라진다고 한다. 음모가 사라지는 경우도 60세 이상 여성 가운데 적으나마 몇 퍼센트쯤 된다.

하루에 빠지는 머리카락 수는 100개 쯤 되는데, 가을에 가장 많고 봄에 적다. 머리카락이 빠지는 것은 호르몬 변화 때문이다. 탈모가 심한 사람은 체내 호르몬 농도 변화에 남보다 민감하다는 뜻이다. 부모가 머리카락이 빠지는 사람은 자기도 그럴 가능성이 높다. 여성도 넷 중 한 명꼴로 머리카락이 조금 빠진다.

남자든 여자든 20대 말부터 부신의 호르몬 분비량이 점차 줄기 때문에, 머리카락 단백질을 만드는 세포들, 달리 말해 생장 중심들이 선택적으로 파괴되거나 비활성화한다. 피해를 입은 머리카락이 빠지고 나면 그 털주머니에서는 대체하는 머리카락이 자라지 않는다.

미국에는 대머리 남성이 4천만 명 있다. 55세 남성의 30퍼센트가 대머리이고, 65세 남성의 60퍼센트가 심각한 탈모를 경험한다. 남자든 여자든 대머리 남성이 머리카락 풍성한 남성보다 더 약하고 덜 매력적이라고 생각한다. 대머리 남성 중 75퍼센트가 머리에 신경이 쓰인다고 했고, 40퍼센트는 모자를 써서 머리를 감춘다. 머리카락 이식술은 남성들이 가장 흔하게 하는 성형수술이다.

대머리에는 약이 없다. 현존하는 최고의 문서 가운데 하나로 추정되는 『에버스 파피루스 _Papyrus Ebers_』는 기원전 4,000년경에 쓰어졌는데, 그 내용을 보면 이집트 남성들에게 바닷게의 담즙, 검은 소의 뿔에서 받은 피, 나귀의 발굽을 태운 재, 암캐의 음부와 발톱으로 조제한 비약을 쓰면 탈모를 치료할 수 있다고 권한다.

우디 앨런은 말했다. '사람은 나이에 맞게 행동하는 것이 가장 좋은 법이다. 그러니 16세 미만이라면 제발 대머리가 되려고 애쓰지 마라.'

유명인들의 홍보전문가인 할란 볼은 말했다. '보브 호프나 프랭크 시내트라 같은 남자들은 젊어 보여야 한다는 압박을 크게 받지 않았다. 요즘도 그렇다. 머리카락만 잘 지키면 그럭저럭 성공한 것

이다.'

전 와이오밍 주 상원의원 앨런 심슨은 대머리인데, 부시-체니 진영에서 선거운동을 할 때 상대인 케리-에드워즈 후보들에 대해 이렇게 말했다. '누구나 호르몬 양은 정해져 있다. 그것을 머리카락 키우는 데 쓰는 것도 자기 마음이다.'

아버지는 40대 초반부터 대머리였고, 당신답지 않게 그 점을 의식하는 편이다. 대머리에 약은 야구모자밖에 없다는 말을 입에 달고 다니고, 실내외를 가리지 않고 24시간 야구모자를 쓰고 다닌다. 내가 남자의 대머리 유전 요인은 부분적으로는 외할아버지에게서도 온다고 몇 번이나 설명해드렸는데도, 아버지는 내게 대머리를 물려준 것을 자꾸만 사과한다. 나는 30대일 때 남들이 하는 지겨운 일을 다 해보았다. 로게인 약을 발라보았고, 머리카락 엮기나 이식 수술이나 온탕에 들어앉은 남녀의 컬러 사진이 번들거리는 홍보물들을 연구했다. 몇 년 전에는 어쩌다보니 머리를 밀고 턱 밑에 염소수염을 기르는 전략을 취하게 되었는데, 이건 그럭저럭 마음에 든다. 이것은 (극단적인 예를 들자면 머리카락을 빗어 넘겨 대머리를 가리는 전략처럼) 죽음을 부정하는 행위가 아니라 죽음을 인정하는 행위이기 때문이다. 벗어진 머리는 일찍부터 우리에게 상기시킨다. 메멘토 모리, 죽음을 기억하라고.

음식과 가까이 있는 고충

혀의 맛봉오리는 재생된다. 맛봉오리 속 세포들은 열흘이면 죽고 완전히 새로 교체된다. 맛봉오리 신경 자체도 파괴되며, 대신 새 신경이 자라서 새 맛봉오리가 생긴다. 그런데 중년이 되면 어떤 맛을 인식하는 데에 그 물질의 분자들이 더 많이 필요하다. 나이가 들수록 음식 맛을 덜 즐기게 되는 셈이다. 내가 아버지를 찾아갈 때면 아버지는 맨 먼저 차로 고급식품 매장에 데려다달라고 한다. 그곳에서 아버지는 식도락가용 건강식품들을 구입한다. 아버지가 예전처럼 음식 맛을 즐기는지는 잘 모르겠지만, 어쨌든 아버지는 자신의 몸, 그 놀라운 기계에 먹일 효율적인 연료에 집착한다. 아버지는 입에 먹을 것을 가득 채운 채 말을 하면서 너무 자주, 너무 멀리 튀긴다. 내털리와 아내와 나는 번갈아가면서 아버지 맞은편에 앉는다. 내털리는 휴대용 재채기막이를 만드는 게 어떻겠느냐고 건의했다.

그건 그렇고.

1991년에 영국에서는 남성의 13퍼센트와 여성의 16퍼센트가 비만이었다. 그로부터 10년 전에 비해 2배가 된 수치였다. 지금은 영국 인구의 절반이 과체중이고, 20퍼센트 이상이 비만이다. 영국의 간식 소비량은 지난 5년간 25퍼센트 증가했다.

미국은 인구 60퍼센트 이상이 과체중이거나 비만이다. 1억 2700만 명이 과체중이고, 6천만 명이 비만이고, 9백만 명이 고도비만이다. 미국의 성인들은 1960년보다 평균적으로 11킬로그램 더 나간다. 남성의 평균 체중은 75킬로그램에서 87킬로그램이 되었고, 여성은 64킬로그램에서 74킬로그램이 되었다. 내 짐작에 아버지는 2차 대전 이래 70킬로그램에서 위아래로 1,2킬로그램 이상 벗어난 적이 없다. 남성보다는 여성 인구에 비만이 많다(남자는 27퍼센트, 여자는 34퍼센트). 1963년에는 10세 사내아이의 평균 체중이 34킬로그램이었는데 지금은 39킬로그램이다. 10세 여자아이의 체중은 1963년에 35킬로그램이었지만 지금은 40킬로그램이다.

1980년에 정부가 발표한 영양섭취 권고량은 여성이 하루에 1,600칼로리, 남성이 2,200칼로리였다. 요즘 여성은 하루에 1,877칼로리를, 남성은 2,618칼로리를 섭취한다. 1970년에 한 사람이 연간 소비한 음식물의 양은 679킬로그램이었고, 2000년에는 805킬로그램이었다. 미국에서 성인 비만 치료에 소비되는 비용은 매년 1천억 달러에 육박한다. 비만으로 인한 사망자 수가 2004년에 30만 명이었다.

아버지가 (제3)철로처럼 호리호리하지 않은 시절도 있었을까? 아버지의 식사는 거의 언제나 한결같아서, 아침으로는 오트밀과 주스를 먹고, 점심으로는 샌드위치와 수프 한 그릇을, 저녁으로는 생선이나 닭고기 '가느다란 한 조각'을 먹는다. 아버지가 어떤 음식이

든 한 그릇 더 먹은 적이 있을까? 디저트를 받아들 때 툴툴대면서 마지못해하지 않은 적이 있을까? 하루에 두어 번으로 정해진 운동을 안 하고 넘어간 날이 있을까? 가족이 차를 몰고 장거리 여행에 나섰을 때, 아버지가 몇 시간마다 차를 세우고 고속도로 갓길에서 팔벌려뛰기를 100번 실시하여 다른 운전자들의 감탄 혹은 혼란을 사지 않은 적이 한 번이라도 있던가?

우리 집 길 건너편에는 근본주의 교회가 있다. 왠지 우수에 젖은 일요일이면 나는 교회에 가는 사람들을 보면서 감정이입을 한다. 어른이 된다는 것은 어릴 때 예상했던 것처럼 그렇게 반짝거리는 일이 아니었다. 어른들은 일주일에 한 시간만이라도 더 높은 곳을 향하는 분위기에 휩싸이고 싶은 것이다. 뉘라서 그들을 비난하겠는가?

소설가 레너드 마이클스Leonard Michaels는 '담배가 필요하지 않을 정도로 삶이 좋은 때는 없다'고 했다. 정확하게 바로 그런 관점에서 나와 설탕의 관계를 해석할 수 있다. 오늘 하루는 끔찍했어, 나는 일주일에 적어도 두 번은 그렇게 중얼거리면서 세상에서 가장 완벽한 라이스 크리스피를 만드는 카페에 들르고, 하지만 이건 정말 맛있어, 라고 자위한다. 자동차 범퍼 스티커의 단골 문구도 있지 않은가. '디저트 먼저, 삶은 불확실하니까.' 퀜틴 타란티노는 왜 캡틴 크런치 시리얼을 먹느냐는 질문에 이렇게 답했다. '맛이 좋고 먹기

편하니까.' 캡틴 크런치, 라이스 크리스피 트리츠(시리얼 사이사이에 마시멜로가 부드럽게 녹아든 바—옮긴이). 나는 정제된 당분을 덜 정제된 형태로 뭉쳐놓은 것에 중독되어 있다. 시리얼, 쿠키, 루트비어 플로츠root beer floats(루트비어라는 톡 쏘는 맛의 무알콜 음료에 아이스크림을 띄운 것—옮긴이), 오톨도톨한 감초 사탕, 땅콩 브리틀, 기타 등등 어린애 주전부리들에, 신물이 날 만큼 심하게.

행복할 때에는 축하하는 의미에서 단 것을 먹는다. 속상할 때는 위로하는 의미에서 단 것을 먹는다. 그러므로 내게는 당분 쇼크에 몸부림칠 이유가 없는 순간이 거의 없다. 나는 술을 마시지 않는다. 담배도 피우지 않는다. 마약도 하지 않는다. 그저 설탕을 먹는다. 어마어마하게 많이. 그게 뭐 어떤가? 다들 그러지 않는가? 누구한테 피해를 주는 일도 아니지 않은가? 나는 아직도 말을 좀 더듬는다. 당분을 과다 섭취한 상태는 말이 딱 막힌 순간에 내 몸이 겪는 생화학적 광란 상태와 닮았는데, 다만 그 상태를 순수한 아드레날린으로 집약함으로써 잠깐의 행복한 도취감을 안겨준다(순식간에 허무한 금단 증세가 뒤를 잇지만). 나에게 당분 섭취는 다루기 힘든 현실과 찰나적인 초월에 대한 멋진 비유인 것이다.

내가 아는 모든 것은 요통에서 배웠다

다루기 힘든 현실 (2). 빈말로라도 재미있는 사실이라고는 할 수 없지만, 내 요통의 기원을 거슬러올라가보면 14년 전에 아기 내털리를 공중으로 던지며 놀아주거나 아기띠에 담아 안고 다니던 일에 다다른다. 의혹의 여지가 있는 병인이기는 하다. 그 일이 아니라도 곧 다른 일이 요인이 되었을 것이기 때문이다. 어느 물리치료사가 한 말에 따르면 내 등은 터지기만 기다리던 시한폭탄이었다. 그래도 내 마음에서는 내털리와 내 등이 얽혀 있다는 사실이 기이하게도 말이 되는 것처럼 느껴진다. 왜냐하면 요통과 싸우는 일은 내게 육체적인 것, 유한한 것, 뿌리 뽑을 수 없는 상처에 대한 귀중한 공부가 되었기 때문이다.

미국의 코미디언 겸 배우 제리 사인펠트는 아버지가 되었을 때 이렇게 말했다. '나는 내 아이가 너무나 사랑스럽지만, 그렇다고 해서 세상에 아기들이 태어난 목적을 잊는 우를 범해서는 안 될 것이다. 아기들은 우리를 대체하려고 왔다. 아기들은 귀엽고, 안아주고 싶고, 달콤하고, 우리가 사라지기를 바라는 존재들이다.'

나는 내털리에게서 거인 아틀라스 같다는 칭송을 듣는 호사를 만끽해보고 싶지만, 그럴 수 없다. 나는 아직 뻑뻑한 병마개를 곧잘

열 수 있고, 내털리와 간질이고 뒹굴 때 아이의 팔을 움쭉달싹 못하게 누르기도 잘한다. 하지만 내털리가 누군가의 어깨에 올라타서 숲을 산책하거나, 수영장에서 공중으로 던져진다면, 그것은 내가 아닌 다른 사람의 어깨일 것이고, 수영장 속의 사람은 다른 사람일 것이다. 파티에 가면 나는 의자부터 찾는다. 몇 분 이상 서 있지 못하기 때문이다. 내털리와 훌라후프를 하거나 아내와 춤을 출 수도 없다. 조깅을 하려 들면 오른쪽 다리에 저릿저릿함이 번진다. 여행을 가면 아내가 무거운 짐을 날라야 한다. 집에서도 아내가 가구를 옮겨야 한다. 아틀라스라니 언감생심이다.

당신은 의심할지도 모르겠다. 나도 가끔 의심이 든다. 아내는 확실히 의심하고 있다. 어쩌면 내가 통증에 대한 참을성이 한심할 정도로 부족한 인간이 아닌가 하고 말이다. 그렇지만 내 주치의가 확인해준 바, 나 같은 등 상태를 하고도 골프와 테니스를 치는 사람이 있는 반면, 또 어떤 사람은 15년 동안 장애인으로 지낸다. 나는 그 중간쯤이다. 요통 때문에 결근을 한 적은 한 번도 없지만 확실히 불평은 많이 한다. 요통은 이상하게도 내 의식의 전면에 두드러지게 나와 있다. 나는 건강염려증 환자라기보다는 장애에 매료된 비참한 불운아에 가깝다. 몇 년 전에 라디오 프로그램 〈미국적인 인생〉에서 '종말의 날'을 주제로 이야기할 때 어느 나이 지긋한 여성이 인터뷰하는 것을 들었는데, 그녀는 끊이지 않는 육체적 고통에서 해방될 수 있을 테니 하느님 나라로 들어가는 게 오히려 반갑다고 했다. 나는 그 프로그램을 들을 때 운전을 하는 중이었고, 핸들을 돌릴 때마다 등이 아파 죽을 것만 같았다. 그리고 고백하건대, 그 순간에 나는 그녀와 교감할 수 있었다.

아버지는 허리를 비끗한 적이 한 번도 없고, 최근 몇 년까지만 해도 육체적 질병을 앓은 적이 한 번도 없었지만, 거의 한 세기나 지켜온 건강에 감사를 표하는 일이 없다("0세에서 94세까지보다 94세에서 97세까지 의사를 더 많이 만났구나"). 지난 10년 동안 나는 숱하게 많은 물리치료사들과 의사들을 거쳤다. 어떤 의사는 당장 수술을 받아야 한다고 말했고, 실제로 그 주 안에 당장 내 등을 절개했다. 다른 의사는 스웨덴 간호사들이 즐겨하는 다리 올리기 운동을 실시하기만 하면 괜찮아질 거라고 했다. 어떤 물리치료사는 더 많이 달리라고 했고, 다른 물리치료사는 더 적게 달리라고 했다. 어떤 사람은 인간은 나처럼 오래 앉아 있도록 설계되지 않았다고 말했고, 다른 사람은 인간은 똑바로 서 있도록 설계되지 않았다고 말했다. 어떤 사람은 앞으로 영원히 자기를 만나야 할 거라고 말했고, 다른 사람은 몇 달의 치료 과정이 끝난 뒤에 나더러 자립심이 없다고 비난했다. 예전에 나는 내가 알아야 할 모든 것은 평생에 걸친 말 더듬기와의 시투에서 배웠다고 생각했는데, 이제 나는 빌어먹을 요통에 대해서도 비슷한 기분이 든다. 제럴드 조너스Gerald Jonas가 말 더듬기에 관해 쓴 책의 부제는 '무수한 이론들을 거느린 장애'이다. 요통 이론도 매한가지 라쇼몽 효과Rashomon effect(구로사와 아키라의 영화 〈라쇼몽)에서 딴 말로, 사건에 대한 인식은 다르다는 뜻—옮긴이)에 시달리는 것 같다. 인간사 거의 모든 문제가 그렇듯, 해답이 부족한 경우는 절대 없지만 원하는 해답은 없다.

9·11 테러가 일어나고 며칠 뒤, 나는 어느 등 전문의를 찾아갔다. 여태껏 내가 만난 의사들의 95퍼센트와는 달리, 그는 자신을 권위자로 내세우기보다 한 인간으로 내보였다. 그에게 오늘 하루가 어땠느냐고 물으면 "끔찍했습니다, 아무도 나아지는 사람도 없고"라고 대답할 것이다. 그도 요통이 있다. 서류철을 떨어뜨리면 보통 사람들이 하는 것처럼 대뜸 허리를 굽히는 대신에 요통 환자들이 교육을 받는 것처럼 쭈그리고 앉아서 줍는다. 다른 의사들과 이야기를 하면 내가 살짝 미쳤거나 살짝이 아니라 꽤 미쳤다는 기분이 들지만, 스탠 헤링(대단한 이름이다. 꼭 아버지의 브루클린 유년기 시절 이야기에 등장하는 인물이나 맬러머드 단편의 등장인물 이름 같다) 박사와 이야기할 때는 내가 한 사람으로, 나 자신으로 느껴진다. 처음 면담할 때, 그는 참으로 많은 환자들이 자신은 요통 환자라는 사실 하나만으로 자신의 존재 자체에 대한 정체성을 형성해버린다고 강조했다. 그럼으로써 환자가 아닌 삶은 상상도 하지 못한다고 말했다. 헤링 박사에 따르면 세계무역센터 자살 테러범들도 그런 '프로 환자'들과 비슷하다. 자신의 고통과 피해의식에 대한 도취만이 자기 존재에 질서와 의미를 준다고 느꼈기 때문이다. 미묘한 주제였지만 나는 이해했다. 자진해서 자살 테러범이 되지 말라는 것 아닌가.

헤링 박사는 물리치료사를 추천해주었다. 울프강 브롤리라는 비현실적인 이름을 가진 사람인데, '늑대(울프)'라는 이름답게 어딘가 늑대처럼 생겼고 늑대처럼 움직이는 사람이다. 그도 나처럼 대머리이고(머리를 밀었다), 안경을 썼고, 염소수염을 길렀다. 하지만 나는 크고 말랐는데 그는 땅딸막하다. 울프보다는 차라리 유대인이면서 자기비하에 익숙한 헤링 박사가 나와 비슷하다. 울프는 아일랜드계이고, 시카고에서 태어났고, 열정적이고, 진지하고, 자신을 치유자라고 여기지만 그렇다고 자의식이 강하지는 않고, 전세계의 명상지들을 찾아다닌다. 내가 빌 머리Bill Murray(늘 죽음을 쫓는 그 배우)를 칭송하는 에세이를 써서 그에게 보여주었더니, 그는 자기가 읽었던 세계 노예무역 암시장에 관한 기사를 내게 보여주었다. 그는 '신체 연마 및 재생 센터'를 운영하는데, 그곳에는 고대 중국 철학자들과 기독교 신비주의자들의 명언이 액자에 담겨 걸려 있다. 그는 내 친구가 아니다. 감독에 가깝다. 그는 내 뒤넙다리근의 유연성, 그러니까 유연성 전멸도를 측정할 때, 도저히 참지를 못하고 콧방귀를 뀐다. 어느 날 아침에 내가 전화를 걸어서 몸이 너무 안 좋아 예약을 못 지키겠다고 하자, 그가 말했다. "오셔야 합니다. 그러라고 제가 여기 있는 겁니다." 그리고 내게 전기 자극 요법과 마사지를 해주었다. 울프에게 받는 마사지는 내가 이 세상에서 가장 좋아하는 육체적 체험이다.

예전에 나는 등이 뒤로 푹 꺾이곤 했다. 갑자기 길에 쓰러져서 하늘에 대고 울부짖는 고전적인 경우였다. 하지만 지금은 스탠과 울프의 처치에 크게 힘입어서, 완전히 꺾이는 지경까지는 가지 않도록 잘 통제하고 있다. (여기서 잠깐, 허리 툭툭.) 나는 2.5센티미터 높이의 쐐기 모양 폼 방석을 의자에 깔고 앉고, 한 시간마다 일어나 운동을 하거나 적어도 그래야 한다고 되뇌며, 뜨거운 물로 샤워를 하거나 얼음찜질을 하거나 핫팩을 붙이자고 다짐한다. 나는 라텍스 매트리스에 모로 누워 잔다. 잠에서 깨면 곧장 일어나 앉는 대신에 먼저 '몸의 중심을 찾으려고' 한다(정말로 그런 것이 있다는 사실을 즐겁게 보고하는 바이다). 울프는 자기에게도 혜링 박사에게도 정답은 없다고 계속 주지시킨다. 내 스스로 내 몸의 권위자가 되어야 하고, 회복의 기간을 실존적 여정으로 보아야 한다고 말한다. 나는 그에게 그러겠습니다, 그러겠습니다, 라고 맹세한다. 나는 이제 치약을 사러 약국에 가는 것도 실존적 여정으로 본다.

그리고 무릇 실존적 여정은 화학의 도움을 받는 법이 아닌가? 나는 평생 갖가지 언어 치료를 받아보았지만, 사람들 앞에서 말하기 전에 알프라졸람 0.5밀리그램을 복용하는 것만큼 효과적으로 말 더듬기를 완화시켜주는 치료법을 보지 못했다. 근육 이완제 이부프로펜은 분명히 내 요통을 덜어주었다. 그리고 팍실, 항우울제이기도 한 그 약은 그야말로 혁명적이었다.

나는 처음에 혜링 박사의 처방에 극렬하게 저항했다. 아버지가 성인이 된 후 거의 평생 조울증에 시달렸던 것과 상관이 있었다.

1956년 여름에 어머니가 나를 임신하자, 아버지는 아기가 자기에게 너무 큰 짐일까봐 걱정스럽다고 솔직하게 털어놓았다. 우울증 병력을 고백한 것이다.

"무슨 뜻이에요?" 31세의 젊은 나이였던 어머니는 물었다. "종종 우울한 기분에 빠진다는 말이에요?"

"지금은 잘 이겨내는 중이지만, 전쟁 직후에, 그리고 우리가 만나기 전에 내가 잠시 실직 상태였을 때는 상당히 심각했어. 전기충격 요법도 좀 받아야 했어."

조울증 환자와 사는 것은 마약 중독자와 사는 것과는 다르다. 매일 장례식을 치르듯 사는 것과도 다르다. 작년 12월에 아내가 아버지로부터 받은 카드에는 산타의 동성 애인들처럼 보이는 얼간이 같은 작은 사내들이 몸으로 '메리 크리스마스'라는 단어를 만들어 보이고 있었다. 조울증 환자와 사는 것은 세상의 모든 호수가 인공호수이고, 언제가 되었든 반드시 모두 말라버린다는 사실을 인식하고 사는 것과 비슷하다. 아버지는 몇 년 동안은 멀쩡하고 쾌활하고 치열하리만치 낙천적이다가, 어느 날 갑자기 고속도로에 대한 부정적인 생각을 한아름 안고 돌아오는 식이었다. 한번은 빈곤대책사업차 세그리멘토에 가 있을 때 내게 편지를 보냈는데 온통 백지들이었다. 나는 도무지 영문을 알 수 없었다. 또 한번은 내가 냉장고를 뒤져서 먹을 것을 찾다가, 스카치테이프로 붙여놓은 메모 한 장을 발견했다. 메모에는 끈끈한 핏자국이 묻어 있었다. 흡사 동정심 많은 독자를 겨냥한 선전문구처럼 보였다. 어머니는 당장 아버지의 짐을 쌌고, 아버지는 캠프를 떠나는 소년처럼 수줍게 손을 흔들며 떠났다.

헤링 박사는 절대 '은밀한' 우울증 처방을 하는 게 아니라고 내게 확언했다. 팍실이 만성 통증에 쓰인 역사는 10년이 넘는다고 했다. 나는 최근 몇 년 동안 매일 10밀리그램씩 팍실을 복용했다. 히죽거리는 바보천치가 될까봐 약간 우려되는 건 사실이지만, 이미 내 안에 바보스런 면이 자리를 잡은데다가, 이제까지 줄기차게 시무룩한 태도로 세상을 살아왔으므로 조금 히죽거린다고 해서 큰일이라도 있겠나 싶다.

이것이 뇌 기능을 자극하는 세로토닌을 선택적으로 재흡수함으로써 생긴 아둔하고 충동적인 감흥인지는 몰라도, 요즘 나는 요통이 없었다면 삶이 얼마나 달랐을까 밑도 끝도 없이 상상해보는 대신에 지금의 삶이 얼마나 고마우냐고 스스로에게 말한다. 아내와 딸과 제법 괜찮은 건강과 행복이 있으니까 말이다. (허리 툭툭.) 나는 아내와 새롭게 사랑에 빠졌다. 나 자신의 약점을 똑똑히 깨우쳤기 때문에 아내의 약점도 기꺼이 인정하고 받아들이게 되었다. 나는 입안에 이빨 보호기를 쑤셔넣고, 콧잔등에 브리드라이트 밴드를 붙이고(코골이를 완화시켜준다), 다리 사이에 베개를 끼우고 잔다. 겉옷의 한쪽 주머니에는 얼음팩을, 다른 주머니에는 이부프로펜이 든 비닐 봉지를 넣고 다닌다. 나는 정글의 왕 같은 수컷이라고는 할 수 없다.

뭔가를 필요로 하는 것에서 비롯된 이런 모욕적이고, 진지하고, 적나라한 기분이 나는 좋다. 아무리 반복 학습해도 지나침이 없다고 생각하는 사실은, 우리는 아주 잠깐 지구 위를 걷는 동물일 뿐이고, 언젠가 사라질 껍질에 둘러싸인 벌거벗은 육신일 뿐이라는 것이다. 내 친구 하나가 50세 생일을 맞아 집 근처의 체육관을 빌렸다. 나는 20대로 시간여행을 한 것처럼 밤새 농구를 했다. '되돌리라, 거꾸로 되돌리라, 오 시간이여, 그 흐름을,/ 오늘밤 나를 다시 한번 어린아이가 되게 해다오!' 아내 왈, 나는 '망아지처럼 뛰어다녔다'. 몇 주 뒤에 나는 요통이 격화되어 며칠 동안 운신을 못 했지만, 지금은 적어도 움직일 수 있으니까 괜찮다. 내 등은 언제까지나 조금씩 아플 것이다. 달리 말하면 통증은 언제까지나 오갈 것이다. 헤링 박사는 '통증은 불가피하지만, 고통은 선택적이다'라는 말을 좋아한다. 내가 그 문구를 아내에게 읊어주자 아내는 "고마워요, 헤링 박사님"이라고 말했다. 요전에 나는 울프에게 왜 내 등이 아픈 거냐고 물었다. 울프는 우리의 직립보행 능력이 인류의 진화에서 핵심적인 발전이었지만, 척추뼈들이 중력과 같은 방향으로 정렬됨으로써 지나치게 눌려서 신경을 꼬집고 추간판을 파열시키는 부작용이 나타난 거라고 설명했다. 그리고 덧붙였다. "하지만 선생님의 경우에는 나쁜 자세가 원인입니다." 농담이었다. 하지만 왠지 수긍이 갔다.

동네 수영장에서의 소고

수영은 내가 등을 위해 찾은 최고의 강장제다. 수영을 잘하지는 못한다. 느린 레인에서 평영을 하거나 배영을 하는 게 전부다. 그렇지만 두 주 동안 수영을 쉬었을 때, 나는 내가 얼마나 수영을 하고 싶어하는지 알고 놀랐다. 수영장으로 돌아가자 이곳이 내가 있을 곳이고, 이블린 에이미스가 영화 〈헐리웃 스토리〉에서 말했듯이 수영이 '나의 엔도르핀'이라는 깨달음이 왔다. 수영장이 문을 닫는 일요일은 견디기가 힘들다.

그린레이크 지역문화회관 밖에는 건강한 사람들이 있다. 근사하게 롤러블레이드를 타거나 조깅을 하거나 빨리 걷기를 하는 사람들이 도시 한가운데의 커다란 호수를 몇 번씩 뱅뱅 돈다. 건장한 농구 선수들, 중학교 야구선수들, 원반을 던지고 받으면서 얼티밋 프리스비 놀이를 하는 여피족들, 라테를 마시며 대화에 여념이 없는 사람들, 유럽 사람들마냥 축구에 빠진 사람들, 배구하는 사람들, 소프트볼 하는 사람들. 실내 수영장은 불구자들의 습지대이다. 지팡이를 짚은 사람, 무릎 보호대를 한 사람, 목 보호대를 한 사람들의 세상이다. 그도 그럴 것이, 수요일 오후 1시에 그곳에 있을 만큼 한가하거나 절박한 목적이 있는 사람이 그들 말고 또 있겠는가? 나는 무릎 수술, 척추 수술, 교통사고 회복자들과 어울린다. 매일 몸무게를 재보지만 1킬로그램도 안 빠지는 것 같은 비만인들, 남이 간섭할라치면 당장 짖어대는 충성스러운 개를 데리고 다니는 휠체어의 남자, 잔인할 정도로 명랑한 노드스트롬 백화점 신발 판매원의 도움을 받는 또다른 휠체어 남자, 바다코끼리처럼 물을 튀겨대는 남자(팔자수염을 기른 산만한 사내인데, 그가 육중하게 물을 헤치고 나아갈 때 일으키는 물결이 하도 높아서 용기를 내야만 그에게 다가갈 수 있을 정도이다), 뉴저지 출신으로 성전환 수술을 앞두고 있으며 날이 갈수록 복장이 여성스러워지고 날이 갈수록 커져가는 자신감으로 엉덩이와 가슴을 내밀고 다니는 남자. 그 남자가 어느 날 내게 나병이 돌아서 탈의실이 봉쇄되었다고 말해주었다. 알고 보니 한 노숙자가 바지에 똥을 싼 것뿐이었다. 이곳 사람들은 거의 모두 무언가로부터 벗어나 제자리로 돌아가려 노력중이다. 남자 탈의실의 공기에서 그런 느낌이 든다. 다들 말이 없다.

수영을 잘하는 사람들은 잡담으로 낭비하는 시간이 많다. 그들은 우리처럼 간절하지 않다. 우리처럼 할당된 36바퀴(1.6킬로미터이다)를 다 돌아서 얼른 몸을 추슬러야지 하고 매달리지 않는다. 수영을 잘하는 사람들은 물 위를 미끄러지듯 나아갈 줄 아는 불가사의한 능력을 갖고 있지만, 우리들은 아래로, 아래로, 아래로 잠긴다. 산산이 부서지는 우리의 몸, 완벽하고 젊은 그들의 몸. 내게 수영장은 우리를 잡고 늘어지는 시간을 상징한다.

삶은,
내가 10세부터 줄곧 말해온 대로,
무지무지하게 흥미롭다.
44세인 지금의 삶은 24세일 때보다,
굳이 말하자면, 더 빠르고, 더 통렬하고,
뭐랄까, 더 절박하다.
나이아가라폭포를 향해 달려가는 강물처럼.

버지니아 울프

수영하는 사람들은 모두 저만의 수중 공간에 갇혀 있다(어쩌다 남의 발가락이나 어깨를 건드리면 오싹해지고, 느껴서는 안 될 친밀감이 든다). 그린레이크 수영장에서 남들과 함께 물속에 있을 때 나는 인간으로서의 당혹스러움을 가장 크게 느낀다. 우리는 모두 살아 있으려고 노력할 뿐이다. 우리에게는 물에 잠겨 나아갈 때 수면에 어른대는 자기 그림자를 흘끗 보는 것 이상의 대단한 목표가 없다. 떠 있는 것의 목적은 뭘까? 계속 떠 있는 것이다. 나는 더없이 근사한 무중력 존재의 본질을 즐긴다.

아주 최근까지만 해도 아버지는 매일 최소한 15바퀴씩 헤엄쳤다. 나처럼 옆으로 살짝 입수하는 것도 아니고 머리부터 다이빙을 해서 말이다. 하지만 요즘 아버지는 관절염 때문에 단지에 딸린 수영장에서 한두 번만 발차기를 해도 멈춰 서서 다리를 움켜쥔다. 아버지는 항상 동음이의어를 활용한 끔찍한 말장난에 열심인데, 요즘은 '관절염arthritis('아스리티스'라고 발음한다)'으로 다양한 변주를 선보이는 중이다. 아서, 라이트 어스Arthur, write us(아서, 우리를 써요). 아서, 라이트 어스Author, write us(작가, 우리를 써요). 아서, 라이트 어스Author, right us(작가, 우리를 바로잡아요). 삶에 작가는 없다. 아버지도 나도 잘 알고 있다. 작가가 우리를 바로잡을 방법도 없다. 올해 초에 언젠가 수영장에 우리 둘만 있게 되었다. 나는 몇 바퀴째 턴을 하면서 헤엄쳤다. 묘하게도 그 순간에는 등에 아무 문제가 없는 것처럼 느껴졌다. 그 동안 아버지는 얕은 물에서 비척비척 걸었다. 몇 분 뒤에 아버지는 밖으로 나갔고, 수건으로 물을 훔친 뒤, 신문 스포츠면을 들고 사우나로 향했다.

■■■■■ 인간을 포함하여 모든 동물은 성적으로 성숙한 뒤에는 신체적 기능이 저하된다. 사람은 25세부터 이런 쇠약 현상이 드러나기 시작한다.

연어, 문어, 그 밖의 많은 동식물에게 번식은 기꺼이 행하는 자살과 같다. 번식 후에 몸은 쓸모없는 껍데기이므로 버려진다. 몸은 모든 면에서 숙주와 같고, 생식계는 몸을 죽음으로 몰아가는 기생충이다.

생물학자 E. O. 윌슨E. O. Wilson은 말했다. '다윈적 시각에서 보면 생물은 자신을 위해 사는 게 아니다. 생물의 주된 기능이 다른 생물을 낳는 것도 아니다. 생물은 유전자를 번식시키며, 유전자의 임시 보관소로 쓰인다. 닭은 달걀이 다른 달걀을 만드는 도구일 뿐이라고 했던 새뮤얼 버틀러의 유명한 경구가 현대화된 셈이다. 생물은 DNA가 더 많은 DNA를 만드는 도구일 뿐이다.'

박쥐는 쥐보다 더 오래 살고, 더 느리게 번식한다. 조류는 대개 육상 포유류보다 오래 살지만, 날지 못하는 새는 수명이 짧다. 어떤 종류의 거북은 사람보다 오래 산다. 큰 위험에 노출된 생물은 개체 유지에 적게 투자하는 대신 번식에 많이 투자하고, 낮은 위험에 노출된 생물은 그 반대로 한다.

수컷이든 암컷이든 짝짓기를 하지 않은 초파리는 번식을 한 초파리보다 오래 산다. 취리히 대학의 동물학자인 뤽 뷔시에르Luc Bussière에 따르면 수컷 귀뚜라미의 짝짓기 성공도를 예측할 수 있는 가장 좋은 지표는 수컷이 암컷을 부르는 데 들이는 시간이다. "우리는 귀뚜라미의 영양 섭취를 조작해서 그 행동을 극대화해보았습니다. 고단백 음식을 먹인 수컷의 경우, 난교 행위가 촉진되는 반면에 수명은 줄어드는 결과가 나왔습니다. 암컷들에게 자신을 각인시키려고 노력하다 못해 말 그대로 쓰러지는 지경까지 간 것입니다. 사람의 눈에는 비생산적인 일로 보일지도 모릅니다. 우리는 일찍 죽고 싶지 않으니까요. 우리는 오래 살고 싶으니까요. 하지만 동물들의 목표는 오래 사는 것이 아닙니다. 번식하는 것이지요." 생존 본능과 번식 본능은 상충한다.

장수하는 여성들은 평균적으로 생식도가 낮다. 그렇지만 자녀 없는 사람이 있는 사람보다 오래 사는 것은 아니다. 아이를 낳지 않기로 결정함으로써 생식에 드는 자원을 자기 보전에 쏟아서 수명을 몇 년 연장하는 것은 불가능하다는 말이다. 유전자는 우리를 폐기해도 좋은 껍데기로 만드는 것으로 모자라, 유전자를 증식시키지 않는 대신 긴 수명을 누리는 편법조차 발휘할 수 없게끔 만들었다. 아버지는 가장으로서 돈을 벌어야 했던 것이 자신에게 얼마나 큰 희생이었는지 자주 내게 불평한다. 딱히 자의식 과잉이거나 얄궂은 운명을 강조하려는 말씀은 아니다. 한번은 이렇게 말씀하셨다. "이런 식으로 설명할 수 있겠지. 내가 원했던 것은 고작해야 남에게 누가 되지 않는 한도 내에서 안락한 인생을 사는 거였다. 그렇지만 삶이 항상 그렇게 잘 풀리는 건 아니었지. 돈 나갈 데가 있기 때문에, 수많은 금전적 의무와 책임이 있기 때문에, 좋아 죽을 것 같은 일은 아니라도 그냥 다닌 직장이 많았지."

흰 생쥐들을 성별에 따라 갈라두고 사이에 전기가 흐르는 담을 설치해둔 실험에서, 수컷들은 한 마리만 심한 전기충격을 받아도 당장 모두가 물러난 반면, 암컷들은 돌아가면서 모두들 한 번씩 충격을 받을 때까지 끈질기게 담을 넘으려 했다.

여성의 보기 좋은 엉덩이는 출산 잠재력을 보여주는 징표이다. 엉덩이에 축적된 지방은 임신중에 에너지 공급원으로 기능한다. 내털리가 태어나고 몇 주가 지났을까, 나는 시장에서 기저귀와 유아식 등을 사서 집으로 걸어가고 있었다. 그때 젊고, 매력적이고, 한껏 치장한 여성이 홀터톱을 입고 빨간 컨버터블을 모는 것을 보았다. 나는 전에는 한 번도 생각해보지 않았던 시각으로 그녀를 바라보고 있었다. 종족을 번식시키기 위해서 저 모든 노력을 기울이는구나, 하고 경외에 가까운 감정을 느꼈던 것이다.

할리우드 영화들 중에는 까놓고 보면 번식 신화를 다룬 이야기가 많다. 결국 생식력이 가장 높은 남녀를 묶어주는 줄거리들이다. 무수한 사례 중에서 하나로 오토 프레밍거의 〈로라〉를 보자. 가십 기사를 쓰는 월도 리데커는 언어에만 파묻혀서 현실의 삶을 영위하지 못한다. 기둥서방인 셸비 카펜터는 너무 멍청해서 인생을 이해하지 못하고, 진부한 관용구들로 자신을 표현하는 인물이다. 형사인 마크 맥퍼슨은 인생을 잘 알기 때문에 성공적으로 삶을 다뤄나간다. 온갖 위험과 불가피한 결론(죽음)이 기다리고 있지만 말이다. 리데커는 원래 노렸던 대상이 아닌 다른 여자를 죽이고, 나중에 자기도 총을 맞는다. 카펜터는 나이 든 여성이 엄마처럼 보듬어주자 어린아이처럼 무릎을 꿇는다. 맥퍼슨과 로라는 영화의 마지막에서 번식할 준비를 마친다.

외모의 아름다움에 대한 우리의 집착도 이런 시각에서 설명할 수 있다. 우리는 남을 볼 때 저 사람이 내 아이를 생산할 수 있을까를 염두에 두고 잠재력을 평가하도록 진화했다. 남자 대학생들에게 매력적인 여성과 덜 매력적인 여성의 사진을 보여주었더니, 아름다운 여성을 위해 이타적이고 위험한 행동을 자원하겠다고 하는 경우가 훨씬 많았다. 매력적인 여성은 평범한 여성보다 결혼에 '골인'할 가능성이 10배 높다. 놀라울 것도 없는 소식이다. 하지만 이건 어떤가? 예쁜 아기를 둔 엄마들은 아기를 살갑게 안고 눈을 들여다보는 데 더 많은 시간을 쓰는 반면, 덜 예뻐 보이는 아기를 둔 엄마들은 아기의 뒤치다꺼리를 하는 데 더 많은 시간을 쏟고, 더 쉽게 주의가 분산된다. 조산아 중에는 야릇하게 어른스러운 얼굴을 한 아기들이 많다. 사람들은 조산아가 더 까다롭고 짜증스러울 거라고 상상하며, 그들을 돌보는 데에는 선뜻 자원하지 않는다. 마찬가지로 캘리포니아와 매사추세츠 주에서 법원 보호를 받은 학대 아동들에 관한 연구를 보면, 아이들이 평균에서 벗어날 정도로 높은 비율로 '예쁘지 않았다'고 한다. 사람들에게 낯선 이에게 다가가다가 편한 지점에서 멈추라고 하면, 매력적인 상대일 경우에는 보통 60센티미터 이상의 거리를 두고 멈추는 반면, 덜 매력적인 상대일 경우에는 30센티미터까지 바싹 다가선다. 아름다움은 특권적인 영역이다. 아버지는 젊을 때 무척 잘생긴 유대인 왕자님이었다. 아버지는 평생 그 사실을 넘어서지 못했다. 내가 첫 소설을 발표하여 조촐한 출간 기념회를 열었을 때, 아버지는 참석하지 않았다. 그날 행색이 별로라는 이유였다. 그때가 1984년이었으니 아버지는 74세였다.

사람들은 유달리 예쁜 여자아이를 보면 '사내들 눈물깨나 흘리겠네'라고 말한다. 얼마나 이상하면서도 진실을 담은 표현인가. 그것은 정확하게 무슨 뜻일까? 소녀가 자라면 자신의 아름다움을 무기처럼 휘두를 테고, 남들도 그녀가 그렇게 하리라 기대한다는 뜻이다.

낸시 엣코프는 『미인 생존』에서 아메리카물닭 이야기를 했다. 어른 물닭은 회색이지만, 새끼는 주황색 깃털이 있고, 어미한테 먹이를 의존하는 시기에는 대머리처럼 벗어진 머리가 화려한 붉은빛을 띤다. 새끼들은 붉은색과 주황색을 과시해서 어미에게 먹이를 요구한다. 연구자들이 주황색 깃털을 잘라냈더니, 칙칙한 색이 된 새끼는 어미의 관심과 먹이를 적게 받았다. 어미는 색이 현란한 새끼부터 먼저 먹였다. 사람도 건강이 나쁜 저체중아 쌍둥이를 낳았을 때는 예외 없이 더 건강한 아기를 더 많이 돌본다. 생존 가능성이 높은 아기를 더 많이 어르고, 안고, 놀아주고, 말을 건다. 엄마의 자원은 한정되어 있다. 엄마는 자기 자신과 이미 낳은 다른 자식들의 생명을 위협하지 않는 한도에서 새 아기에게 투자할 수 있는 자원이 얼마나 되는지 알 필요가 있다.

생명이 유한한 동물의 몸은 생식 세포가 더 많은 생식 세포들을 만들어 상대 성의 생식 세포와 융합할 가능성을 극대화하는 도구이다. 생식계를 이어가려는 힘이야말로 자연선택의 추동력이다. 개체의 장수는 이차적인 문제다. 최소한 성적으로 성숙하고 후손을 키워 독립해 보낼 만큼의 생리적 자원을 갖춘 개체들만이 진화의 선택을 받는다. 그런데 이 목표를 달성한 뒤에도 한동안 살아갈 정도의 잉여 자원이 있기 마련이고, 그 잉여가 바로 우리의 수명이다. 우리는 자산운용 전략을 치밀하게 세우지 못한 연어들이다.

1930년에는 암 환자 5명 가운데 1명이 생존했다. 1940년에는 넷 중 한 명이, 1960년에는 셋 중 한 명이, 1990년에는 40퍼센트가 생존했다. 요즘은 50퍼센트가 생존한다. 미국 여성은 8명 중 1명꼴로 유방암을 겪는데, 위험도는 나이와 비례하여 커진다. 유방암의 3대 위험 요인은 초경이 이른 경우, 30세 이후에 출산하거나 아예 출산하지 않는 경우, 50세 이후에 폐경하는 경우이다. 한마디로 말해서 때가 됐을 때 무대에 오르고, 주어진 대사를 읊고, 신호가 주어지면 퇴장하라는 말이다. 조금이라도 벗어나려

한다면 진화가 당신을 벌할 것이다. 불변의 생물학 법칙은 사실 단 하나뿐인지도 모른다. 그것은 고작 두 가지 명제로 구성된다. 수십 가지 방식으로 표현되곤 하지만, 요컨대 이런 말이다. 새끼를 낳고, 죽어라.

나는 약국 줄에 서서 참을성 있게 기다리고 있었다. 그때 펑크 스타일의 예쁘장한 여자친구를 대동한, 20대로 보이는 청년이 새치기를 하려고 했다. 나는 청년에게 뒤로 가서 서라고 했다. 청년은 말했다. "뭐요, 여기가 중학교예요?" 나는 말했다. "아니, 이건 약국 줄이지만, 당신의 태도는……" 청년은 나더러 왜 머리카락이 안 자라느냐고 물었다. 나는 청년더러 왜 키를 못 키우는지 물었다. 참으로 고차원적인 대화였다. 청년이 나를 밀었다. 내가 청년을 밀었다. 청년이 주먹을 올리고 말했다. "해보자고." 40년이 거꾸로 감겨서, 내가 마지막으로 주먹다짐을 했던 6학년으로 돌아간 것 같았다. 아드레날린이 용솟음쳤고, 심장이 쿵쾅대는 소리가 들렸고, 숨을 가다듬을 수가 없었다. 나는 약국의 결투를 정중하게 사양했지만, 줄에 서 있던 중년배들의 확연한 지지를 받으면서, 이렇게 말했다. "인생에는 규칙이 있는 법이야." 정말 그런가? 나는 소름이 돋았다. 내가 그 엇비슷한 말이라도 하게 될 것이라고는 예전엔 미처 생각하지 못했다. 정말 인생에 규칙이 있다면, 무엇일까? 얼마 전에 어느 파티에서 한 여성이 자기 나이의 반밖에 안 되어 보이는 남성을 꼬드기며 이렇게 말하는 것을 어깨 너머로 들었다. "나는 마흔다섯이지만 아직도 거기가 팽팽해요." 바로 그것이다. 성과 죽음. 생식과 나락.

존 업다이크는 28세에 낸 소설 『달려라, 토끼야*Rabbit, Run*』에서 이렇게 썼다. '우리가 자연에게 몸값을 지불할 때, 우리가 자연을 위해 아이를 낳아줄 때, 우리의 풍만함은 끝이 난다. 자연은 이제 우리에게 용무가 없다. 우리는 먼저 내적으로, 다음에는 외적으로 쓰레기가 된다. 꽃줄기가 된다.'

스티브 내시, 1974년생이고, 2005년과 2006년에 NBA 최우수 선수로 꼽혔고, 3세짜리 쌍둥이 딸을 두고 있는 그는, 이렇게 말했다. '내 삶이 얼마나 하찮은지 배워가는 중인 것 같아요. 여전히 일이 즐겁습니다. 여전히 친구들과 가족과 그 밖의 관계들이 즐겁습니다. 하지만 딸들이 얼마나 순수하고 의존적인 존재인지 자꾸 생각하게 돼요. 어떤 의미에서는 내 삶은 끝났다는 걸 깨닫게 됩니다.'

영국의 소설가 W. M. 새커리W. M. Thackeray는 말했다. '20살일 때는 괜찮겠지만, 나처럼 47세가 되면, 금성이 바다에서 솟아올랐다 해도, 안경을 써야만 겨우 볼 수가 있다.'

몇 년 전에 내가 아내에게 우리 나이 또래의 사람들, 그러니까 48세나 그보다 좀더 많은 사람들이 '착한 약'을 먹기 시작한 것 같다고 말했다. 모두들 훨씬 말랑말랑해진 것 같다고 했다. 아내는 말했다. "남들이 아니라 자기가 그래. 자기가 착해진 거야. 그래서 자기 눈에 남들이……"

"아니야." 나는 항의했다. "절대 나는 아니야. 나는 걸어 다니는 면도날이라고."

배리 한나Barry Hannah는 어느 단편소설에서 40대 후반인 주인공의 상태를 이렇게 묘사했다. '그것을 정확하게 무어라고 말하면 좋을지 그도 아직은 몰랐지만, 어쨌든 뭔가 크고 조용한 것이, 무게를 지닌 속삭임 같은 것이 하늘에서 떨어져서 맘속에 꼬옥 끼어든 것 같았다. 네드 맥시는 천국과 접촉하는 체험을 한 것이었다. 그런데도 아무 소리도 나지 않았다는 사실을 그는 도무지 믿을 수가 없었다.'

헤링 박사가 해준 농담 하나. 결혼한 부부의 섹스에는 세 종류가 있다. 처음 결혼했을 때는 성욕이 흘러 넘쳐서 집 안의 모든 방에서 섹스를 한다. 몇 년이 지나면 열정이 좀 수그러지고, 침실로만 공간을 제한한다. 더 세월이 흐르면, 복도에서 지나치면서 서로 중지를 치켜세운다. 부부 5쌍 중 1쌍은 한 달에 한 번도 성 관계를 맺지 않는다.

요전에 라디오를 들으니 어떤 여자가 부부라면 납세 횟수보다 더 자주 섹스해서는 안 된다고 주장했다(분기마다? 연간?).

사람이 가임 기간을 넘어 생존하면 몸에서 약한 고리들이 노출되기 시작한다. 예를 들어 가슴샘은 성적 성숙이 완료된 직후부터 퇴화한다. 50세가 되면 원래 무게의 5퍼센트에서 10퍼센트만 남는다. 가슴샘의 호르몬 분비량도 25세부터 줄기 시작하여 60세가 넘으면 감지하기 어려운 수준이 된다.

자궁의 무게와 크기는 폐경 후부터 65세까지 죽 줄어들어서 결국 30세일 때 무게의 절반이 된다. 60세가 넘은 남성은 수면중에 발기하는 횟수가 점점 적어진다. 성적인 몽상에 빠지는 횟수나 강도도 65세까지 꾸준히 줄어들어서 결국 거의 사라진다.

노년의 소포클레스는 마침내 성적 욕망에서 벗어난 사실을 두고 '색정광에게 묶여 있던 끈에서 탈출한 것 같다'고 했다.

언제나 그렇듯 그 모든 쇠락에 대한 반대 증거로, 아버지가 80대 말의 나이에 글쓰기 교실에서 썼던 에세이를 보자.

타인을, 특히 여성을 잘못 판단하기가 얼마나 쉬운가. 첫 만남에서의 사건이나 말에 기만당하기가 얼마나 쉬운가. 생각해보면 우습다. 처음으로 데이트를 한 뒤에 나는 우리가 한 달 안에 연인이 되리라고 생각했다. 최악의 시나리오라도 6주에서 2달이면 될 거라고 생각했다. 버지니아를 처음 만난 곳은 팰러앨토 노인회관이었다. 나는 소설의 미래에 관한 강연을 들으려고 갔는데, 도착해 보니 좀 늦어서 남은 자리가 맨 뒷줄뿐이었고, 그것이 버지니아의 옆자리였다. 강연과 질의응답과 커피와 쿠키의 다과 시간이 끝난 뒤, 나는 그녀에게 시간이 늦었으니 주차장까지 바래다주겠다고 했다. 그녀의 차에 도착하자 나는 "만나서 반가웠습니다" 운운 정석적인 말을 웅얼거렸다. 그런 뒤에 그냥 돌아설 참이었는데, 그녀가 지갑을 열더니 이름과 전화번호가 적힌 명함을 꺼냈다. 그녀는 전화해달라고 했다.

두 주가 흐른 뒤에 나는 전화를 걸었다. 금요일 밤이었고, 나는 내일 밤에 만나면 어떻겠느냐고 물으면서 촉박하게 약속을 잡는 것을 얼른 사과했다. 그녀는 사과할 필요가 없다면서 자기 집에서 저녁을 먹자고 했다. 5월의 꽃처럼 반가울 거라고 했다. 제기랄. 내가 전화를 걸어 다음 약속 시간과 장소를 정할 때마다 그녀가 그 '5월의 꽃' 타령을 하지만 않았어도.

첫 데이트 날 저녁, 나는 식후에 설거지를 도왔다. 그녀는 나더러 곁에 두면 너무나 편할 남자라는 둥 추키면서, 샌타클래라의 바쁜 의사였던 전남편은 결혼 생활 내내 한 번도 접시를 닦거나 말려준 적이 없다고 했다. 도움이 되는 남자라는 그녀의 발언에 나는 백발백중 남들의 웃음을 터뜨리는 데 성공하는 내 단골 대사를 내놓기에 알맞은 시점이라 생각하여 잽싸게 말했다. "나는 여자의 자리가 화덕 앞이라고 생각하는 남자가 아니거든요. 나? 마초? 노." 그녀는 알겠다는 듯이 쿡쿡 웃었고 참 좋은 분이니 뭐니 말을 했고 그날 회관에서 만나서 기쁘다고 했다.

10시가 되자 버지니아는 뉴스를 보자고 했다. 우리는 소파에 앉았고 나는 그녀의 손을 잡았다. 15분이 지나서 나는 그녀에게 입을 맞추려고 했다. 심각한 것도 아니었는데 그녀는 몸을 뒤로 빼면서 말했다. 부탁이니 천천히 사귀어가자고, 조금만 참아달라고, 3년 전에 남편이 죽은 뒤로 이것이 첫 데이트라고. 앞으로 내가 듣고 또 듣게 될 대사로 마무리했다. "밀턴, 나는 시간이 필요해요."

물론이죠, 나는 첫날밤에 그녀에게 약속했다. 우리는 손을 잡은 채 뉴스를 마저 보았다. 나쁘지 않아, 45분 동안 차를 몰아 돌아오면서 혼잣말했던 기억이 난다. 시간을 두면 풀려나가겠지. 놓칠 순 없잖아. 나는 시간이 많고 돈이 조금 있는 외로운 독신남이었고, 그녀는 곁에 둘 사람을 갈급하는 외로운 과부였다. 게다가. 눈치를 먼저 준 것은 그녀가 아니었던가, 은근하지도 않게.

몇 달 뒤, 버지니아와 전남편이 오랫동안 알고 지냈다는 부부의 성대한 결혼 40주년 피로연에 함께 참석했다가, 자정쯤에 그녀의 아파트로 돌아왔다. 나는 평소 주량보다 술을 많이 마셨고 대여섯 번인가 그녀와 춤을 췄다. 그것 역시 평소의 정량을 넘은 횟수였다. 느린 춤을 출 때 그녀는 내게 매달리는 듯했다. 이전에는 전혀 보이지 않던 모습이었다.

아파트로 돌아왔을 때, 나는 낭만에 젖어 약간 몸이 달았다. 집으로 들어가 문을 닫자마자 서툴게 그녀를 붙들었지만, 그녀는 내 돌진을 피하면서, 코에 분도 발라야 하고 갑갑하고 치렁치렁한 정장도 벗고 싶다고 했다. 나는 그녀의 말에서 은근한 암시를 읽었다. 관계 초기에 그녀가 내게 과하게 요구했던 참을성에 대한 대가를 이제 주겠노라는 암시를.

준비를 해야겠기에 나는 짙은 색 재킷을 벗어서 의자에 걸쳤다. 검은 나비넥타이도 벗었다. 신발도 벗어서 소파 아래에 밀어 넣고, 착실한 학생처럼 기다렸다.

버지니아가 욕실에서 나왔다. 그녀는 카세트테이프를 눌러 몽롱하고 멋진 음악을 틀고서 내 옆에 앉았다. 나는 그녀를 잡아 소파로 밀어붙이며 입술로 다가갔다. 그녀는 나를 밀어

내면서 천천히 하라고 했다. 나는 그녀의 목욕가운에 손을 집어넣어 풍만한 가슴을 주무르려 했다.

바로 그때 그녀가 첫 데이트 때 했던 말을 다시 꺼냈다. "서두르지 말아요, 밀턴. 나는 시간이 필요해요." 하지만 그날 밤에 나는 거짓말 아니면 교활한 책략임에 뻔한 그녀의 말을 들어줄 마음이 없었다. 나는 베수비오 화산처럼 분출하여 소리쳤다. "정확하게 얼마나 더 시간이 필요한 거요? 당신 남편이 죽은 지 3년이나 됐어요, 알겠소?" 더구나 그녀와 남편이 40년 가까이 함께 누렸다는 멋진 결혼 생활은 사실 가식덩어리가 아니었던가? 나는 언젠가 그녀가 했던 말을 끄집어냈다. 그녀는 세 번 혼외정사를 가졌고, 개중 한 관계는 7년쯤 지속되었다고 자기 입으로 말했다. 그녀의 결혼 생활은 잔잔하다고 하기에도 조금 부족한 것이었다. "부인, 나와 함께든 다른 사람과 함께든, 남은 인생을 즐겨야 할 시기가 진작에 왔단 말이오."

그랬더니 그녀는 친구로 지낼 수는 없느냐, 섹스는 잊으면 안 되느냐고 묻는 것이었다.

관두자. 나는 겉옷과 넥타이를 의자에서 낚아채고, 소파 밑으로 손을 넣어 신발을 꺼내고, 성난 걸음으로 문까지 간 뒤, 현관에서 최후의 독설을 날렸다. 그녀의 장난과 연극은 물리도록 보았다고 말했다. 6개월의 낙담, 6개월의 청결하고 섹스 없는 관계면 충분하다 못해 지나쳤다. 나는 즐겁고 충만한 관계의 사랑과 온기를 필요로 하고 바라며, 그녀도 같은 것을 원하는 줄 알았다고 말했다. "친구를 원한다면 개를 샀겠지." 내가 이 대사를 어디에서 들었는지, 아니면 읽었는지는 잘 모르겠지만, 하여튼 나는 속으로 생각했다. 틀림없어, 이건 결정타다. 그 말을 들은 그녀는 말 그대로 혀가 공중에서 굳었다. 뭔가 항변의 말을 하려는 듯도 하다가 결국 아무 말이 없었다. 말할 필요도 없지만, 우리는 다시는 만나지 않았다.

농구의 꿈 Ⅷ

한때 나는 살아 있다는 사실에 동물적인 기쁨을 느꼈고, 농구를 할 때 주로 그 기분을 맛보았는데, 이제 나는 그러한 동물적 기쁨을 너무나 드물게만 느낄 수 있으며, 이것이 곧 인생이다. 나는 51세인데도 벌써 이런 생각이 든다. 아버지는 아마 95세가 되어서야 그런 느낌을 받기 시작했을 것이다.

4장

노년기와 죽음
Old Age and Death

쇠락 Ⅲ

새뮤얼 존슨은 젊은 친구에게 이렇게 썼다. '나도 자네처럼 자신감이 하늘을 찌르던 21세 적에는 지금처럼 마흔아홉이 되리라고는 생각도 하지 않았지.'

50세가 되면 몸 아랫부분에서 진동을 인식하는 능력이 현저하게 떨어진다. 정보 신호를 뇌로 전달하는 신경들도 감소한다. 50세 이후에는 뇌의 무게가 매 10년마다 2퍼센트씩 줄어든다. 학습에 어려움이 생기고 기억력이 점차 떨어진다. 노인이라도 건강하기만 하다면 기억 그 자체, 즉 암호화한 정보의 저장량 자체는 줄지 않지만, 기억을 불러내는 일이 고통스러울 정도로 더뎌지고 훨씬 여러 번 시도를 해야 가능해진다. 나이 든 사람들은 주의가 쉽게 분산되고, 동시에 여러 가지 작업을 조율하는 데 어려움을 겪고, 주의 집중 시간이 짧아진다. 단순한 작업이나 흔한 상황 대처는 무리 없이 해내지만 육체적 움직임이나 그 밖의 스트레스가 더해지면 고전하기 쉽다. 사람들이 나이가 들면 자극보다 평온을 찾기 시작하는 까닭은 자극에 대처하기가 어렵기 때문인지도 모른다.

영국의 작가 이블린 워Evelyn Waugh는 말했다. '노인은 젊은이보다 흥미로운 대상이다. 흥미의 주안점은 젊을 때 아무리 방종했던 사람이라도 50세가 넘으면 습관과 매너리즘과 부모의 의견에 순응하는 광경을 구경할 수 있다는 것이다.'

'50세에는 누구나 자기 얼굴에 책임을 져야 한다.' 조지 오웰이 말했다.

『아이네이스』를 쓴 베르길리우스는 50세에 죽었다.

나이가 들면 수정체에 뿌연 것이 낀다(백내장). 시신경 세포들이 손상되어 녹내장이나 황반변성이 올 수 있다. 52세에서 64세 사이의 사람 중 42퍼센트가, 65세에서 74세 사이의 사람 중 73퍼센트가, 75세 이상의 사람 중 92퍼센트가 책을 읽을 때 돋보기가 필요하다. 아버지는 20년 전에 백내장 수술을 받은 뒤로는 안경이 별로 필요가 없다.

셰익스피어는 52세에 죽었다.

존 웨인은 말했다. '나는 53세이고 키는 193센티미터다. 세 아내가 있었고, 다섯 아이와 세 손자가 있다. 나는 좋은 위스키를 사랑한다. 나는 아직도 여자를 이해하지 못한다. 세상에 그것이 가능한 남자가 있을 것 같지도 않다.'

우리는 55세까지 몸무게가 늘다가 그 후에는 줄기 시작한다(구체적으로 말하면 지방이 아닌 조직, 근육, 수분, 뼈 등이 준다). 지방은 이제 허벅지에 더 많이 쌓이고 복부에는 덜 쌓인다. 팔다리 말단이 가늘어지고 몸통은 두터워진다. 중년에 이렇게 몸이 부는 것은 지방 조직이 늘어나기 때문만은 아니다. 근육 긴장이 줄어들고, 피부 세포들이 탄탄함을 잃음으로써 피부가 문자 그대로 얇아지기 때문이기도 하다.

단테는 56세에 죽었다.

50세에서 60세 사이에는 시각 기억이 조금 감소한다. 70세가 넘으면 상당히 감소한다.

영국의 배우이자 극작가 노엘 카워드Noel Coward는 중년의 친구에게 다이어트를 그만두라고 충고했다. '그건 한심한 허영이야. 이제는 젊음이 필수조건도 아니고 어울리지도 않아. 57세를 향해 빠르게 나아가는 지금은 날렵한 몸매보다 건강과 행복이 더 중요하다고 생각하네. 통제 불능의 질환이 아닌 이상 비만은 게으름의 소산에다가 나쁜 일임이 분명하지만, 자네가 아무리 날씬해져도 그 나이 그대로일 테고 아무도 속지 않을 거야. 그러니까 그런 우스운 짓에 당장 종지부를 찍게. 충분하게 먹고 식사를 즐겨서 활력을 보전하라고.'

'50세에서 57세 사이가 가장 혹독하다.' T. S. 엘리엇은 말했다. '이런저런 일들을 하라는 요구를 받는데, 아직 충분히 노쇠하지 않아서 그것들을 거절할 수가 없다.'

중년 후반이 되면 손의 피부가 감촉에 덜 민감해진다. 피부 세포들이 전보다 뜸하게 재생된다. 피부가 약해지고 건조해지며, 피지샘의 수가 급격하게 줄고, 피부의 모든 조직이 어떻게든 변화를 겪기 때문에 주름이 생기거나 머리가 센다. 그런데 주름살은 나이 때문에 생기는 건 아니다. 햇볕 때문이다. 햇볕이 서서히 얼굴을 망가뜨리고, 주름과 기미를 일으키고, 피부를 늘어지게 한다. 나이가 듦에 따라 피부는 탄성을 잃고, 상처 치유에 걸리는 시간이 갈수록 길어지지만, 살갗이 완전히 닳아버리는 일은 결코 없다.

59세에 가수 닐 영은 말했다. '20대 때에는 나와 내 세계가 세상에서 가장 중요했고, 세상만사가 내 일을 중심으로 돌아갔다. 이제야 내가 강물에 떠가는 한 점 이파리라는 것을 알겠다.' 아버지는 이런 식의 사고방식을 혐오한다. 패배주의적이라는 것이다.

나이가 들면 혈중 콜레스테롤 농도가 높아진다. 혈당을 정상 수준으로 유지하는 능력이 감소한다. 60세에는 음식 앞에서 분비되는 침의 양이 예전에 비해 25퍼센트 줄어든다. 고기를 소화시키기가 한결 부담스러워진다.

60세가 되면 근력이 중년일 때보다 20퍼센트 떨어지고, 70세에는 40퍼센트 떨어진다. 손이나 팔보다 다리 근육의 힘이 더 많이 빠진다. 단거리 육상선수처럼 빠르게 움찔수축하는 능력이, 걸을 때처럼 느리게 움찔수축하는 능력보다 더 많이 사라지는 경향이 있다. (운동으로 감퇴를 완화시킬 수는 있지만 완전히 피하기는 불가능하다. 개인차는 나이에 비례하여 커지기 마련이다. 예를 들어 젊은이들의 콩팥 기능은 대부분 비슷한 수준이고, 대부분 비슷한 속도로 문제를 해결하지만, 노인들 중에서는 어떤 사람은 기능이 정상이고, 어떤 사람은 심하게 훼손된 상태이며, 대부분은 그 중간쯤이다.)

에머슨은 말했다. '60세가 된 사람들이 일본인들처럼 할복해 죽는 게 유행할 법도 한데, 그러지 않는 것이 이상하다. 자연은 실로 모욕적인 방식으로 우리에게 암시하고 경고한다. 소매를 살짝 잡아당기는 게 아니라, 이빨을 뽑아놓고, 머리카락을 뭉텅뭉텅 뜯어놓고, 시력을 훔치고, 얼굴을 추악한 가면으로 바꿔놓고, 요컨대 온갖 모멸을

다 가한다. 게다가 좋은 용모를 유지하고자 하는 열망을 없애주지도 않고, 우리 주변에서 계속 눈부시게 아름다운 새로운 형상들을 빚어냄으로써 우리의 고통을 한층 격화시킨다.'

에밀 졸라는 62세의 나이로 죽던 해에 말했다. '나는 정원에서 즐겁게 오후를 보낸다. 주변에서 생동하는 모든 것을 구경한다. 나이가 들수록 모두가 나를 떠나간다는 기분이 들고, 모두를 더 열정적으로 사랑하게 된다.'

홍보대변인 할란 볼Harlan Boll은 자신의 클라이언트였던 유명인의 나이를 속여 말한 일에 대해 변론하며 '미국 대중은 사람들이 나이 먹는 것을 용서하지 않기 때문이다'라고 했다. 그것 참 옳은 소리다. 재클린 케네디는 자기가 65세에 암에 걸릴 것을 미리 알았다면 그렇게 열심히 윗몸일으키기를 하지 않았을 거라고 했다. O. J. 심슨은 감옥에서 여자친구에게 편지를 써서 한때 사과처럼 탐스러웠던 자기 엉덩이가 늙어빠진 중년의 둔부로 무너졌다고 한탄했다. 중력은 밥맛이다.

65세가 다가올 때쯤, 몸의 심폐 능력은 30에서 40퍼센트 정도 떨어진 상태다. 심장 벽이 두꺼워지고, 심혈관질환이 발병할 확률이 높아진다. 60세 남성의 60퍼센트, 80세 여성의 60퍼센트가 주요 심장동맥이 적어도 하나쯤 몹

시 좁아진 상태다. 동맥이 뻣뻣해지면 혈압이 점차 높아지고, 그러면 심장이 점차 부담을 느낀다. 한 번 펌프질할 때마다 더 애를 쓰고 더 많은 에너지를 소비해야 하므로, 심혈관계의 효율이 전반적으로 상당히 떨어진다. 미국에서는 매년 150만 명이 심근경색을 일으킨다. 심장 발작의 70퍼센트는 집에서 일어난다. 발작을 한 번 이겨낸 사람도 결국에 심장 관련 질환으로 사망하게 될 가능성이 거의 100퍼센트이다. 아버지는 86세에 심장 발작을 일으켰고(자세한 이야기는 나중에 하겠다), 92세에 전기경련요법을 받으면서 30초간 심장이 멎었고, 몇 달 전에는 곧 있을 대장내시경 검사(혈변이 조금 있었고, 의사는 아버지가 설사와 변비를 끊임없이 오가는 이유가 무엇인지 알고 싶어했다)중에 심장이 영원히 멎을지도 모른다며 비합리적으로 지나치게 두려워했다.

65세이면 원래 1.35킬로그램 정도인 뇌에서 30그램쯤이 사라진 뒤이고, 뇌 세포의 10분의 1이 사라진 뒤이다. 이마엽 겉질의 운동 영역에서 뉴런이 50퍼센트 사라졌고, 뇌 뒤쪽에서 시각을 통제하는 영역도, 뇌 옆면에서 물리적 감각을 통제하는 영역들도 마찬가지다. 겉질에 꼬불꼬불 돋아난 소용돌이 모양의 주름들이 대부분의 사고 기능을 담당하는데, 이들이 가장 심각하게 위축한다. 90세 노인의 뇌는 3세 아이와 크기가 같다. 누구라도 새 메디케어 약품보조사업(2006년부터 시행된 미국의 새 연방사회 보장 제도―옮긴이)의 세세한 항목들 앞에 혼란과 짜증을 느끼지 않을 수 없겠고, 나 또한 그렇지만, 아버지는 아예 두 손을 들었다. 아버지는 예전에 쉽게 이해하던 개념들을 이제 잘 이해하지 못한다. 아버지의 정신 활동은 많은 측면에서 다시금 단순해진 듯하다.

연골, 힘줄, 윤활액이 퇴화하면서 관절도 늙는다. 관절 사이에 담긴 윤활액이 희박해지기 시작한다. 마찰이 더 많이 일어난다. 65세가 넘으면 거의 모든 사람들이 관절에 조금쯤 이상을 느끼고, 둘 중 한 명꼴로 은근하거나 심각한 문제를 느낀다. 65세 이상의 미국 여성 가운데 3분의 1이 골다공증 때문에 척추뼈가 무너졌다. 청장년기에 뼈 무게가 많이 나갔던 사람일수록 나이 들어 골다공증을 일으킬 위험이 낮다. (일반적으로 말해서 노화로 인한 피해를 가장 확실하고 쉽게 물리칠 수 있는 방법은 젊을 때 관리하는 것이다. 노화에 대해 전혀 생각하지 않는 때에 말이다.)

청장년이라면 방광이 반쯤 찼을 때에 요의를 알리는 반사 반응이 일어난다. 65세 이상의 사람들은 방광이 거의 꽉 찰 때까지 신호를 받지 못한다.

미국 인구의 5퍼센트가 양로원에서 산다. 내가 10여 년 전에 아버지에게 시애틀의 퇴직자 주택으로 이사 올 의향이 없느냐 묻자 아버지는 대답했다. '내 몸이 얼마나 더 움직여줄지는 나도 모르겠다. 아직은 밖에 나가서 시합을 관전하고(농구, 야구, 풋볼 등등) 매주 두세 편 기사를 쓸 수 있지. 아직은 몸이 두 동강이 나서 거동을 못할 처지는 아니야. 아직 예금 계좌에 돈이 좀 있고, 사회보장 연금과 1977년에 샀던 연금증서의 수익이 있고, 다달이 신문에서 받는 돈도 있지. 나는 "본전치기를 할 수 있을 거야, 돈을 좀더 써도 될 거야"라고 말하는 라스베이거스 도박꾼과 비슷해. 나도 너와 로리와 내털리와 폴라와 웨인(내 여동생과 매부로, 시애틀에서 65킬로미터 떨어진 터코마에 산다)이 이루 말할 수 없이 그립다. 하지만 우드레이크에 살면 여러 가지 활동을 할 수 있지. 그리고 시애틀의 날씨가 워낙 끔찍하지 않으냐. 퇴직자 주택은 종착역이야. 우리 늙다리들은 농담 삼아 그런 곳을 "하느님 대기실"이라 부르지. 평균 연령이 사망 연령이라 이거지. (유머가 좀 음침하냐.) 그래서 나는 여기 우드레이크의 내 아파트에서 남은 나날을 보내고 싶다. 게다가 나는 퇴직자 주택을 살 형편도 못돼. 그런 생활 방식, 아니 그런 소비 방식에 대한 준비가 안 됐어. 내가 기억할 만한 구절들을 적어둔 공책에서 한 구절을 골라 읊어보마(누가 쓴 말인지, 어디서 읽었는지는 모

르겠다). "사람은 자기가 죽을 언덕을 스스로 고른다." 장
담컨대 내 "언덕"은 퇴직자 주택은 아니야. 이상적인 장소
를 고르라면 골프장이 좋겠구나. 빙 크로즈비와 그 밖의
몇몇 유명인사들이 골프장에서 죽었지. 충분한 수명을 누
린 뒤에 떠나는 방법으론 괜찮지 뭐냐. 50세나 60세에 가
는 게 아니라면.'

현재 미국의 65세 이상 인구 비중은 그 어느 때보다 높
다. 75세에서 84세 사이의 인구 중 30퍼센트만이 장애를
호소한다. 기록으로 남은 그 어느 때보다도 낮은 수치다.

65세 이상 인구의 5에서 8퍼센트가 치매를 앓는다. 80대
중에는 절반이 앓는다. 여러 치매 질환들 가운데 한 종류
이자 가장 흔한 종류인 알츠하이머병을 앓는 사람이 65세
이상 미국인 10명 중 1명, 85세 이상 인구 2명 중 1명꼴이
다. 알츠하이머 환자들은 과거에 스트레스가 적은(정신적
자극이 적은) 직업을 가졌을 확률이 높다. 아버지는 아직
알츠하이머 증상이 전무하다. 미국의 관료이자 도시계획
가 로버트 모제스Robert Moses에 관한 로버트 카로Robert Caro의
책을, 뉴어크에 관한 필립 로스의 책을, 야구선수 재키 로
빈슨에 관한 아널드 램퍼새드Arnold Rampersad의 책을, 원자
폭탄 투하 결정에 관한 가르 알페로비츠Gar Alperovitz의 책을
읽고 또 읽는다.

노엘 카워드의 말을 빌리면 '한때 천국과도 같았던 쾌
락들이 / 예순일곱에는 시시해 보인다.'

미국의 작가이자 비평가인 에드먼드 윌슨은 68세에 말
했다. '죽음이 머지않았다는 자각, 내 마음과 감정과 생명
력이 담배 연기처럼 사라질 것이라는 자각을 하니, 지상
의 인간사가 하찮게 느껴지고 인간이 점점 더 비천하게
느껴진다. 인간의 삶을 진지하게 여기기가 힘들다. 나 자
신의 노력과 성취와 열정에 대해서도 마찬가지다.'

'내일 나는 69세가 됩니다.' 미국의 작가이자 비평가
윌리엄 딘 하우얼스가 마크 트웨인에게 쓴 편지이다. '하
지만 나는 신경이 쓰이지 않습니다. 내 스스로 늙기를 시
작한 것도 아니고, 어느 단계에서고 의견을 낼 기회가 있
었던 것도 아닙니다. 태어난 자는 죽음을 두려워해야지,
늙기를 두려워할 것은 아닙니다. 나이에는 많은 이점이
있고, 늙은이들이 우스꽝스럽지만 않다면 나도 늙은이가
되기를 꺼리지 않을 겁니다. 하지만 늙은이들은 우스꽝스
럽고, 추하지요. 젊은이들은 우리만큼 분명하게 그 사실
을 알지 못하지만, 언젠가 그들도 알 날이 오겠지요.'

토머스 핀천은 말했다. '소설의 "진지함"이란 결국 죽
음에 대한 태도를 말한다. 가령 등장인물들이 죽음에 임
박해서 어떤 행동을 취할 것인가, 또는 죽음이 가깝지 않

을 때 어떻게 그 문제를 다룰 것인가. 누구나 이 사실을 알지만, 젊은 작가들이 이런 주제를 다루는 일은 거의 없다. 습작을 쓰는 나이의 사람들은 그런 충고를 받아봤자 절실하게 느끼지 못해서일 것이다.'

15년 전 어느 화창한 봄날에, 아버지와 나는 동네에서 조깅을 했다. 중학생 소녀들을 태운 학교 버스가 모습을 드러냈다. 아버지는 가슴을 부풀리고, 발을 더욱 높이 차며, 자태를 과시했다. 소녀들은 우우거리거나 아아거리거나 휘파람을 불거나 박수를 치거나 무시하는 대신, 버스 뒷유리창에 이마를 붙이고 세상에서 가장 잔인한 짓을 했다. 소녀들은 비웃었다.

AC/DC는 〈어둠으로의 복귀〉라는 앨범에서 노래했다. '지금은 젊기만 하지, 그러나 너도 죽을 거야.'

60대 말이 되면 적게 먹게 된다. 몸의 대사율이 살짝 감소한다. 남성은 골격의 무게가 매 10년마다 3퍼센트씩 줄고(아버지는 요즘 68킬로그램이 나간다), 여성은 8퍼센트씩 준다. 성인이 된 후로 죽을 때까지 남성은 전체 뼈 밀도의 15퍼센트를 잃고, 여성은 30퍼센트를 잃는다. 팔이 가늘어지고, 종아리도 마찬가지다.

피부의 정맥, 모세혈관, 세동맥 등 혈관계의 밀도도 감소한다. 그래서 노인들은 쉽게 추위를 느낀다. 또 피부가 얇아지기 때문에 방어벽으로서 살갗의 기능도 나빠진다. 너무 얇은 코트를 입은 것 같다. 나이가 들면 얼굴의 온도가 낮아진다. 노인들이 따스하게 느끼는 온도는 젊은이들이 생각하는 온도보다 3도에서 6도쯤 높다.

성인은 평생 매일 3만 개에서 5만 개 사이의 신경과 10만 개의 신경 세포 들을 잃는다. 시간이 흐르면 심장, 폐, 전립선이 비대해진다. 체내 칼륨 농도가 낮아진다. 70세가 넘으면 칼슘 흡수 능력이 극도로 낮아진다.

톨스토이는 자신보다 16세 어린 아내 소피아에게 이렇게 썼다. '요는, 힌두교도들이 60세가 다가오면 숲으로 은둔하듯이, 종교적인 사람들이 말년의 삶을 농담, 말장난, 소문, 테니스가 아니라[농담, 말장난, 소문, 테니스라니, 밀턴 실드크라우트를 호출하는 말들이 아닌가……] 신에게 헌신하고 싶어하듯이, 나도 70대로 접어드는 지금 온 마음과 영혼을 다하여 그러한 평정과 고독을 원한다는 것이오.' 톨스토이는 82세에 기차역에 쓰러져 죽었다. 끊임없이 다투었던 아내로부터 달아나던 중이었다.

70세가 되면 수정체가 20세일 때보다 3배쯤 무거워져서 원시가 되고, 70세가 넘으면 다시 근시가 된다. 수정체는 나이에 비례하여 두꺼워지고 무거워져서 가까운 대상에 초점을 맞추는 능력이 떨어진다. 음영 대비에 대한 민감성이 떨어지고, 빛 변화에 적응하는 능력도 마찬가지다. 나이가 들면 각막이 누리끼리하게 변해서 초록색, 파란색, 보라색을 구별하는 능력이 떨어진다. 푸른 계통의 색은 더 짙어 보이고 노란 계통의 색은 덜 밝아 보이며 보라색은 눈에 잘 띄지 않는다. 화가들은 나이가 들수록 짙은 푸른색이나 보라색을 덜 사용한다.

프랜시스 치체스터 경Sir Francis Chichester은 66세에 세계일주 항해를 마친 뒤에 말했다. '시도가 실패한다고 해도 무슨 상관인가? 모든 인생은 결국에는 실패한다. 우리가 할 일은 시도하는 과정에서 즐기는 것이다.'

75세가 넘은 남녀는 55세에서 59세 사이의 사람들보다 뇌졸중을 겪을 확률이 10배 높다.

전문가답게 세계 최고 수준의 염세를 자랑하는 소설가 고어 비달은 더는 계단을 오르기가 힘들어서 이탈리아 라벨로의 언덕 위 집을 판 일에 대해 이렇게 말했다. '인생에서는 모든 것에 때가 있다. 1년만 있으면 나는 80세가 된다. 나는 무엇에 대해서도 감상적인 기분이 들지 않는다. 인생은 흘러가고, 우리는 함께 흘러가거나 말거나 할 수 있을 뿐이다. 따라 움직이거나 아니면 밀려나거나.'

우리가 아주 어릴 때는 냄새가 너무 강렬하게 느껴져서

거의 압도될 정도이지만, 80대에 들어설 무렵에는 후각이 상당히 감퇴할 뿐더러 우리 몸에서도 더는 특징적인 향취가 나지 않는다. 데오도란트를 그만 써도 괜찮다. 우리는 사라져간다.

　사회역사학자 로널드 블라이스Ronald Blythe는 말했다. '노인들에게는 접촉이 필요하다. 노인들은 키스와 포옹이 필요한 인생 단계에 다다랐다. 그러나 의사 외에는 누구도 그들을 만지지 않는다.' 82세에 E. M. 포스터는 말했다. '나는 요즘 망령이라도 든 듯이 호색한 행위를 하고 싶다. 제대로 된 사람을 제대로 된 장소에서 만지고 싶다. 육체의 외로움을 떨쳐버리기 위해서.' 최근 몇 년 동안 내가 아버지를 만나고 헤어질 때 껴안으면서 인사를 하면, 아버지는 몸을 떨면서 울고 또 운다.

　볼테르는 친구에게 말했다. '내가 82세밖에 안 됐다고는 제발 말하지 마시오. 그것은 잔인한 비방이라오. 설령 그 괘씸한 세례 기록이 옳아서 내가 정말로 1694년 11월에 태어났더라도, 올해가 나의 여든세번째 해라는 것을 인정해야 마땅하오.' 아주 나이 든 사람은 실제보다 더 나이 든 것으로 생각되길 바란다. 그것은 성취가 된다. 아버지는 67세에 연금증서를 구입했는데, 76세에 죽으면 본전이 되는 조건이었다. 보험통계의 예측보다 20년 이상 오래 살고 있는 아버지는 그 증서로 얼마나 돈을 많이 벌었는지 늘 자랑한다. 모르는 사람을 붙잡고도 자신이 100년에서 3년 모자란 나이라는 것을 알려준다.

83세에 시벨리우스는 말했다. '나는 최근에서야 처음으로 지상에서 내가 존재하는 시간에 한계가 있다는 사실을 깨우쳤다. 이제껏 인생을 살면서 그 생각이 현실적으로 마음에 와닿은 적은 한 번도 없었다. 그런데 정원의 고목을 바라보는 동안에 몹시 또렷하게 그런 생각이 들었다. 우리가 이사 왔을 때 나무는 아주 작았고, 위에서 내려다볼 수 있었다. 이제 나무는 내 머리 위에서 나부끼면서 이렇게 말하는 듯하다. "당신은 곧 떠나겠지만 나는 앞으로도 수백 년을 더 머물 거야."'

미국의 금융인이자 정치가 버너드 바루크는 85세에 말했다. '노인이란 언제나 나보다 15세 많은 사람을 말한다.'

90세가 되면 콩팥의 혈액 여과 능력이 반 토막 난다.

암에 걸릴 확률이 점차 낮아진다. 늙은 사람의 조직은 에너지에 굶주린 공격적인 종양의 요구를 만족시킬 힘조차 없다.

90세가 되면 여성의 3분의 1과 남성의 6분의 1이 엉덩이 골절을 경험하는데, 이것이 악화일로로 이어져서 죽음에 이르는 경우도 잦다. 골절당한 사람 중 절반은 다시는 도움 없이 혼자 걷지 못한다. 반면에 아버지는 95세까지도 1.5킬로미터를 걸어서 도서관에 다녔다. 올 때 갈 때 모두 책을 들고서.

그 나이가 되자 아버지의 사마귀들이 사라지기 시작했다. 사마귀는 보통 50년쯤 간다. 대신에 '버찌 사마귀' 두어 개가 가슴에 생겼는데, 정말 버찌처럼 보이는 그 사마귀의 정식 명칭은 '혈관종'이다. 의사는 아버지의 혈관종(팽창한 혈관들로 만들어진 양성 종양이다)들이 아름답다고 말했다. 자기야 쉽게 그렇게 말하겠지. 그는 67세밖에 안 되는 애송이니까. 아버지는 턱에 난 뾰루지를 바라보는 10대 소녀처럼 버찌 사마귀 때문에 심란해했다.

죽기 한 달 전, 97세의 버트런드 러셀은 아내에게 '세상을 떠나는 게 정말 싫소'라고 말했다.

프랑스 학자 베르나르 드 퐁타넬Bernard de Fontanelle은 말했다. '존재를 지속하기가 다소 힘들다는 기분 말고는 아무 것도 느껴지지 않는다.' 그는 100세에 죽었다.

아리스토텔레스에 따르면 유년기는 뜨겁고 습한 시기이고, 청년기는 뜨겁고 건조한 시기이며, 장년기는 차갑고 건조한 시기이다. 아리스토텔레스는 몸이 뜨겁고 습한

우리가 여기에 있는 까닭은
운석이 지구를 덮쳐서 공룡을
멸종시켰기 때문이다.
사람들은 "고차원적인" 대답을 갈구하지만,
사실 그런 답은 없다.

스티븐 제이 굴드

상태에서 차갑고 건조한 상태로 바뀌는 것 때문에 노화와 죽음이 따라온다고 믿었다. 또한 그런 변화가 불가피할 뿐 아니라 바람직하다고 보았다.

셰익스피어의 「뜻대로 하세요」에서 제이퀴스는 말한다. '이래서 시시각각 익어가며,／또한 시시각각 썩어가는 거지.' 뉴욕 주 설리번 카운티의 전화번호부에는 '삶의 과정에서 우리는 모두 일시적으로 건강한 사람들일 뿐이다'라는 문구가 독자를 위해 적혀 있다. 34세의 미국 시인 마티아 하비Matthea Harvey는 '인간의 형상을 억지로 포용하는 욕조, 안타깝'고 썼다. 소설가 그레이스 페일리Grace Paley의 말을 비틀어서 인용하건대, 시간은 누구나 웃음거리로 만든다. 맹렬하게 맞서 싸우는 내 아버지조차.

인생에서 한 가지 확실한 사실은 언젠가 우리가 죽는다는 것

존 던은 설교에서 말했다. '우리는 모두 좁은 감옥에서 잉태되고, 인생은 죽음이라는 처형대를 향해 가는 과정에 불과합니다. 뉴게이트에서 타이번으로 가는 수레 안에서 조는 사람이 어디 있습니까? 감옥에서 처형대로 가는 수레 안에서 조는 사람을 보았습니까? 그런데도 우리는 줄곧 잠을 잡니다. 자궁에서 무덤까지 가는 동안 온전하게 깨어 있는 적이 한 번도 없습니다.'

영국의 작가이자 비평가 찰스 램은 말했다. '사람은 30세가 되기 전에는 자신이 죽는다는 사실을 결코 현실로 느끼지 못한다.'

영국의 작가 존 러스킨은 말했다. '내 마음의 상태는 흥미로우리만치 부자연스럽다. 43세이면서 다른 중년의 존재들처럼 중년의 삶에 정착하지를 못하고 오히려 젊을 때보다 젊음의 충동들을 더 많이 느끼는데, 정작 기어오르고 뛰고 씨름하고 노래하고 희롱할 수 없어 비참해하니 말이다. 어릴 때 온종일 앉아서 철학 공부를 할 끈기가 없었던 것만큼이나 잘못된 일이 아닌가. 인생의 시작도 끝도 잘못되다니……'

체호프의 희곡 「바냐 아저씨」에서 영웅적인 등장인물 바냐는 말한다. '나는 벌써 마흔일곱입니다. 연전까지만 해도 나는 이 두 눈을 흐리게 하려고, 진실한 삶을 보지 않으려고 헛된 노력을 해왔습니다. 그러면서도 잘하는 짓이라 생각했죠. 하지만 이제는, 어머니가 알기나 하세요! 화나고 분해서 밤에 잠을 잘 수가 없습니다. 이제는 나이가 들어 어쩔 수 없는 모든 걸, 그 모든 걸 가질 수 있었던 시간을 어리석게 놓쳐버렸다는 생각 때문에.'

영국의 시인 에드워드 영은 이렇게 썼다. '사람은 30세에 자기가 바보가 아닌가 의심하기 시작하고 / 40세에 자각을 하고 계획을 수정하며 / 50세에 부끄러운 게으름을 뉘우치고, / 신중한 목표의 결의를 새로이 다지며 / 배포도 크게 머릿속으로 / 결의하고 또 결의하다가 / 달라진 것 없는 채로 죽는다.'

피카소는 말했다. '사람들은 60세부터 젊어지기 시작하지만, 때는 이미 늦었다.'

62세에 조너선 스위프트는 말했다. '자고 일어날 때마다 전날보다 삶이 더 하찮게 느껴진다.'

67세에 죽은 레오나르도 다 빈치는 이렇게 말했다. '나는 사는 법을 배우고 있다고 생각했지만 사실은 죽는 법을 배워왔다.'

배리 한나는 말했다. '사람의 비운은 이런 것이다. 모든 것을 알아낼 시간이 75년밖에 없다는 것. 그 모든 책과 세월과 아이들을 뒤에 남긴 연후보다 차라리 어릴 때에 본능적으로 더 많이 안다는 것.'

BBC의 첫 사장이었던 리스 경은 78세에 말했다. '나는 사는 법을 제대로 배운 적이 없었다. 너무나도 늦게 삶은 살기 위한 것임을 발견했다.'

17세기의 모럴리스트 장 드 라 브뤼예르는 말했다. '인생은 세 가지 사건이 전부이다. 태어나고, 살고, 죽는 것. 우리는 태어나는 것은 스스로 알지 못하고, 죽을 때는 고통 속에 떠나고, 사는 것은 잊어버린다.'

회한만 남긴 일화 한 가지.

아버지가 샌프란시스코에서 우리 집으로 올라와서 주말을 함께 보냈을 때의 일이다. 엿새 늦긴 했지만 아버지 날(6월의 셋째 일요일―옮긴이) 선물로 시애틀 매리너스 경기의 특별석을 구했다. 나도 시애틀에 정착한 지가 얼마 되지 않아서 킹덤 구장은 처음이었다. 짙은 파랑과 청록색으로 칠해진 구장은 열대어 수족관처럼 보였다. 아버지는 흡사 '디너쇼' 장소 같다면서 존 배리모어(미국의 배우―옮긴이)는 언제 나오냐고 농담했다. 아버지는 다음 달이면 79세가 될 참이었다. 80세가 되면 아르바이트를 그만두고 위네바고 캠핑카를 몰아 전국을 일주한 뒤에 윔블던으로 날아가서 딸기와 크림을 먹고 싶다고 했다.

지구 6위 매리너스가 지구 꼴찌 타이거스를 맞아 시합한 그날은 '바비큐 앞치마의 밤'이었다. 우리는 불안하게시리 포름알데히드 냄새가 나는 바비큐용 비닐 앞치마를 접었다 펼쳤다 하면서 타자들의 타격 연습을 구경했다. 그리고 아버지가 평생 내게 들려주었던 야구 관련 일화들을 죄다 끄집어내어 다시 이야기했다. 다만 이번에는 나의 강력한 요청에 따라 전혀 과장을 하지 않기로 했다. 아버지는 자기가 준 프로 야구선수로 뛰었다고 이야기했기 때문에, 나는 아버지가 생계를 위해 유리 조각 천지인 공터에서 몸을 날려 슬라이딩하는 모습을 늘 상상해왔다. 알고 보니 옆 동네 사람들이 이따금 아버지에게 10달러를 쥐어주고 동네 야구에서 '축소판 커브'를 던지게 했던 것이 다였다. 아버지는 군대의 올스타 야구팀 주장으로 해외를 순방했다고 말해왔다. 그래서 꼬마일 때 나는 아버지가 1943년에 오키나와에 있었고, 테드 윌리엄스와 조 디마지오와 함께 평고fungo(야구에서, 야수들의 수비 연습을 위해 코치들이 공을 쳐주는 일—옮긴이)를 했을 거라고 믿었다. 알고 보니 아버지는 이동 담당 비서였고, 팀에서 가장 특출한 선수는 디트로이트 타이거스 소속의 팻 멀린스Pat Mullins였고, 팀은 미국 내에서만 돌아다니면서 패스트피치 소프트볼을 하는 팀이었다.

예전에 아버지는 다저스 코치 리오 듀로셔Leo Durocher('사람이 좋으면 꼴찌 하는 법'이라고 했던 그 사람)와 거의 똑같아 보였다. 로스앤젤레스에 살 때, 한번은 쓰레기 청소부가 아버지에게 악수를 청하면서 '집안 일은 참 안 됐습니다, 듀로셔 씨'라고 말했다. 듀로셔가 그 얼마 전에 여배우 로레인 데이Laraine Day와 이혼했기 때문에, 청소부는 같은 남자 입장에서 공감을 표한 것이었다. 아무튼 아버지의 설명은 그랬다. 왜인지는 몰라도, 나는 아버지가 쓰레기차의 쓰레기 더미 위에 서서 한 손으로 빈 깡통들의 무게를 가늠하며 '할리우드는 어항 같아서 사방이 보는 눈이라니까' 운운 투덜대는 광경을 죽 상상해왔다. 사실 아버지는 득달같이 어머니에게 가서 자기가 듀로셔인 척했다고 말했다. 그리고 순진한 쓰레기 수거인을 속인 데 대해 어머니에게 따끔하게 한마디 듣고는, 쓰레기차를 뒤쫓아 가서 사정을 설명하고 오해를 바로잡았다.

시합이 시작되기 전에 경기장에서 '평화의 달리기'라는 행사가 있었다. 대강 무슨 자선기금 마련 행사인 것 같았지만 장내방송이 세차장 소음을 거쳐서 나오는 것마냥 지글거려서 정확하게 알아들을 수는 없었다. 심판들이 인조잔디로 걸어 나왔다. 여기는 시애틀이기 때문에 관중이 심판들에게 야유를 보내는 소리는 전혀 없었고, 아버지는 그 점에 실망했다. 1940년에 아버지는 플로리다 심판학교의 스타 학생이었다. 교장인 빌 맥고언^{Bill McGowan}은 아버지에게 '제2의 돌리 스타크'가 될 수 있을 거라고 했지만(유대인 심판이 될 수 있을 거라는 말이었다), 아버지는 결국 최하급인 D급 심판으로 분류되기 일보 직전이 되자 밤눈이 어두운 것을 핑계 삼았다. 아버지는 나중에 브루클린 칼리지 대 시튼홀 대학의 시합들에서 심판을 보았는데, 동점에 주자가 둘 나가 있고 투 아웃인 상황에서 홈으로 들어온 남의 집 귀한 자식을 아웃시켰다는 이유로 어느 관중의 지팡이에 머리를 얻어맞았다. 조명에 문제가 있었겠지, 나는 짐작한다. 아버지가 제일 좋아하는 빌 맥고언 이야기는 이것이다. 한때 아마추어 권투선수였던 맥고언은 베이브 루스가 자꾸 투덜거리는 것에 진력이 나서 더블헤더 사이의 쉬는 시간에 베이브에게 한판 붙자고 했다. 그러자 베이브가 물러났다. 아버지의 이야기에서 영웅은 늘 딴 사람이다. 아버지 자신인 경우는 거의 없다.

  매리너스가 1회에 석 점을 냈다. 3회에 등장한 키스 모어랜드^{Keith Moreland}는 타이거스 유니폼이 심하게 불편한 표정이었다(그해 디트로이트 타이거스로 트레이드되어 왔다—옮긴이). 켄 그리피 주니어^{Ken}

Griffey Jr.가 5회에 멋진 수비를 해냈다. 그러나 (오랜 열성 다저스 팬인) 우리 부자는 시합에 흥미가 없었다. 아버지가 말했듯 '주인공들에게 무슨 일이 벌어지는지 하나도 궁금하지 않은 영화를 보는 것' 같았다.

좋아하는 스포츠 팀에 대한 에세이를 쓰라는 과제를 받고, 아버지는 이런 글을 썼다. '나는 8세 아니면 9세에, 어쩌면 그보다도 어릴 때, 브루클린 다저스에 변치 않는 충성을 맹세했다. 이토록 긴 세월이 흐른 뒤에 멀리서 돌아보니 나는 어머니의 젖을 빨 때 이미 다저스에게 충절을 바쳤던 것 같다. 다저스에 대한 내 감정은 가족에 대한 감정보다 딱 한 단계 낮은 수준이다.' 어린 시절 내 방 벽이 LA 다저스 선수들의 사진으로 도배가 되었듯이 아버지의 방은 브루클린 다저스 선수들의 사진으로 뒤덮였다. 잭 휘트^{Zack Wheat}. 대지 밴스^{Dazzy Vance}. 윌버트 로빈슨^{Wilbert Robinson}. 아버지의 글은 이렇게 이어진다.

다저스가 경기하는 에베츠필드는 나의 신전이었다. 다저스가 때때로 가슴이 찢어질 듯 서툰 실력을 보여주었던 야구라는 경기는 나의 세속 종교였다.

나는 ABC를 익히기 전에 다저스의 라인업을 외웠다. 교실에서 숫자 다루는 법을 배우기 전에 복잡한 스코어 표를 쓰는 기술을 습득했다. 우선순위의 문제일 뿐이었다.

내가 어떤 팬이었는지, 얼마나 미쳤던지 이 이야기로 알 수 있을까. 시즌 때면 나는 새벽 6시에 대문으로 달려가 『뉴욕 월드』를 집어 들고 다저스의 전날 성적을 확인했다. 다저스가 이겼으면, 나는 만면에 미소를 띤 채 가족을 깨우지 않기 위해 작은 소리로 노래를 불렀다. 만약에 졌으면, 식탁에 앉아 흐느꼈다. 흐느낌 소리에 아버지가 잠에서 깨 나를 위로한 적도 있다.

"밀턴." 아버지는 내게 어깨동무를 하고 말했다. "다저스 선수들이 대체 뭐기에 네가 그렇게 징징거리냐? 왜 그렇게 힘들어하니? 무슨 일이야, 누가 죽기라도 했니?"

"아빠는 몰라요." 나는 눈물범벅이 되어 말했다. "내 팀이라고요."

"네 팀이라니 그게 무슨 말이야. 그 사람들이 우리랑 관련이 있니? 아니, 모르는 사람들일 뿐이야. 네 형 에이브가 야구장에 데리고 갔을 때 딱 한 번 본 것뿐이잖아. 아빠가 아까도 말했지만 아무도 안 죽었고, 집세 걱정도 없고, 모두들 건강하니까, 하느님에게 감사해야지."

보통 이때쯤이면 어머니도 일어나서 아침식사를 준비했다. 어머니는 말했다. "그냥 놔둬요, 여보. 알아서 극복할 거예요. 오늘은 다저스라지만," 어머니는 히브리어로 '네덜란드인' 또는 '독일인'이라고 번역되는 '데이치'와 비슷하게 다저스를 발음했다. "내일은 다른 것으로 바뀔 거예요."

어머니의 예상과 달리 나는 극복하지 못했다. 21세가 되어 아가씨들, 노동조합 운동, 언론업 등에 내 충성과 열정을 바치기 시작하면서야 비로소 극복했다.

시야가 넓어지고 마침내 '그저 게임일 뿐'임을 깨닫게 될 때까지는, 나는 아파했다. 아, 얼마나 아파했던가. 브루클린 범스라는 애정 어린 별명으로 불렸던 나의 사랑하는 다저스는 이길 때보다 질 때가 많았다. 다저스가 연패를 하면 나는 신을 원망했다. 무한한 지혜의 하느님, 어찌하여 저를 양키스 팬으로 만들지 않으셨나이까.

아버지는 1946년에 로스앤젤레스로 이사했다. 그리고 열파가 덮친 1955년의 늦여름, 발작적으로 일어나는 정전 때문에 어머니가 괴로워할 때, 아버지는 뉴욕으로 날아갔다. 명분은 할아버지의 85세 생일 파티에 참석한다는 것이었지만 더 정확하게 말하면 월드시리즈에 참석하려는 것이었고, 더욱 정확하게 말하면 다저스가 마침내 양키스를 때려눕히는 것을 보려는 것이었고, 더더욱 정확하게 말하면 재키 로빈슨Jackie Robinson이 요기 베라Yogi Berra의 태그를 피해 홈스틸을 하는 것을 보려는 것이었다. 아버지가 양키 스타디움의 기자석을 찍은 사진을 내가 갖고 있다. 모자챙을 접어 올려 썼던 저 중절모들 좀 보라지.

우리 가족의 신화에서는 아버지의 그 여행이 항상 음울한 색채로 그려졌다. 그렇지만 나 역시 어릴 때 아침에 일어나서 제일 먼저 경기 기록표를 확인했고, 다저스가 졌으면 시리얼을 놓고 앉아 흑

흑 울었다. 나는 9회에 등판한 론 페라노스키^{Ron Perranoski}가 엄청난 차의 리드를 지키지 못했을 때 그의 선수카드를 구겨버렸고, 다저스 우익수 론 페얼리^{Ron Fairly}가 쉽게 잡을 뜬공을 놓쳐 다저스 스타디움 우측 담장을 넘기는 홈런이 되는 광경 앞에 할아버지의 텔레비전을 밀어버렸고, 1966년 월드시리즈에서 오리올스에게 완패를 당했을 때 오필리어처럼 바다에 떠다니는 괴이쩍은 짓을 했다. 우리 부자는 대체 왜 그렇게 다저스에 집착했을까? 아버지는 아버지날에 우리 집을 다녀간 그 다음주에 이런 내용의 편지를 보내왔다. '내 경우에는 이렇게 설명할 수 있겠다. 나는 내가 이루지 못한 목표들을 다저스가 보상해주길 바랐다. 내가 언론업이나 노동조합 조직에서 싸우는 족족 지고, 더없이 무계획적이고 무정부주의적인 삶을 살면서 무엇에든 손대는 족족 실패할지라도, 푸른 유니폼을 입은 나의 아홉 대리인들은 자이언츠와 파이어리츠를 이길 수 있을지 몰라, 했던 거지. 억지일까? 그럴지도 모르겠다. 하지만 어느 정도는 유효한 설명일 거다. 내 경우에는. 네 경우는 아니겠지만.'

오, 물론, 내 경우는 아니다. 절대로 내 경우는 아니다.

킹덤 구장은(지금은 허물어지고 없다) 야구장의 기준으로 보아도 음식이 형편없기로 악명 높았지만, 우리는 어쨌든 매점에 줄을 서기로 했다. 배가 고파서가 아니라 경기장에 파도타기 응원이 진행되는 동안에 달리 할 일이 없었기 때문이다. 아버지와 나는 각자 핫도그 하나와 맥주 한 잔씩 사고, 나눠 먹을 땅콩 한 봉지를 샀다. 아버지의 말마따나 고작 합성수지 봉지만큼이나 영양이 들었을까 싶은 식사치고는 믿을 수 없는 금액이었다. 나는 가뜩이나 소화하기 힘든 이 식사를 초콜릿 몰트로 마무리함으로써 아버지에게 충격을 안겼다. 초콜릿 몰트는 거의 보라색이었고 커피처럼 썼다. 우리는 좌석으로 돌아갔다. 파도가 아직도 오르락내리락하고 있었다. 어쩌면 새 파도인지도 몰랐다.

60년 전에 아버지는 뉴욕 저널-아메리칸의 스포츠 통신원이었다. 지금은 교외 지역 주간지의 기자로 그동안 리틀·포니·콜트 리그(8~12세 아이들이 뛰는 유소년 야구클럽이 리틀 리그, 13~14세 아이들은 포니 리그, 15~18세 아이들을 위한 클럽이 콜트 리그이다—옮긴이), 남자 패스트피치 소프트볼, 여자 소프트볼을 담당했다. 아버지는 시애틀로 오기 사흘 전에 리틀 리그에서 웬 꼬마가 삼루로 도루하는 것을 촬영하려다가 포수가 던진 공에 발목을 맞았다. 혈관이 세 개 터졌다. 아버지는 부상당한 발목을 자랑스러워하며 자꾸만 내게 보여주었다. 자꾸만 당시의 장면을 재현하면서, 스포츠 기자답게 과장과 은유를 섞어 말했다. "달걀만큼 부풀어올랐지."

아버지는 테니스 클럽 소식지에 쓴 기사를 늘 내게 보내준다. 그간 읽은 것 중에서 내가 제일 좋아하는 첫 문장은 이렇다. '100명의 회원들과 손님들이 테니스 클럽 연례 모임에 참석했다. 돌아서면 잊힐 만한 문장으로 표현해보자면, 누구할 것 없이^{all and sundry}(특히 선드리^{Sundry} 씨는 인생 최고의 순간을 보낸 듯했다) 모두 끝내주게 즐겼다.' 기분에 따라서 나는 이 보르쉬트 벨트Borscht Belt(미국 유대 극장에서 유행했던 코미디 양식으로, 자기비하와 동음이어를 이용한 말장난이 특징이다—옮긴이) 식 유머에 포복절도할 때가 있다.

　우리는 막연한 반항심을 표출하는 의미에서 국가를 제창할 때 일어나지 않았고, 7회의 스트레칭 시간에도 스트레칭하지 않았다. 그렇지만 나는 팬들이 스트레칭하는 모습을 휙휙 옮겨가며 보여주는 풀 스크린 전광판을 나도 모르게 훔쳐보았다. 킹덤 구장의 1만 5천 명 팬들이 일제히 전광판을 바라보며, 자기가 화면에 잡힐 만큼 예쁜지 알고 싶어했다. 왜냐하면 화면에 잡히는 것은 거의 한 번의 예외도 없이 다들 북서 태평양 지역을 대표할 만한 완벽한 외모들이었기 때문이다. 매리너스 모자를 쓴 졸린 눈의 아기들, 정력적인 할머니 할아버지들, 입 맞추는 연인들. 전광판에 누군가 비치면, 그 사람은 화면을 가리켰고, 다음에는 화면을 가리키는 자신을 찍어서 가리켰고, 다음에는 모든 사람들이 화면을 가리키는 자신을 찍어서 가리키는 그 사람을 가리켰다. 나는 계속 전광판을 바라보았다. 나도 화면을 가리키는 나 자신을 가리킬 기회가 오면 좋겠다고 생각했다. 그러다가 흘끗 아버지를 보았다. 아버지는 전광판을 보지 않았다. 아버지는 기록표를 정돈하고 있었다. 아버지는 하늘에 뜬 스크린으로 떠오르는 일 따위는 바라지도 않았다. 아버지는 80세가 되는 해 여름에 윔블던에서 딸기와 크림을 먹을 생각뿐이었다. (아버지는 결국 가지 못했다.)

"매리너스 공격은 프레슬리, 마르티네스, 비스켈로 이어지는구나." 아버지가 말했다. 경기는 7회 말로 넘어갔다.

소년 대 소녀 IV

55세에서 64세 사이에, 남자는 여자보다 교통사고로 죽을 확률이 2배 높고, 자살할 확률이 4배 높다. 직장을 잃고, 어머니와 별거하고, 조울증에 시달릴 때, 아버지는 가끔 골든게이트 다리로 차를 몰고 가서 뛰어내리겠다고 으름장 놓곤 했지만, 위협이 현실이 된 적은 없었다. 아버지는 생존 기계이니까.

35세에서 54세 사이에는 남성 인구와 여성 인구가 반반이지만, 이후로는 점차 여성 쪽으로 비중이 기운다. 1990년에 30대 인구 중 여성의 수는 절반에 못 미쳤지만 100세 인구 중에서는 80퍼센트였다. 지금은 100세 인구의 90퍼센트가 여성이다. 아버지도 100세가 될까? 본인은 간절히 바란다(유유히 위아래를 굽어보고 싶어한다).

남성은 여성보다 테스토스테론 농도가 훨씬 높기 때문에 심혈관계 질환에 더 취약하다. 남성이 오래 살지 못하는 주된 이유이다. 테스토스테론은 면역계를 억압하기 때문에 남성은 감염에 대한 저항력도 떨어지는 편이다. 폐경 전의 여성은 남성보다 체내 혈액량이 20퍼센트가 적고, 그만큼 체내 철분 함유량도 적다. 음식물 대사중에 만들어져 몸에 해롭게 작용할 수 있는 '자유라디칼free radi-cal(활성화 산소. 대개 분자는 짝을 이룬 전자를 지녀 안정돼 있지만 자유라디칼은 짝짓지 않은 전자를 갖고 있어 과도하게 큰 반응성을 보인다. 노화의 주요인으로 지목된다—옮긴이)' 형성의 주범이 철 이온이다. 따라서 철 이온의 양이 적으면 노화 속도가 느려지고, 심혈관계 질환이나 기타 자유라디칼이 관여하는 노화 관련 질환에 걸릴 위험이 낮아진다. 테스토스테론은 사춘기 때 남녀의 사망률 차이를 일으키는 요인이고(소년들의 파괴적이고 자학적인 행동을 유발한다), 혈중 저밀도지단백LDL('나쁜' 콜레스테롤) 농도를 높이고 고밀도지단백HDL('좋은' 콜레스테롤) 농도를 낮춤으로써 남성들로 하여금 심장질환 및 뇌졸중 위험에 노출되게 한다. 에스트로겐은 정확히 반대의 작용을 한다. 항산화제로 기능하는 것은 물론, 자유라디칼을 중화한다.

동물의 세계를 둘러보면 다른 종들도 성별에 따른 수명 차이가 우리와 같다. 거의 항상 암컷이 수컷보다 오래 산다. 예외도 조금 있긴 하다(가령 햄스터, 마모트, 늑대 등이다). 진화적인 관점에서 볼 때 암컷의 장수가 수컷의 오랜 생존보다 더 중요하다. 포유류는 수컷이 육아에 기여하는 바가 암컷에 못 미칠 때가 많다(내 아버지의 역할은 보살피는 게 아니라 보살핌을 받는 것이었다). 암컷이 없으면 아이들은 아마 죽을 것이다. 암컷 향고래의 수명은 수컷보다 30년이 길다. 범고래는 20년 차이가 난다. 수컷 고래새끼는 첫돌까지 살아남을 경우에 30년의 기대수명을 예상할 수 있는 반면에 암컷은 50년을 예상할 수 있다. 야생에서 암컷 범고래의 최장 수명은 70년에서 80년인 듯하고, 수컷은 50년에서 60년이다.

종의 수명은 새끼들이 성인에게 의존하는 시간과 관련이 있다. 인간의 수명은 생식 주기의 특징상 여성이 장수할 필요가 있다는 사실에 따라 결정되었다. 여성이 오래 살고 천천히 늙는다면 더 많은 후손을 낳고 양육하여 성년으로 만들 수 있다. 한편 남성의 생식 능력은 여성에 대한 접근성으로 결정되는데, 그것에는 한계가 있다. 남성은 여성보다 더 강하고 크고 빠르며, 과체중일 가능성은 낮다. 나이 든 남성들의 최대 심폐량은 나이 든 여성들보다 20퍼센트 크다. 하지만 여성 집단이 남성 집단보다 오래 산다. 미국에서 갓난 여자아기의 기대수명은 남자아기보다 7.7년 길다. 65세에는 기대수명 차이가 4.4년이 되고, 75세에는 2.9년, 85세에는 1.4년이 된다. 노화하는 인구에서 취약한 남성들이 제거되는 속도가 취약한 여성들이 제거되는 속도보다 더 빠른 것이다. 내 아버지니까 제3레일을 밟고도 살았지, 다른 남자들이 그럴 수 있었을 것 같은가?

　라틴아메리카와 카리브 해 일대에서는 여성의 기대수명이 72세, 남성은 65세이다. 유럽에서는 여성이 76세, 남성이 67세이다. 중동에서는 각각 71세와 67세, 아프리카에서는 52세와 50세, 아시아에서는 66세와 63세이다. 남성의 기대수명이 아직 여성보다 긴 곳은 방글라데시, 인도, 파키스탄처럼 여아 살해와 신부 불태우기가 관행으로 자행되는 곳뿐이다.

　여성은 치명적이지 않은 만성 질환에 시달릴 확률이 높고(관절염, 골다공증, 자가면역 질환), 남성은 심장질환이나 암 같은 치명적 질환에 시달릴 확률이 높다. 연령에 무관하게 여자가 남자보다 냄새를 잘 맡는다(내 친구가 자기 여자 친구들에게 엄마를 회상하면 무엇이 제일 먼저 떠오르냐고 묻자, 거의 대부분이 냄새에 결부해서 말했다). 냄새 구별 능력도 여자보다 남자가 더 일찍, 더 빠르게 감퇴한다. 간질은 남녀를 엇비슷한 비율로 공격하지만, 그로 인한 사망률은 남성이 30퍼센트 더 높다. 같은 감염성 질환에 걸려도 여자가 남자보다 사망률이 훨씬 낮다. 똑같이 골초인 남녀가 있을 때 여성이 남성보다 폐암과 심장질환에 대한 저항력이 높다. 남성은 여성보다 대사율이 높으므로 그 때문에라도 수명이 짧다(아버지의 주치의에 따르면 아버지의 심장은 70세 수준이다). 몸무게에 대한 뇌의 무게 비율은 여성이 남성보다 큰데, 이 역시 여성의 수명을 늘리는 요인이다. 영국의 유전학자 스티브 존스Steve Jones는 짧은 수명, 줄어드는 정자 수, Y 염색체의 노쇠한 성질 등을 볼 때 우리 종의 수컷들은 1천만 년 안에 가뭇없이 사라져버릴 것이라고 주장했다. 존스의 이론이 널리 받아들여지는 편은 아니지만, 잭 니콜슨이 말했던 바, 확실히 '여자들은 우리보다 현명하고, 우리보다 강하고, 페어플레이를 하지도 않는다.'

여성은 적어도 1500년대부터는 확실히 남성보다 오래 살았다. 1751년과 1790년 사이에 스웨덴 사람들의 출생시 기대수명은 여성이 36세이고 남성이 33세였다. 하지만 여성의 기대수명이 남성을 앞선다는 사실이 확연하게 드러난 것은 불과 최근 100년 동안의 일이다. 그 전에는 출산중에 죽는 여성이 너무 많았기 때문에 집단으로서 여성의 기대수명이 남성과 거의 비슷했다. 서아프리카에서는 아직도 폭력적인 원인들 때문에 사망하는 여성보다 임신중에 죽는 여성이 더 많다. 개발도상국에서는 여성이 임신으로 사망할 경우의 수가 32분의 1이고, 선진국에서는 7천 분의 1이다. 임신 합병증이나 출산시의 문제로 죽는 여성의 수가 매년 50만 명이 넘고, 1천만 명이 상해와 감염과 장애를 겪는다. 1900년 이래 전세계적으로 여성의 기대수명은 71퍼센트나 증가했지만(남성은 66퍼센트다) 지난 20년 동안 여성의 폐암 사망률도 3배 늘었다. 점점 더 많은 여성이 담배를 피우고, 술을 마시고, 직장에서 일을 함에 따라, 기대수명이 늘어나는 속도는 놀랄 만큼 느려졌다. 미국에서 현재 여성의 기대수명은 80세이고 남성은 75세이다. 차이가 차차 좁아지고 있다. 여자들은 점점 남자들과 비슷하게 행동하고, 점점 남자들과 비슷한 수명이 되어간다.

미리 보는 죽음의 연대기

죽는 순간, 우리 몸의 피가 극도로 산성이 되어 근육들이 경련한다. 세포의 원형질은 더는 생명을 지탱할 능력이 없다. 가쁜 숨을 여러 차례 몰아쉬기도 하고, 후두 근육이 팽팽해져서 기침하는 소리가 나올 때도 있다. 가슴과 어깨가 한두 번 들썩이며 짧게 경련한다. 눈알은 통통한 모양을 유지해주던 피가 빠져나갔기 때문에 평평해진다. 속설과 달리 죽는 순간에 몸무게가 21그램 줄어드는 일은 없다. 인간에게 영혼이 있다고 해도 무게는 나가지 않는다.

심각한 외상을 입었을 때처럼 치명적인 경우, 정확하게 어느 시점에 임종이 선고되느냐는 그 사람이 어디에서 죽었느냐에 따라 다르다. 미국의 몇몇 주들은 뇌 활동만을 기준으로 삼는다. 또다른 주들은 심폐 활동을 기준으로 삼는다. 프랑스에서는 뇌가 48시간 동안 멎은 상태여야 한다. 구소련에서는 환자의 뇌파가 5분 동안 평탄선을 그어야 했다. 헨리 비처Dr. Henry Beecher 박사는 '전기적 뇌 활동의 수준을 어떻게 잡더라도 임의적인 결정에 불과하다'고 말했다. 의사들은 다른 직종의 사람들보다 죽음에 대해 개인적으로 더 불안해한다.

50세에서 59세 사이의 사망률은 전체 인구의 사망률보다 56퍼센트나 낮다. 50대는 너무 바빠서 죽지도 못한다.

1876년에서 1973년까지 메이저리그에서 활약했던 야구선수들을 조사한 결과, 선수들의 사망률은 전체 인구보다 25퍼센트가 낮았다. 1986년에 34세에서 74세 사이의 하버드 졸업생 1만 7천 명을 조사했더니, 에너지 소비량이 증가함에 따라 사망률은 반비례하여 떨어졌다. 일주일에 3,500칼로리까지는 그랬고, 그 이상으로 소비가 늘면 오히려 사망률이 조금 높았다. (격렬하게 한 시간 동안 수영을 하면 500칼로리쯤 소모된다.)

심혈관 질환은 선진국 인구의 40에서 50퍼센트를 죽이는 사망 요인이다. 암이 30에서 40퍼센트를 죽인다. 교통사고가 2퍼센트를 죽이고, 다른 사고들이 또 2퍼센트를 죽인다. 아버지는 어머니와 이혼할 무렵에 항우울제를 술과 섞어 복용하곤 했다. 어느 날 아버지가 쓰레기차를 들이받았는데(사고로? 고의로? 제대로 설명을 들은 적은 없다) 자동차는 엉망이 되었지만 아버지는 상처 하나 없이 빠져나왔다. 우리 아버지는 에너자이저 토끼다. 미국에서 심장질환으로 죽는 사람은 65세에서 69세 사이의 인구에서는 40명 중 1명꼴, 70세에서 74세 사이는 27명 중 1명꼴, 80세에서 84세 사이는 11명 중 1명꼴, 85세 이상에서는 7명 중 1명꼴이다. 1949년에 미국 총 사망자의 50퍼센트가 병원에서 죽었고, 1958년에는 61퍼센트, 1977년에는 70퍼센트, 지금은 80퍼센트가 그렇다. 미국의 중환자실에서 제일가는 사망 요인은 패혈성 쇼크(핵심 장기가 광범위하게 감염되어 극심한 저혈압이 오는 것)로서, 매년 10만 명에서 20만 명쯤이 이 때문에 죽는다. 미국인 가운데 생전에 유서를 작성해둔 사람은 36퍼센트뿐이다. 미국에서 나이 든 백인 남성의 자살률은 전체 인구 평균의 5배이다. 의사들 5명 중 1명꼴로 안락사를 도와달라는 요청을 받고, 개중 10퍼센트가 실제로 도움을 준다.

구석기 시대에는 갓난아기의 절반이 첫돌 전에 죽었다. 산모도 아기를 낳다가 죽곤 했다. 인류 역사 13만 년 동안 대부분 사람의 기대수명은 20년에도 채 못 미쳤다. 엄청난 인구가 감염성 질환이나 기생충 질환으로 인생 초반에 죽었다. 2세기의 평균 수명은 25세였고, 신생아의 적어도 3분의 1가량이 첫돌 전에 죽었다. 지금으로부터 200년 전에 미국 여성의 평균 수명은 35세였고, 100년 전에는 48세였으며, 지금은 80세이다. 역사상 어느 때보다 크고 빠른 성장이었다.

1900년에 미국 인구의 75퍼센트가 65세가 못 되어 죽었고, 지금은 70퍼센트가 65세 이후에 죽는다. 1900년에서 1960년 사이에 65세 미국인들의 기대수명은 2.4년이 늘었고, 1960년에서 1990년 사이에 또 3년이 늘었다. 영국에서 1815년에 신생아의 기대수명은 39년이었다. 중세 유럽의 신생아 기대수명은 33년이었다. 오늘날 세계에서 가장 기대수명이 짧은 나라들의 수치와 비슷하다.

고대의 최고령은 지금도 최고령으로 통한다. 기원전 6세기에 피타고라스는 91세까지 살았다. 에페수스의 헤라클레이토스는 96세까지 살았다. 아테네의 웅변가 이소크라테스는 98세까지 살았다. 산업혁명 이후에 평균 수명이 늘기 시작한 것은 유아 사망률의 감소에서 덕 본 바가 컸다. 1860년대에 스웨덴에서 최장수 연령은 106세쯤이었고, 1990년대에는 108세쯤이었다.

선진국에서는 1만 명 중 1명꼴로 100세 넘게 산다. 1900년에 미국에는 100세 인구가 3만 7천 명 있었고, 지금은 7만 명쯤 있다. 미국 100세 인구의 대부분이 여성이고, 백인이고, 과부이고, 양로원에 거주하고, 서유럽계 출신이지만 미국에서 태어났고, 9학년 이상 배우지 못했다. 개중 90퍼센트가 연간 소득이 5천 달러가 못 된다 (식량카드, 양로원에 대한 연방 보조금, 가족이나 친구의 후원은 제외한 것이다). 그들은 평생 여유가 없어서 나쁜 습관에 탐닉할 겨를도 없었다고 말한다. 아버지도 해당되는 면이 많다. 비교적 가난하게 컸고, 가족은 늘 가까스로 생계를 유지하는 편이었고, 지금도 고정된 수입으로 금욕적인 생활을 한다.

미국의 피아니스트 유비 블레이크Eubie Blake는 100세 생일에 말했다. '의사들은 자꾸 나한테 어떻게 그리 오래 사느냐고 묻지. 그럼 내가 말하지. "내가 이렇게 오래 살 줄 알았더라면 진작 건강에 신경을 썼을 텐데 말이오."' 그는 닷새 후에 죽었다.

'100세까지 살고 싶은 사람이 있을까?' 89세에 죽은 소설가 헨리 밀러가 말했다. (저기 내 아버지가 세번째 줄에서 번쩍 손을 들었다.) '그게 무슨 소용인가? 두려워하며 몸을 사리며 의사들의 감시를 받으며 끌어가는 삶보다 짧고 행복한 삶이 훨씬 낫다.'

한편 우디 앨런은 말했다. '나는 작품을 통해서 불멸을 얻기는 싫다. 나는 죽지 않음으로써 불멸을 얻고 싶다. 나는 사람들의 마음속에서 영원히 살기는 싫다. 나는 내 아파트에서 영원히 살고 싶다.'

헤링 박사가 들려준 농담 하나 더.

신부와 목사와 랍비가 자기가 죽어 관에 뉘였을 때 사람들이 뭐라고 말해주면 좋을지 이야기했다.

신부가 말했다. "'정의롭고, 정직하고, 자비로운 분이었다'고 한다면 좋겠군요."

목사가 말했다. "'친절하고, 공정하고, 교구민들에게 상냥한 분이었다'고 한다면 좋겠군요."

랍비가 말했다. "이렇게 말해주면 좋겠군요. '저 봐, 시체가 움직여'."

미국인의 88퍼센트는 자신에게 종교가 중요하다고 말한다. 82퍼센트는 기도에 치유력이 있다고 믿는다. 96퍼센트는 하느님이든 아니든 모종의 보편적, 영적 존재를 믿는다. 72퍼센트가 천사를 믿고, 65퍼센트가 악마를 믿는다. 미국에서 65세 이상 남녀 3천 명을 대상으로 한 조사 결과, 교회에 다니는 사람들은 전혀 다니지 않거나 거의 다니지 않는다고 한 사람들에 비해 뇌졸중 발병률이 절반이었다. 심장병 치료를 받으려고 입원한 미국인 남녀 약 1천 명을 대상으로 한 다른 연구에서, 환자를 개인적으로 알지 못하는 멀리 있는 사람들더러 일부 환자들을 위해 기도하게 하였더니, 기도를 받은 환자들이 받지 않은 환자들보다 예후가 좋았고, 항생제 사용 횟수도 적었다. 미국인 남녀 9만 2천 명을 조사한 결과, 주 1회 이상 교회에 나가는 사람들이 덜 나가는 사람들보다 몇몇 질병에 대한 발병률이 한참 낮았다. 5년의 시간을 두고 추적했더니 교회에 자주 나가지 않는 사람들이 자주 나가는 사람들에 비해 심장질환으로 사망할 확률이 2배 높았다. 3년 동안 추적한 결과, 자주 나가지 않는 사람들이 자주 나가는 사람들에 비해 폐기종으로 사망할 확률이 2배, 간경화로 사망할 확률이 4배 높았다. 심장 수술을 받은 미국 노인 230명을 조사했더니, 신앙생활에서 힘과 위안을 얻는다고 답한 환자들은 아니라고 답한 환자들보다 생존률이 3배 높았다.

아버지는 꼬마일 때 유대인 학교에 다녔다. 그곳에서 '네 가지 질문'을 잘 배웠기 때문에, 유월절 세데르Seder(유월절 저녁에 식사를 하며 행하는 의식 — 옮긴이)중에 할아버지가 아버지에게 네 가지 질문을 히브리 말로 읊고 번역하라고 했을 때 문제없이 해냈다. 왜 유월절 밤은 다른 밤들과 다른가요? 왜 다른 날에는 누룩 든 빵을 먹는데 오늘은 누룩이 들지 않은 빵만 먹나요? 왜 다른 날에는 아무 나물이나 먹는데 오늘은 쓴 나물만 먹나요? 왜 다른 날에는 쓴 나물을 한 번 찍어 먹는데 오늘은 두 번 찍어 먹나요? 왜 다른 날에는 똑바로 앉아 먹는데 오늘은 의자에 등을 기대어 먹나요? 네 아들 중 막내였던 아버지는 히브리어에 가장 능했다. 아버지의 말을 빌리면 '코셔햄kosher ham(유대인들이 금해야 할 식단에 관한 계율을 '코셔'라고 하는데, 돼지고기도 먹지 못하게 되어 있다. 가짜 신자라는 뜻 — 옮긴이)이었던 주제에, 할아버지의 인정을 따스한 햇살처럼 쬐면서, 얻고 싶은 모든 것을 마지막 한 방울까지 짜냈다.' 아버지의 바르 미츠바Bar Mitzvah(13세 남자가 치르는 유대교의 성인식 — 옮긴이)는 펜실베이니아 디로의 예배당에서 열렸다. 아버지는 종교적 성인이 되어 기꺼운 마음을 짧게 발언했다. 하지만 할머니가 남편과 여섯 아이를 남기고 49세의 나이로 죽은 지 얼마 되지 않았기 때문에, 행사는 축제 분위기라기보다 음울했다. (장례를 치를 때 관을 실은 수레를 말이 끌고 갔는데, 그때 할아버지가 관을 두드리고 흐느끼며 공공연하게 비통함을 표현하는 모습에 아버지는 엄청난 당혹감을 느꼈다고 한다.)

몇 년 후, 할아버지는 아버지를 사회주의로 인도했다. 아버지는 신앙심을 잃었고, 아버지의 말마따나 평생 '독실한 무신론자'가 되었다. 그렇지만 최근에는 스스로 불가지론자로 칭하기를 선호한다. "세상에는 신비한 일이 많단다, 데이브." 아버지는 '내가 죽으면……' 이라는 말도 차마 하지 못한다. 대신 '만약에 정말로 때가 된다면……'이라고 한다. 그 뒤로는 우물거리면서 어물쩍 넘어간다.

미국의 소설가 코맥 매카시의 말이다. '죽음은 세상에서 가장 중요한 주제이다. 당신에게, 내게, 우리 모두에게 그렇다. 그것은 엄연한 사실이다. 그런데도 죽음에 관해 쉽게 말할 수 없으니, 참으로 기묘한 일이다.'

샤를 드골은 '묘지에는 꼭 필요한 인간들이 누워 있다'고 했다. 아버지가 가장 좋아하는 인용구이고, 나도 좋아한다. 나름대로 위안이 되는 말이기 때문이다. 모두가 노력하지만, 아무도 승리하지 못하고, 누구나 죽는다.

로마의 시인 프로페르티우스는 말했다. '죽은 자들 가운데 숱한 미인들이 있다.'

유베날리스는 말했다. '알렉산드로스 대왕의 재와 마을 주정뱅이의 재는 무게가 다르지 않을 것이니.'

쇼펜하우어의 말이다. '우리는 모두 도살장으로 끌려가는 새끼 양이다.'

51세에 차이코프스키는 말했다. '나는 빠르게 늙어간다. 나는 삶이 지겹다. 나는 이 모든 허영과 감정과 실망 등에서 벗어나 조용하게 쉬기를 열망한다. 늙은이가 제가 장차 묻힐 무덤이라는 더러운 구멍을 생각하는 것은 당연한 일이다.'

프로이트는 말했다. '살아 있는 것은 죽기를 바란다. 먼지에서 온 것은 먼지로 돌아가기를 바란다. 살아 있는 것에는 생의 충동만이 아니라 죽음의 충동도 있다.'

기원전 44년에 키케로는 말했다. '아무리 늙은 사람이라도 1년은 더 살 수 있을 것이라고 생각한다.' 그렇게 말하고는 기원전 43년에 죽었다. 임종의 자리에서 미국의 작가 윌리엄 사로얀은 말했다. '누구나 죽어야 하지만 나는 늘 나만은 예외일 거라고 믿었다.' 에드워드 영은 '누구나 사람의 생명이 유한한 것을 알지만 누구나 자신을 빼놓고 생각한다'라고 썼다. 인도의 고대 서사시 「마하바라타」에는 이런 문답이 있다. '세상의 하고많은 놀랄 일들 중에서 가장 놀라운 것은 무엇이냐? 사람이 주변에서 남들이 죽어가는 것을 보면서도 자신은 죽지 않으리라고 믿는 것이다.'

아버지가 86세에 겪은 심장발작에 관해 테니스 클럽 소식지에 쓴 글이다.

66

노인들에게는 접촉이 필요하다.
노인들은 키스와 포옹이 필요한 인생 단계에 다다랐다.
그러나 의사 외에는 누구도 그들을 만지지 않는다.

로널드 블라이스

99

그날도 나는 현충일이면 언제나 했던 것으로 기억하는 일을 했다. 테니스를 쳤다. 엽서 그림처럼 완벽한 날이었다. 온도는 24도로 쾌적했고 미풍이 살랑 불었다. 마치 호랑이라도 된 것 같은 기분이었다. 천국에서 보내는 또 한 번의 지루한 하루가 될 것이었다.

나는 조지 트리퍼디스와 짝을 이뤄서 오랜 친구이자 경쟁자 들인 짐 블랙, 해리 랭던 팀과 복식을 쳤다. 우리가 10 대 8로 간신히 첫 세트를 따냈고 두번째 세트도 4 대 3으로 앞섰다. 내가 서브를 넣을 차례였다. 나는 잽싸게 뛰어올라 40 대 0 리드를 만들었다. 듀스 상황이 득점 상황으로 넘어가서 이제 5 대 3으로 앞서가야지 생각한 순간, 코끼리가 묵직한 발을 내 가슴에 올려놓는 기분이 들었다(진부한 묘사인 것은 나도 알지만 정말 정확하게 그런 기분이었다). 나는 동작을 멈추고 중얼거렸다. "지금 그게 뭐였지?" 지구에서 살아온 86년 동안 단 한 번도 그런 것은 경험해본 적이 없었다. 한 시간 뒤에 확인하게 되는 바, 그것은 심장발작이었다. 비교적 가벼운 편이지만 어쨌든 확실한 심장발작이었다.

시시한 심장발작으로 말미암아 서브 점수를 따내지 못하거나 세트를 마치지 못하는 상황을 만들 수는 없었다. 내가 서브 준비를 하는데 조지가 다가오면서 괜찮으냐고 물었다. "밀턴 자네 얼굴이 좀 창백해."

"문제없어." 나는 조지를 안심시키고, 심장발작이든 뭐든 하여간 공을 상대 코트의 오른쪽 구석 깊숙이 박아 넣을 계획이니 조지더러 오른편 앨리를 단단히 방어하라고 일렀다.

그리고 나는 정확히 그렇게 했다. 상대의 무력한 반응을 끌어내어서 5 대 3으로 앞서게 되었다. 한 게임만 더 따면 세트를 마무리하고 경기를 이길 수 있었다. 상대가 5 대 4로 따라왔고 이제 조지가 서브할 차례였다. 마지막 여섯번째 게임을 따내는 것은 만만치 않았지만, 두어 번 기나긴 랠리를 주고받은 끝에 결국 해냈다. 나는 마지막 게임을 딸 때는 짝에게 별로 도움이 되지 못했다. 그래도 '좀 이상한' 기분이라는 사실을 한순간도 드러내지 않았다.

세트가 마무리되자 나는 번거롭게 짐과 해리와 악수할 생각도 없이 당장 테니스 가방과 겉옷을 움켜쥐고 경기장에서 100미터쯤 떨어진 집으로 향했다. 천천히 걸을 수밖에 없었지만 이럭저럭 겨우 아파트에 도착했다. 나는 찬물로 세수를 한 뒤에, 이웃인 메리 스타이너의 집 문을 두드렸다. 메리는 퇴직한 간호사이다. 메리는 내 맥박을 재고 심박을 확인하더니, 당장 911에 전화를 걸었다.

"심장발작이에요, 밀턴." 메리가 아주 전문가답게 말했다. 의심의 여지를 남기지 않는 말투였다.

20분 뒤에 나는 페닌슐라 병원으로 가는 구급차에 누워 있었다. 병원 의사들은 메리의 진단을 쉽게 확인했다. 나는 곧장 마취제를 맞고 '풍선 치료'라고도 하는 심장혈관성형술을 받았다. 막혔던 동맥 하나를 뚫었다.

나는 2시간 뒤에 깨어났다. 남들이 믿거나 말거나 완벽하게 상쾌

한 기분이었다. 가슴 옆을 누르던 무거운 짐이 덜어진 듯했다.

오후에 심장전문의인 조지 코언 박사가 와서 내가 어떤 일을 겪은 것인지, 자신이 어떻게 심장혈관성형술을 해서 압력을 덜었는지 설명해주었다. 코언 박사는 물었다. "처음에 크게 쿵 하는 느낌을 받고도 10분 동안 더 테니스를 치셨다는 게 사실입니까? 대체 어떻게 그러셨어요?"

"나도 모르겠네요." 내가 대답했다. "그 세트와 시합을 마쳐야 했을 뿐입니다. 상대들이 이전에 우리를 하도 많이 이겨서, 기회가 왔을 때 반드시 장부 균형을 맞춰놓아야 했거든요."

"보통이 아니시네요." 코언 박사가 말했다.

이틀 뒤에 나는 집으로 돌아왔고, 3주 뒤에는 현충일의 고난 때문에 아주 살짝 약해진 상태로 테니스장으로 돌아왔다.

누구, 나하고 테니스 치실 분?

죽음은 아름다움의 어머니

아버지도 나도 잠들지 못했다. 우리는 마침내 아버지의 새 텔레비전 리모컨을 어떻게 작동시키는지 알아냈다. 여동생과 내가 아버지의 95세 생일선물로 사드린 것이었다. 새벽 2시.

채널 2번, 영화에서 탐정이 살인 현장을 재방문했다.

채널 4번, 마이크로스펀지 구조에서는 레틴-A가 트레티노인을 물고 놓지 않는다.

채널 7번, 칸쿤으로 놀러 간 여대생들이 티셔츠를 벗어젖혔다.

채널 8번, 남북전쟁이 재현되고 있다.

채널 10번, 바비 어브레유가 홈런 더비에서 우승했다.

채널 11번, 가슴이 더블D컵인 아가씨들이 진흙탕에서 씨름하고 있다.

채널 12번, 대학 강사가 중력을 설명한다.

채널 13번, '믿음, 건강, 번영의 팔찌'가 빛을 받아 번쩍인다.

채널 17번, 한 여성이 다리 올리기 운동중이다.

채널 20번, 태피와 아이스크림 생산 설비를 소개하고 있다.

채널 22번, 무지방 디저트도 보통 디저트만큼 맛이 좋다.

채널 24번, 비행기가 추락하여 79명이 죽었다. 아기 하나만 살았다.

채널 29번, 헤라클레스가 거대한 바위를 던졌다.

채널 30번, 10대 미스 USA가 왕관을 썼다.

채널 33번, 하루에 2분만 투자하면 멋진 복근을 만들 수 있다.

채널 36번, 엘렌 박사의 〈사랑하는 그/그녀의 마음에 불을 댕기세요〉 프로그램은 당신의 에너지를 증진시켜서 부부관계를 도와준다.

채널 38번, 10대 딸을 교통사고로 잃은 여성이 하느님의 사랑에서 위안을 찾았다.

채널 41번, 살인 피해자의 시체를 부검했다.

채널 42번, 크로스보우 운동기계는 복합 저항을 제공한다.

채널 47번, 아쿠아프레시 치약은 치아 얼룩을 없애준다.

채널 49번, 미국암치료센터들은 환자로 하여금 암과 맞설 힘을 키우고 이겨내게 돕는다.

채널 55번, 가슴이 풍만한 두 금발 여성이 홀쭉한 대머리 남성에게 왜 크기가 중요한지 설명한다.

채널 59번, '6주 완성' 운동 프로그램을 따르면 6주 만에 9킬로그램을 뺄 수 있다.

채널 63번, 얼티밋초퍼는 최고의 시간 절약 기구이다.

채널 64번, 나오미 주드 시스템이 개발한 이스팀은 주름살, 튼 자국, 부스럼을 없애준다.

채널 72번, 불치병을 앓는 운동 코치가 아서 애시 상을 받고, 청중에게 절대 포기하지 말라고 충고한다.

채널 77번, 여자가 남자에게 펠라티오를 해주는 동안 다른 남자가 여자의 뒤에서 삽입한다.

채널 80번, '젊음의 칵테일'은 또렷하고 확실한 기억력과 유연한 관절을 약속한다.

채널 84번, 거인 같은 두 사내가 쇠공 달린 쇠사슬을 끌고 결승점을 향해 달리기 경주를 한다.

채널 85번, 이라크 라마디에서 자살폭탄이 터져 테러범과 민간인 2명, 미군 병사 2명이 죽었다.

채널 87번, '헤어 컬러 포 맨'은 새치를 없애준다.

채널 89번, 장수하는 것은 그분을 기쁘게 하고, 그분께 당신의 구원을 증명하는 일이다.

채널 90번, 당신도 일생일대의 변신을 할 수 있다.

채널 95번, 할리우드의 유명인들은 매리 윈저의 몸 만들기 프로그램을 경험하려고 2만 4천 달러를 지출했다.

채널 99번, 캄캄한 밤을 배경으로 흰 커튼이 펄럭이는 장면에서 공포 영화가 끝났다.

채널 2번에서 99번까지, 우리는 찾아보았지만, 언젠가 우리가 죽는다는 사실에 대한 구제책은 발견하지 못했다.

인생의 의미는 인생에 있다

앙드레 지드는 일기에 썼다. '매일 그리고 하루 종일 나는 스스로에게 이 질문을 던진다. 차라리 이 질문이 내게 질문을 던진다고 해야겠다. 나는 죽는 것이 힘들까? 인생을 사랑하는 사람에게 죽음

이 특별히 힘들진 않을 것이다. 오히려 반대이다.'

영국의 시인 엘리자베스 배럿 브라우닝Elizabeth Barrett Browning은 말했다. '앎은 고통에서 얻어지고 / 삶은 죽음으로 완성된다.'

어머니는 돌아가신 해에 일기장에 이렇게 적었다. '내가 확신하는 한 가지. 나는 몸이 기능하지 못하고, 스스로 결정을 내리지 못하고, 스스로 돌볼 수 없게 되면 살고 싶지 않다. 그런 시점이 되면 스스로 목숨을 끊을 용기가 있었으면 좋겠다. 인생은 굉장히 소중한 선물이며 언제나 사는 쪽을 택해야 한다고 나도 굳게 믿지만, 내게 삶이란 제대로 기능할 수 있는 것이다. 더 시간이 흐르면 이러한 내 생각을 더 세련되고 확실하게 표현할 수 있을지도 모르겠다.' 아버지는 자주 이 내용을 언급하면서 놀랍고 당혹스럽고 어떻게 보면 측은하다는 표정으로 설레설레 고개를 젓는다.

「초서 풍 시인들을 위한 비가」에서 윌리엄 던바는 '죽음의 공포가 나를 짓누른다'고 썼다.

9세 때 나는 잠에서 깨어, 몸을 떨면서, 지하실 내 방의 층계참에 다리를 꼬고 앉아서, 언젠가 내가 존재하기를 멈춘다는 사실을 이해하려 애쓰며, 밤새도록 깨어 있었다. 기억하기로 나는 옆집 사람의 문신을 본 뒤에 그런 생각에 사로잡혀버렸다. 해골 아래에 '너도 언젠가 이렇게 된다'고 적힌 문신이었다.

시몬 드 보부아르는 이렇게 썼다. '목숨이 유한하다는 것을 안 순간부터 나는 죽음이 무서워 견딜 수가 없었다. 15세의 내 자아는 세상이 평화롭고 내 행복이 튼튼할 때에도 언젠가 정해진 날에 덮쳐올 철저한 비존재 상태, 나의 철저한 비존재 상태를 생각하고 또 생각했다. 그러한 사멸을 생각하면 너무나 두려워서 초연하게 맞선다는 생각은 전혀 할 수가 없었다. 사람들이 "용기"라고 부르는 것은 뭘 모르는 멍청한 소리라고밖에 생각할 수 없었다.'

루소는 말했다. '죽음이 두렵지 않은 척하는 자는 거짓말쟁이다.'

도널드 바셀미Donald Barthelme의 단편 「학교The School」에서 초등학교 선생인 화자가 이렇게 말한다.

어느 날, 수업 시간에 토론을 했다. 아이들이 물었다. 다들 어디로 갔어요? 나무들, 도롱뇽, 열대어, 에드거, 할아버지 할머니, 매슈와 토니, 다들 어디로 갔어요? 나는 말했다, 모르겠어, 모르겠어. 아이들이 물었다, 누가 알아요? 나는 말했다, 아무도 몰라. 아이들이 물었다, 인생의 의미는 죽음에 있어요? 나는 말했다, 아니, 인생의 의미는 인생에 있단다. 그러자 아이들이 물었다, 하지만 죽음이, 가장 근본적인 전제로서, 일상의 따분한 지리멸렬함을 초월하게 해줄 도구가 아니던가요?

나는 말했다, 그래, 어쩌면.

아이들이 말했다, 마음에 안 들어요.

아버지는 내게 인간냉동보존술의 비용과 타당성을 조사해보라고 했다. 아버지는 죽을 마음이 없지는 않지만 영원히 죽어 있을 마음은 없다.

농구의 꿈 IX

██████ 나의 할아버지 새뮤얼은 웨스트체스터의 산별노조 산하 국제여성의류노동조합에서 집행위원으로 일했다. 할아버지는 새벽 5시 30분에 일어나서, 차 한 잔과 토스트 한 쪽을 먹고, 신문을 훑어보고, 6시에 지하철을 타러 나섰다. 할아버지는 노동자들의 탄원을 처리하고 회사들과 계약 조건을 협상했다. 서둘러 저녁을 먹은 뒤에는 두번째 직장으로 갔다. 당신이 설립에 관여했던 그 동네의 이스턴스타 신용조합에서 조사원으로 일했다. 처음에 신용조합은 막 정착한 러시아나 폴란드 이민자가 대부분인 조합원들에게 50달러나 100달러씩 소액대출을 했고 (할아버지도 유대인을 시베리아로 처박아버리기 일쑤였던 고약한 반유대적 러시아 군대에 징집되기 싫어서 1880년대에 영국으로 탈주했다), 몇 년이 흘러 뉴욕 주 금융감독위원회의 인가를 받은 뒤에는 1만 달러씩 빌려줬다. 차용자가 돈 갚을 능력이 없을 때는 할아버지가 서명을 해서 대출 보증을 서기도 했다. 할아버지는 종종 몇 킬로미터씩 걸어서 가가호호 방문했고, 가끔 아버지도 따라다녔다. 할아버지

는 자정에 귀가해서, 5시간 잠을 자고, 다음날 아침에 다시 일어나, 오래오래 지하철을 타고 공장으로 갔다. 할아버지는 도매로 셔츠를 사다가 친구들에게 팔아서 잔돈푼을 벌기도 했다. 10대였던 아버지는 할아버지를 도와서 셔츠가 든 상자들을 동네로 끌고 다니곤 했다. 할아버지가 더 나이 들어서 차를 산 뒤에는 아버지가 운전을 해서 함께 브루클린을 돌아다니며 대출 계약서에 서명을 받았다. 아버지는 내게 말했다. "어떻게 아버지가 그 많은 일을 해내는지 정말 알 수가 없었지." 다른 사람도 아니고 내 아버지가 그렇게 말하다니.

할아버지는 일요일 오전에는 포워드, 데르 토그(더 데이), 프레이헤이트(프리덤)라는 세 종류의 히브리어 신문을 읽었다. 사회주의자였던 할아버지는 '변증법적 유물론' '좌익 소아병' '프롤레타리아의 소외' '생산수단' 같은 개념들을 아버지에게 주입했다. 할아버지는 이렇게 말하곤 했다. "밀턴, 내 말 잊지 말거라. 공산주의에서는 사람이 사람을 착취하고, 자본주의는 다른 것 같지만 결국 사람이 착취당하는 건 마찬가지란다. 대통령들과 인민위원들과 왕들이 아무리 듣기 좋은 말을 해도, 결국에 세상을 지배하는 것은 돈이다. 현금의 그물망인 경제 말이다. 세상은 돈이야." 강조 삼아 마지막 말을 히브리어로 반복

66

사람의 비운은 이런 것이다.
모든 것을 알아낼 시간이 75년밖에 없다는 것.
그 모든 책과 세월과 아이들을 뒤에 남긴 연후보다
차라리 어릴 때에 본능적으로 더 많이 안다는 것.

배리 한나

99

했다. "겔트 이스트 데르 벨트."

할아버지는 아버지에게 1917년 러시아 혁명을 다룬 존 리드의 책 『세계를 뒤흔든 10일』을 주었고, 아버지는 그 책을 읽고 또 읽었다. 고등학교 역사 시간에 아버지는 선생님 말씀이나 교과서에서 누락된 사실을 지적하곤 했다. 선생님이 그 사실 또는 관점을 어디서 배웠느냐고 물으면 아버지는 할아버지에게 지시받은 대로 대답했다. "저희 아버지요. 아버지는 모르시는 게 없어요."

"말해봐라, 데이브, 할아버지의 인생이 내게 영향을 미친 점이 있는 것 같으냐?" 아버지는 할아버지에 대해 이야기하기를 좋아한다. "할아버지에게는 만인을 위한 일을 한다는 분위기가 있었다. 늘 인정 있게 중재하는 접근법을 택했지. '에스 베트 소치 오이 스프레센'이라는 말을 좋아했는데, 알아서 다듬어질 것이다, 알아서 해결될 것이다, 하는 뜻이야. 할아버지는 문제를 푸는 법은 몰랐어. 문제가 떠내려가게, 자라나게, 곪게, 날아가게 내버려두었지. 네 아비의 성향과 실책이 일부 엿보이지 않으냐?"

할아버지의 장례식 전날, 아버지와 나는 할아버지의 아파트에서 서성였다. 나는 7세였고 할아버지를 만난 적이 한 번도 없었다. 할아버지의 가는 벨트들과 넓은 넥타이들이 옷장 속 고리에 걸려 있었다. 심하게 굽은 오래된 레

코드판들이 벽에 기대어 세워져 있었다. 할아버지의 지갑과 니콘 카메라가 이불이 벗겨진 침대 위에 놓여 있었다. 할아버지가 가장 아꼈던 커피잔이 비닐봉지에 조심스럽게 싸여 있었고, 역시 비닐에 든 여러 물건들 중에 아주 새것인 농구공이 있었다. 네게 보낼 선물이었나보다, 아버지는 추측했다. 할아버지는 그것을 보내지 못하고 사라졌다.

영원히 사는 법 Ⅰ

■■■ 기원전 1600년의 이집트 파피루스 『노인을 20세 청년으로 바꾸는 책*Book for an Old Man into a Youth of Twenty*』은 약초와 동물의 신체 부위들을 섞어 만든 약을 추천했다. 고대 그리스에서는 노인에게 아름다운 처녀와 동침하라고 권했다. 아버지는 대학교로 나를 찾아왔을 때 내 여자친구는 거의 무시한 채 여자친구의 룸메이트에게만 집중하면서, 계속 '굉장히 매력적인 젊은 여성'이라고 불렀다. 중세에는 거세가 유행했다. 사람들은 거세를 하면 수명이 몇 년 늘어난다고 믿었고, 실제로 거세된 사람들이 장수하기도 했다. 불임 수술을 받은 개나 고양이는 암컷이든 수컷이든 수술을 받지 않은 개나 고양이보다 평균 2년 더 산다. 16세기 초에 에스파냐의 탐험가 폰세 데 레온*Ponce de León*은 55세의 나이에 청춘의 샘을 찾아나섰다. 훨씬 어린

아내를 만족시키지 못했기 때문이다. 역시 16세기에 프랜시스 베이컨은 우리 몸의 재생 과정들이 완벽해진다면, 즉 조직 재건 및 치유 능력과 질병 회복 능력이 완벽해진다면, 노화를 극복할 수도 있을 것이라고 생각했다.

19세기에 프랑스 생리학자 샤를-에두아르 브라운-세카르Charles-Édouard Brown-Séquard는 가축의 고환을 도려내고 찧어서 핵심 성분을 추출한 뒤에 그 조제약을 노인들에게 접종시켰다. 노인들은 민첩성과 활력이 개선되었다고 보고했다. 72세이던 브라운-세카르는 자신도 추출액을 주사로 맞았고, 방광과 장을 더 잘 통제하게 되었노라고 주장했다. 그는 4년 뒤에 죽었다. 1920년대에 빈에서 활약했던 생리학 교수 오이겐 슈타이나흐는 노인들이 정관절제술을 받거나 젊은이의 고환을 이식받으면 회춘할 수 있다고 장담했다. 세계 곳곳에서 회춘 클리닉이 생겨났다. 외과의사들이 갖가지 노화 퇴치 요법을 고안해냈는데, 고환에 전기를 흘리는 방법, X선을 쪼이는 방법, 생식기에 라듐을 바르는 방법도 있었다.

루이지애나 주립 대학의 분자생물학자인 마이클 야즈빈스키Michael Jazwinski는 이렇게 말한다. '아마도 30년 안에 우리는 수명을 결정하는 주요 유전자들을 알게 될 것이고, 현재의 최대 수명인 120년을 2배, 3배, 심지어 4배로

늘리게 될 것이다. 지금 살아 있는 사람들 중 일부가 400년
뒤에도 살아 있을 가능성을 충분히 생각해볼 만하다.'

버지니아 커먼웰스 대학의 약학 교수인 윌리엄 리젤슨
William Regelson은 말한다. '노화에 관여하는 유전자들을 통
제하는 법을 우리가 알아가고 있기 때문에, 생명 연장의
가능성은 사실상 무한해 보인다.'

캘리포니아-어바인 대학의 진화생물학자인 마이클 로
즈Michael Rose는 느지막이 번식한 초파리들만 알을 낳을 수
있도록 실험했다. (사람으로 치면 25세가 넘는 여성들만 아이
를 낳게 하고, 그 딸들도 26세 이후에만 생식하도록 하여 여러 세
대를 통제하는 것과 마찬가지다.) 그랬더니 초파리들은 세대
가 지날수록 조금씩 수명이 길어졌다. 지속적인 선택적
육종으로 탄생한 초파리들은 조상들보다 점점 더 오래 살
게 되었다. 로즈는 사람에게 비슷한 실험을 해본다면 열
세대 만에 기대수명이 눈에 띄게 늘어날 것이라고 믿는다.

적포도주에 함유된 항산화제 성분인 레스베라트롤을
섭취한 초파리는 다른 파리들보다 상당히 더 오래 살았
다. 레스베라트롤 속의 시트루인이라는 분자는 포유류의
노화 속도를 늦춘다는 칼로리 제한법과 효과가 비슷하다.
살아 있는 생물의 몸은 번식하도록 고정 배선되어 있다.
그런데 저칼로리 식단을 유지하면 지금이 번식에 최적의

상태가 아니라는 신호가 온몸으로 전달된다. 세포의 방어 체계가 강화되어 노화가 늦춰진다. 번식에 보다 친화적인 미래 시절을 기약하며 몸을 보전하는 것이다. 칼로리 제한법을 따르면 체내에 저장된 지방이 분해되기 시작하고, 몸은 지금이 생존을 위해서 복지부동할 때라고 판단하게 된다.

칼로리제한협회에는 2천 명이 가입해 있다. 회원들 중 10퍼센트가 칼로리 소비량을 적어도 30퍼센트쯤 줄였다. 수명 연장을 최대 50퍼센트까지 극대화하려면 청년기부터 극단적으로 제한된 식단을 시행하기 시작하여 평생 지속해야 한다. 중년부터 시작해서 10에서 20퍼센트쯤 칼로리를 삭감하면 그보다 효과가 적다. 하루건너 하루씩 단식하는 것도 (대신 먹는 날에는 정상적으로 먹는다) 평균 수명을 늘려준다. 평생 단조롭고 금욕적인 식단을 유지하며 그 사실을 떠벌려온 아버지는 칼로리제한협회의 창립 회원이 되었어야 마땅하다. 아버지는 95세 생일에 자신이 기고하는 신문과 인터뷰를 했는데, 그때 집중적으로 이야기한 것도 영양학적 규율의 중요성이었다. 특히 아버지는 밀기울 머핀을 강조했다.

기아 상태에 가깝게 식단을 유지하면 종양이나 콩팥 문제, 알츠하이머병 같은 뇌 장애, 파킨슨병 같은 퇴행성 질

환 등 상당수 노화 관련 질병의 발병률이 극히 낮아진다. 칼로리를 40퍼센트 제한한 쥐들은 수명이 30퍼센트 길어졌다. 15년 동안 칼로리가 30퍼센트 적은 식단을 섭취한 원숭이들은 더 오래 살았고 많은 노화 관련 질병을 면했다. 사람의 경우에 파킨슨병과 알츠하이머병의 발병률은 칼로리 섭취량과 밀접하게 비례한다. 나는 아버지에게 물어보았다. 잉여의 수명을 얻고 질병을 피하는 것이 칼로리를 40에서 50퍼센트씩 줄일 만한 가치가 있는 일인가요? 아버지는 그것이 순전히 수사학적인 질문이라고 대응했다. 나는 지적했다. 20년 동안 치즈케이크를 참아온 사람이 57세에 버스에 치여 죽을 수도 있잖아요. '인생은 늘 6 대 5로 지는 도박이다'라고 한 데이먼 러니언(아버지가 영웅으로 받드는 사람들 중 하나로 미국의 기자이자 작가이다)의 말도 인용했다. 아버지는 대답했다. "나는 그 확률을 반반으로 만들려고 할 수 있는 일을 다 할 뿐이야." 아버지는 농담을 하는 게 아니다.

한편, 질병통제예방센터와 국립암연구소가 최근에 몸무게와 건강의 관계를 새로이 조사한 바에 따르면, 몹시 마른 사람도(체질량지수가 18.5 미만인 사람을 가리킨다. 가령 키가 183센티미터에 몸무게가 62킬로그램인 남성, 키가 168센티미터에 몸무게가 52킬로그램인 여성이다) 몹시 뚱뚱한 사람만큼이나 일찍 죽을 위험이 높다. 몹시 마른 사람은 몸이 아플 때 활용할 여분의 자원이 없다. 아버지는 마르긴 했어도 그 정도로 야위진 않았다.

채식주의자들은 고기를 먹는 사람들보다 더 오래, 더 건강하게 사는 경향이 있다. 일본인의 식단에는 채소와 콩 제품이 풍부하다. 일본 사람들은 미국 사람이나 영국 사람보다 평균적으로 3년 더 산다. (미국 사람들이 먹는 야채의 4분의 1은 감자튀김이다.) 오키나와 사람들은 일본인 평균 칼로리 섭취량의 80퍼센트를 먹는다. 오키나와는 세상에서 100세 인구의 비중이 가장 높은 곳으로(인구 130만 명 가운데 600명), 세계 평균에 비해 4배나 높다. 오키나와 사람들의 식단에는 두부, 해초류, 생선 등 장수에 도움이 되는 음식이 많다. 일례로 생선 기름에는 오메가3 지방산이 풍부한데, 이 지방은 육류의 포화 지방에 비해 잘 굳지 않기 때문에 혈관 벽에도 덜 달라붙는다. 그래서 심장질환이나 뇌졸중 예방 효과가 있다. 아버지는 딱 한 번 직접 투구하는 모습을 보았다는 새철 페이지Satchel Paige의 말을 즐겨 인용한다. '튀긴 고기는 금물. 그것은 피를 끓어오르게 한다.'

초기 인류는 틀림없이 야채, 과일, 견과류, 장과류를 주로 먹었을 것이고, 지방 함유량이 낮은 고기도 많이 먹었

을 것이다. 세계의 오지에 고립되어 사는 부족들은 요즘
도 구석기 시대의 식단을 유지한다. 2002년에 58곳의 전
통 사회를 산업화된 인구와 비교하여 식단, 건강, 질병의
관계를 조사한 연구가 있었다. 그 결과에 따르면 수렵채
집인들은 '선진국' 사람들보다 심혈관질환이나 암에 덜

걸렸다. 수렵채집인의 식단에서 많이 벗어날수록 건강이
나쁠 가능성이 높았다. 현대 미국인의 식단은 아메리카
원주민들이 섭취했던 식단보다 지방이 2배 많고, 단백질
은 3분의 1이다. 동물성 지방과 정제 설탕을 많이 먹으면
병에 걸릴 위험이 높아지고, 콩, 익힌 토마토, 섬유소를
많이 먹으면 각각 유방암, 전립선암, 대장암에 걸릴 위험
이 낮아진다. 산업 사회의 주요 질병들은 초기 인류가 적
응했던 식단으로부터 우리가 멀리 벗어났기 때문에 생기
는 것들이다.

식단의 지방 함유 비중과 암 발생률은 직접적인 비례
관계가 있다. 평균적인 중국인의 식단에서 지방이 차지하
는 비중은 15퍼센트가 못 된다. 평균적인 미국인의 식단
에서는 지방이 39퍼센트를 차지한다. 중국인의 콜레스테
롤 수치는 평균 127이고, 미국인은 평균 212이다. 중국은
심장질환, 대장암, 유방암, 전립선암, 난소암 발병률이 아
주 낮다. 그 약간의 심장병 및 암 발생 사례들은 중국에서

지방과 콜레스테롤 섭취량이 가장 많은 지역에 압도적으로 몰려서 발생한다.

도가에서는 엄격한 식사 제한을 통해 삼시충이라는 몸속의 '악한 기운'을 굶겨 죽여야 한다고 말한다. 삼시충은 질병을 일으켜서 육체를 쇠락시키는 주범이다. 삼시충을 물리치려면 그들에게 힘을 준다고 여겨지는 밀이나 쌀 같은 곡물을 금하고, 그들을 죽일 수 있다는 감초, 계피, 인삼 등을 먹어야 한다. 그 밖에 허용되는 약제로는 약초, 뿌리, 광물, 그리고 달걀, 거북, 복숭아, 나무의 일부분 같은 동식물성 식재료가 있다.

오래 살고 싶은가? 그렇다면 적게 먹고 살을 빼는 확실한 방법 외에도 시골로 이사해야 하고, 회사 일을 집으로 갖고 오지 말고, 좋아하는 일을 하면서 스스로에 대해 긍정적으로 생각하고, 반려동물을 들이고, 휴식하는 법을 배우고, 현재만 생각하고, 웃고, 음악을 듣고, 하루에 예닐곱 시간을 자야 한다. 장수하는 부모와 조부모를 두는 축복을 받아야 한다(수명의 35퍼센트는 유전적 요인으로 결정된다). 결혼을 하고, 포옹하고, 손을 잡고, 정기적으로 섹스를 하고, 많은 아이를 낳고, 어머니와 가깝게 지내고, 자식들을 있는 그대로 인정하고, 손자들을 돌봐야 한다. 교육을 잘 받고, 뇌를 자극하고, 새로운 일을 배워야 한다. 낙천적으로 생각하고, 화를 긍정적인 방식으로 발산하고, 언제나 옳아야 한다는 강박을 버려야 한다. 담배를 피우면 안 된다. 싱겁게 먹고, 때때로 초콜릿을 먹고, 과일과 야채와 올리브기름과 생선과 가금류로 구성되는 지중해식 식단을 따르고, 녹차를 많이 적포도주를 적당량 마셔야 한다. 운동을 해야 한다. 목표를 설정하고, 위험을 감수해야 한다. 친구에게 속내를 털어놓아야 하고, 정신과 상담을 꺼리면 안 된다. 자원봉사를 하고, 공동체에서 역할을 수행해야 한다. 교회에 다니고, 하느님을 만나야 한다. (아버지의 점수는 42점 만점에 38점.)

연구자들이 66세에서 101세 사이의 인구 가운데 형제자매보다 평균 7년 이상 오래 산 사람들을 조사했더니, 한 가지 성격적인 특징이 두드러졌다. 형제자매보다 오래 산 사람들은 '유머 감각이 더 뛰어났다'. 아버지는 웃기게 말을 꼴 줄 알고, 남들이 넋을 잃고 빨려 들게 이야기를 할 줄 알고, 누구보다 재미있게 농담을 한다. 적어도 옛날에는 그랬다(최근 몇 년 동안 아버지의 유머 감각이 거의 다 사라져버렸다). 1940년대와 50년대에는 유대인 농담을 선보인다는 목적 하나로 연예계 인사들만 참석하는 베벌리힐스의 파티에 초대받았다고 한다. 평균적으로 기혼자가 독신자보다 오래 산다(충격적인 사실은 기혼 여성보다 기혼 남성이 받는 혜택이 더 크다는 것이다). 맏이가 동생보다 오래 산다. 아이를 둔 여성이 아이가 없는 여성보다 (아주 조금) 오래 산다. 고등 교육을 받은 사람이 고등학교 중퇴자보다 6년 더 산다. 오스카 상 수상자가 수상하지 못한 후보자보다 4년 더 산다. 최고경영자가 부사장보다 오래 산다. 종교를 가진 사람이 무신론자보다 오래 산다. 키 큰 사람이(남자는 183센티미터 이상, 여자는 170센티미터 이상) 키 작은 사람보다 3년 더 산다. 미국으로 이민 온 사람이 토박이보다 3년 더 산다. 일본인의 기대수명이 세상에서 가장 길고(82년), 잠비아가 가장 짧다(33년). 100세를 넘게 사는 사람들은 단정적이고, 의심이 많고, 실용적이다. 예전에 내털리의 탁아소 선생님이었던 분이 지금 암센터의 외래병동 관리자로 일하는데, 그분에 따르면 '병을 이기는 것은 항상 재수 없는 인간들이다'. 아버지는 재수 없는 인간은 아니지만 엄청나게 자기중심적이다(아버지가 보통 사람들보다 훨씬 더 자기중심적일까? 어쩌면 그저 그 사실을 남들보다 덜 숨기는 것일지도 모른다). 그 사실이 아버지의 건강이나 수명에 어떠한 악영향도 미치지 않은 것만은 분명하다.

개빈 폴론은 44세의 방송 및 영화 제작자 겸 대리인이다. 폴론은 주 6일, 하루 18시간 일하고, 결혼과 아이는 구시대적이고 거치적거리는 짐이라며 거부한다. 아이란 '사적인 드라마'로 이어지기 마련인 예측불허의 골칫덩어리라고 생각한다. 폴론의 여자친구인 43세의 엘리자베스 오렉은 말한다. "사람들이 아이를 낳는 것은 자신의 분신을 만들고 싶다는 뒤틀리고 자기중심적인 마음일 때가 많아요. 솔직히 우리는 사람보다 동물이 좋아요." 폴론과 오렉은 개 3마리와 고양이 5마리를 기른다. 모두 동물보호소나 동네(베벌리힐스라는 슬럼가) 길거리에서 구조한 녀석들이다. 폴론은 새벽 4시 45분에 일어난다. 기상시의 맥박은 분당 48회이다. 시리얼 230그램과 차가운 녹차 900그램을 아침으로 먹고, 하루 칼로리 섭취를 1,800칼로리로 엄격하게 제한하고, 주로 단백질 분말과 달걀흰자로 섭취한다. 키는 185센티미터이고 몸무게는 73킬로그램이다. 폴론의 고객인 코넌 오브라이언은 말한다. "우리가 처음 만났을 때 개빈은 제작 대리인의 조수였습니다. 조금 있으니까 대리인이 되고, 또 조금 있으니까 제작자가 되더군요. 지금은 제작자 겸 보디빌더 겸 자동차 경주 선수예요. 앞으로 9주 뒤에는 틀림없이 우주인이 될걸요. 정말이에요. 개빈은 슈퍼히어로로 아니면 〈007〉 영화의 악당 같은 존재로 진화하는 중이니까요. 개빈하고 이야기할 때마다 그가 커다란 스크린에 나타나서 유엔에 요구사항을 전

달하는 모습이 상상됩니다." 폴론이 소식을 하는 까닭은 노화를 일으키는 육체적 스트레스를 줄여서 무한하게 생명을 연장하기 위해서다. 폴론의 또다른 고객인 감독 존 터틀타우브는 말했다. "개빈은 꼬치꼬치 마르면 오래 살 수 있다고 생각합니다. 줄기세포 연구가 충분히 발달해서 새 장기들을 만들어낼 때까지 살면 영생불사하는 거죠."

장수를 연구하는 인구학자, 노년학자, 역학조사자 등이 모여 만든 느슨한 조직인 노인학연구그룹에 따르면, 115세가 인간의 '유리천장'(보이지 않는 장벽―옮긴이)이다. 115세가 되었다는 반박 불가능한 증거가 있었던 사례는 이제껏 12건에 지나지 않는다. 114세가 된 사람들 가운데 극소수만이 115세로 넘어간다. 2001년 이래로 십여 명의 114세 노인들이 115세가 되지 못하고 죽었다. 노인학연구그룹에 따르면 현재 전세계를 통틀어 110세가 넘은 사람은 여자가 55명, 남자가 6명이다. 역사상 가장 오래 살았던 사람은 어느 프랑스 여성인데 1997년에 죽을 때 122세였다. 우리가 아무리 소식하고, 아무리 운동하고, 아무리 건강하게 살아도, 125년 이상 살 수 없는 게 분명하다. 기록으로 남은 과거 5천 년의 인류 역사 내내 인간의 최대 수명은 조금도 길어지지 않았다. 기원전 55년에 죽은 루크레티우스는 이런 글을 남겼다.

오래오래 살아서

아무리 많은 세대만큼 산다고 해도

영원한 죽음이 기다리는 것은 마찬가지이니,

겨우 어제 죽은 사람이라도

몇 달 전, 몇 년 전에 사라진 사람보다

죽음 후의 시간이 짧을 리가 없다.

영원히 사는 법 Ⅱ

■■■■■ 현재 전세계적으로 '수명연장운동'에 참여하는 사람이 수천 명 있다. 그들은 수백 년, 어쩌면 영원히 사는 것도 가능하다고 믿는다. 수명연장운동에 참여하는 사람은 거의 모두 남자다(아버지의 집에도 그들이 읽는 책이 굴러다닐 때가 있다). 여성은 출산을 하기 때문인지 개인적인 불멸을 남자보다는 덜 갈구하는 것 같다.

레이 커즈와일Ray Kurzweil은 미국기술메달을 받았고, 미국 발명가 명예의 전당에 헌액되었고, 10대였던 1960년대부터 인공지능을 연구해왔다. 그는 『노화와 질병Fantastic Voyage: Live Long Enough to Live Forever』이라는 책을 썼고, 인간이 불멸을 획득하기까지 불과 20년도 남지 않았다고 믿는다. (내 아버지조차도 자기가 살아서 그런 일이 가능해지는 것을 보지는 못하리라 생각하는데 말이다.) 커즈와일이 오래 살아남아서 기다리려는 사건은, 첫째가 생물공학 혁명이 일어나서 우리가 모든 유전자의 발현을 통제하고 결국 바꿀 수 있게 되는 일이고, 둘째는 나노기술 및 인공지능 혁명이다. 그때까지 살아 있기 위해서 커즈와일은 매일 영양보충제 250알을 먹고, 알칼리수 10잔과 녹차 10잔을 마시고, 정기적으로 40~50가지 건강 지표들을 측정하는데, 개중에는 '촉감 민감성' 같은 항목도 있다. 커즈와일에 비하면 아버지는 '소심쟁이'다. 이건 아버지의 표현이다.

혈구만한 작은 로봇인 '나노봇'이 수백만 개 몸속을 헤엄쳐 다니면서 뼈와 근육과 혈관과 뇌 세포를 수리함으로써 영원히 젊은 몸으로 유지시켜줄 것이란다. 나노봇들은 혈류와 뇌에서 일하는 도로 재포장 작업반인 셈이다. 질병을 물리치고, 장기를 재건하고, 현재의 인간 지성 한계를 지워버린다. 개량된 유전 암호를 인터넷에서 다운로드 받을 수도 있다. 심장은 필요도 없을 것이다.

커즈와일은 말한다. '노화 과정에 관여하는 유전자는 100개가 넘지 않는다. 단순한 동물을 대상으로 한 실험에서 이 유전자들을 조작함으로써 극적인 수명 연장을 이뤄낸 사례들이 벌써 존재한다. 사람은 자연의 변덕에 휘둘리는 평범한 동물이 아니다. 생물학적 진화의 바통은 이미 인류의 문화적, 기술적 발달로 넘어갔다.' 커즈와일에 따르면 사람의 유전자 3만 개는 모두 '작은 소프트웨어

프로그램'들이다. 우리가 질병을 일으키는 유전자를 차단하고, 노화를 늦추거나 멎게 하는 새 유전자를 도입할 날이 올 것이다.

'생명은 화학이다.' 21세기제약에서 일하는 물리학자 브라이언 보크Brian Wowk의 말이다. '생명의 화학을 보전할 수 있다면 생명도 보전할 수 있다.'

케임브리지 대학의 유전학자인 오브리 드 그레이Aubrey de Grey는 말한다. '원리만 보자면, 산 사람의 뇌 전체를, 즉 뇌 세포 수조 개를 아무것도 없는 상태에서부터 똑같이 만들어낼 수 있다. 철저하게 시험관에서 뉴런들을 조작해서 뇌에서 미리 스캔해둔 신경망 형태로 조립하면 된다.'

하버드 의대의 유전학 연구원인 조앙 페드루 드 마갈량이스João Pedro de Magalhães의 말이다. '노화는 성적으로 전달되는 질병이다. 육체에 시간 의존적 변화들이 무수하게 일어나서 불편과 통증, 결국에는 죽음으로 이어지는 질병이라고 정의할 수 있다. 어쩌면 우리 후손들은 노화 없이 태어날지도 모른다.'

분자제조연구소의 선임 연구원인 로버트 프라이타스 주니어Robert Freitas Jr.는 이렇게 말했다. '매년 점검과 청소를 받고, 간간이 중요한 데를 손질한다면, 1년에 한 번씩 생물학적 나이를 갱신함으로써 당신이 선택한 생리적 나

이로 제법 일정하게 유지할 수 있을 것이다. 그게 가능해
진다면 누구나 최적의 젊음으로 돌아가지 말란 법이 없
다. 물론 이상적으로 생각하는 생리적 나이가 10세라면,
그래서 그 나이로 몸을 유지하려 한다면, 까다롭기도 하
려니와 다른 이유들 때문에라도 바람직하지 않을 것이다.
10대 후반이나 20대 초반의 강건한 생리적 상태로 돌아가
는 편이 유지가 쉽고 훨씬 재미도 있을 것이다.' 낄낄.
'그렇게 되면 기대수명은 달력 날짜로 700년에서 900년
쯤이 될 것이다. 결국에는 사고 같은 것을 당해서 죽기야
죽겠지만, 지금보다는 10배 이상 오래 살 것이다.'

계속 들어보자. '그렇게 수명을 늘린다면 최대로 몇 살
까지 가능할까? 자연사로 이어지는 의학적 조건들 중에
서 예방 가능한 99퍼센트를 제거한다면, 사람의 건강한
수명은 약 1,100년까지 늘어날 것이다. 사실 원래의 생물
학적 몸을 갖고서 1천 년이나 2천 년까지 살기는 힘들지
도 모른다. 왜냐하면 지난 100년 동안 자살과 사고가 주
요 사망 원인으로 완강하게 버텨왔고, 그로 인한 사망률
이 그동안 겨우 3분의 1밖에 줄지 않았기 때문이다. 하지
만 우리가 자연사라는 징벌에 맞서 끝내 승리를 거둔다
면, 평범한 인간의 건강한 수명은 현재의 최대 수명에 비
해 적어도 10배는 늘어날 것이다. 그것은 이번 세기 말에

달성될 일이다.'

　2천 년이나 살면 인생이 견딜 수 없이 지루해지지 않을까? 기원전 1세기에 살았던 로마의 백과사전 집필자 대 플리니우스는 옛 사람들이 기나긴 삶에 지쳐서 800살에 바다로 뛰어들었다는 이야기를 적었다.

　지금 97세인 아버지는 믿을 수 없을 만큼 지루해 보인다. 하루, 또 하루, 또 하루 존재를 이어가는 일 외에는 어떤 일에도 흥미나 열정이 한 줌도 없는 것 같다. 일레인 스캐리Elaine Scarry는 『고통 속의 몸The Body in Pain』에서 이렇게 말했다. '몸이 무너지기 시작하면 그것이 점차 관심의 대상이 되어 다른 대상들의 자리를 삼켜버린다. 아주아주 나이 들고 병든 사람의 세상은 자기 몸에서 반경 60센티미터 안의 원으로 좁혀진다. 무엇을 먹었고, 배출에 어떤 문제가 있고, 통증의 진행 정도는 어떻고, 의자나 침대가 편하네 편하지 않네 하는 내용이 생각과 말의 압도적인 부분을 차지한다.' 바로 그런 현상이 아버지에게 갑자기 일어나고 있다. 몇 달 전만 해도 괴짜 노인 철인 대회라도 준비하는 듯 열심히 운동을 해대던 양반이 말이다.

　인공지능과 수학에 관해 글을 쓰는 뉴질랜드 작가 마크 게디스Marc Geddes는 '뇌 피로회복제'를 만들 수 있을지도 모른다고 주장한다. '그것은 뇌가 굳는 것을 방지할 것이

제일로 악한 것은 늙는 것이다.
온갖 즐거움을 앗아가면서도
즐거움을 바라는 마음은 남겨두고,
대신 온갖 고통을 안기기 때문이다.
그런데도 우리는 죽음을 두려워하고
늙은 채로 있기를 바란다.

자코모 레오파르디

다. 먼 미래의 사람들은 요즘 사람들이 옷을 갈아입는 것처럼 손쉽게 몸과 성격을 바꿀 수 있을지도 모른다. 오늘날 일부 사람들이 사는 데 지겨움을 느끼는 것은 철학적 문제라기보다 실제적, 생물학적 문제일 가능성이 높다.'

『사람은 어떻게 죽음을 맞이하는가』를 쓴 셔윈 B. 뉴랜드는 커즈와일을 필두로 한 몽상가들에 대해 이렇게 평했다. '그들은 잊고 있다. 자신들이 죽음과 절멸에 대한 근본적인 생물학적 두려움에 이끌려 행동하고 있다는 사실을. 그 때문에 인간의 조건에 관해서 이성적으로 성찰하지 못하게 되었다는 사실을.'

증거물 1호. 캘리포니아-샌프란시스코 대학의 해부학 교수인 레너드 헤이플릭Leonard Hayflick에 따르면, 아버지도 강연을 두어 번 들은 분인데, 모든 염색체의 끄트머리에는 세포가 분열할 때마다 조금씩 짧아지는 꼬리가 있다. 텔로미어라는 그 꼬리가 시간이 흐를수록 짧아져서 결국 염색체의 기능이 저해되고, 그 때문에 세포가 증식을 멈춘다. 따라서 텔로미어의 평균 길이를 알면 세포가 얼마나 많이 분열했는지, 그리고 복제를 멎기까지 얼마나 시간이 남았는지 대강 알 수 있다. 요컨대 사람의 수명에는 본질적인 한계가 있다.

테니슨의 시 「티토노스Tithonus」에서 티토노스는 불멸을 원했고 그 꿈을 이루었다. 그러나 영원히 늙는다고는 미처 생각하지 못했다. 티토노스는 죽고 싶다고 결정을 내린다.

……나를 놓아달라. 선물을 도로 가져가라.
사람이 타고난 제 족속과 달라지려고,
또는 모든 자에게 합당하게 내려진
운명의 관문을 벗어나려고
조금이라도 욕망할 필요가 있겠는가?
나를 풀어달라. 나를 땅으로 돌려달라.

아버지는 그렇게 생각하지 않는다. 아버지 입장에서는 잘된 일이다.

유언

미국의 지휘자이자 작곡가 레너드 번스타인Leonard Bernstein은 말했다. '이게 뭐지?'

베이브 루스는 말했다. '나는 골짜기로 가련다.'

미국의 목사이자 저술가 코튼 매더는 말했다. '고작 이것인가? 힘겨운 죽음을 맞지 않게 해달라고 내가 기도하며 두려워했던 것이 고작 이것인가? 아, 이 정도라면 견딜 수 있다. 견딜 수 있어!'

기원전 4세기의 그리스 철학자 아낙사르코스는 절구에 담겨 절굿공이로 죽을 때까지 두드려 맞을 때 이렇게 말했다. '치거라, 아낙사르코스가 담긴 주머니를 마구 치거라. 아낙사르코스를 치는 것이 아니니.'

공군 소령 노먼 바젤은 빅밴드 단장인 글렌 밀러와 함께 비행기를 타고 프랑스로 가다가 영국해협에서 실종된 사람인데, 이런 말을 남겼다. '뭐가 문제입니까, 밀러 씨. 영원히 살기를 원합니까?'

문헌학자 바르톨트 게오르그 니부어는 자신에게 처방된 약이 말기 환자용임을 알아차리고 물었다. '이것의 핵심 성분이 뭐지요? 내가 그렇게 가망이 없습니까?'

18세기 화가인 안젤리카 카우프만은 죽어가는 자를 위한 송가를 읽기 시작한 사촌을 저지하며 말했다. '요한, 난 그것을 듣지 않겠

어. 128쪽에 있는 「병자를 위한 송가」를 읽어줘.'

뉴욕 센트럴 철도의 회장이었던 윌리엄 H. 밴더빌트는 1885년에 말했다. '내가 느끼는 진정한 충만감과 기쁨은 재산이 50만 달러에 불과한 내 이웃사람의 것보다 결코 많지 않다.'

프로이센의 프리드리히 대왕은 말했다. '노예를 다스리는 것도 지겹다.'

프로이센의 왕비 루이제는 말했다. '나는 왕비이지만 내 팔을 움직일 힘조차 없다.'

영국의 엘리자베스 1세 여왕은 말했다. '내가 가진 모든 것은 한순간의 것이었다.'

에스파냐의 왕 펠리페 3세는 말했다. '통치하는 사람이 아니었다면 좋았을 것을. 내 왕국에서 살아온 세월을 자연 속에서 고독하게 살았다면 좋았을 것을. 오직 하느님과 함께 지냈다면 좋았을 것을. 그랬더라면 얼마나 평온하게 죽었겠는가. 얼마나 당당하게 하느님 권좌 앞에 나아갔겠는가. 죽음 앞에 더 큰 고통을 겪을 것이라면 그 모든 영광과 재물이 무슨 소용이겠는가?'

미국의 소설가 헨리 보퍼트Henry Beaufort 추기경은 말했다. '내 재산으로도 나를 구할 수 없는가? 죽음은 매수도 통하지 않는가?'

미국의 소설가 헨리 제임스는 말했다. '마침내 그것이 왔는가, 그 유명한 것이.'

앤 불린은 말했다. '사형집행인은 전문가일 테고 내 목은 가늘다.'

마리 앙투아네트는 자신을 처형하려고 기다리는 사형집행인의 발을 밟은 뒤에 말했다. '무슈, 미안합니다. 일부러 그런 건 아니에요.'

영국의 찰스 2세는 말했다. '지금이 죽기에 참으로 마땅치 않은 시기인 것을 알지만, 아무쪼록 양해해주기를 바란다.'

17세기의 영국 계관시인인 윌리엄 대버넌트 경은 마지막 시를 마무리하지 못하고 말했다. '외람스러우나 그만두어야겠다. 죽음이라는 실로 중대한 실험이 나를 방해하려 하므로.'

프랑스의 작가 라블레는 말했다. '아마도 대단한 것을 찾아서, 나는 간다.'

미국의 풍자만화가 제임스 서버는 말했다. '신의 축복이 있기를. 젠장.'

H. G. 웰스는 말했다. '빌어먹을, 내가 이럴 거라고 했잖아.'

어장 조사관으로 일했던 프랜시스 버클런드는 말했다. '신은 작은 물고기들에도 친절한 분이시니 그들의 조사관을 끝내 난파시키지는 않으실 것이라 믿는다.'

벨기에 출신 바이올리니스트이자 작곡가인 외젠 이자이는 자신의 소나타 4번이 연주되는 것을 듣고서 말했다. '훌륭합니다. 끝악장이 조금 빠른 것 같았지만.'

18세기 영국 배우 제임스 퀸James Quin은 말했다. '이 비극적인 장면이 얼른 막을 내리기를 바랄 수도 있겠지만, 나는 적절한 겸손함으로 끝까지 연기해내기를 희망한다.'

죽어가는 배우 에드먼드 그웬Edmund Gwenn에게 누군가가 몹시 힘들어 보인다고 말을 건네자 그는 대답했다. '그렇소. 하지만 소극^笑劇만큼 힘들진 않아.'

미국의 연극 제작자 플로 지그펠드Flo Ziegfeld는 말했다. '커튼! 음악 빠르게! 조명! 막 내릴 준비! 훌륭해! 멋진 공연이야! 멋진 공연이었어!'

평생 금주가였던 스코틀랜드의 과학자 제임스 크롤James Croll은 말했다. '한 모금만 마시겠습니다. 이제는 술 마시는 것을 두려워할 이유가 없겠지요.'

18세기 사회학자 오귀스트 콩트는 말했다. '이 얼마나 대체 불가능한 손실인가!'

다 빈치는 말했다. '나는 신통치 못한 업적을 남겨 신과 인간들의 마음을 상하게 했다.'

영국의 신문업 거물이었던 맥스웰 비버브룩Maxwell Aitken Beaverbrook 남작은 말했다. '이것이 내 마지막 말이다. 이제 다시 한번 견습생이 될 시간이다. 어느 분야로 할지는 아직 정하지 못했다.'

마키아벨리는 말했다. '나는 천국이 아니라 지옥에 가고 싶다. 지옥에서는 교황들과 왕들과 군주들과 함께 즐기겠지만 천국에는 거지들과 수사들과 사도들만 있을 테니까.'

침대맡에서 펄럭이는 등잔 빛을 보면서 볼테르는 말했다. '벌써 빛이?'

캔자스시티 치프스의 러닝백이었던 스톤 존슨은 풋볼 경기 도중에 입은 충격으로 죽으면서 이렇게 말했다. '이럴 수가, 이럴 수가! 내 머리가 어디 있지? 내 머리가 어디 있지?'

미국 남북전쟁 당시 북부연합 장군이었던 존 세지윅 John Sedgwick 은 1864년에 스폿실베이니아 전투에서 사망했는데, 흉벽 너머로 남부연합의 군대를 굽어보며 이렇게 말하던 차였다. '이 거리에서는 코끼리도 못 맞히겠……'

프랑스 군사령관 튀렌 Vicomte de Turenne 자작은 1675년에 자스바흐 전투에서 죽을 때 말했다. '오늘 죽을 생각은 아니었는데.'

러시아 혁명가 베스토예프 Bestoujeff 의 목을 매단 줄이 끊어지자, 그는 말했다. '나는 되는 일이 없구나. 여기서도 실패하다니.'

신성로마제국 황제 요제프 2세는 말했다. '내 비문은 이렇게 쓰라. "하는 일마다 실패했던 요제프 여기 잠들다."'

프랑스 비평가 니콜라 부알로 Nicholas Boileau 는 어느 극작가가 새로 쓴 희곡을 읽어봐달라고 청하자 말했다. '내 마지막 순간마저 단축해야 속이 시원하겠는가?'

오스카 와일드는 파리의 꾀죄죄한 호텔에서 죽어가며 말했다. '나는 벽지와 목숨을 건 결투를 벌이고 있다. 둘 중 하나가 죽어야 끝이 나겠다.'

미식가였던 샤를 데브르루아르 Charles d'Erereruard 는 고해신부가 그리스도와 화해하겠느냐고 묻자 대답했다. '이제 제대로 기능을 발

휘하지 못하는 내 위장과 진심으로 기꺼이 화해하겠습니다.'

프레데릭 모이즈Frédéric Moyse는 제 아들을 살해한 죄로 단두대에 올라 말했다. '한 가정의 아비를 처형하겠다는 말이오?'

롱펠로는 여동생에게 말했다. '사람들이 너를 불러온 것을 보니 내가 정말로 아픈가보구나.'

의사인 조지 포다이스George Fordyce는 옆에서 책을 읽어주던 딸에게 말했다. '그만. 방에서 나가거라. 나는 곧 죽는다.'

동물학자인 조르주 퀴비에 남작은 자기가 마시지 않겠다고 했던 레모네이드를 딸이 마시는 것을 보면서 말했다. '내 사랑하는 사람들이 아직 삼킬 수 있는 것을 보니 기쁘구나.'

미국의 신문 칼럼니스트였던 O. O. 매킨타이어O. O. McIntyre는 아내에게 말했다. '스눅스, 이쪽으로 돌아누울래? 당신 얼굴을 보고 싶어.'

여성으로서는 처음 영국 하원의원이 된 애스터 부인Lady Astor은 병상에 누워서 온 가족에게 둘러싸인 채 말했다. '내가 죽는 건가? 아니면 오늘이 내 생일인가?'

괴테는 말했다. '좀더 빛을.'

인디언 추장인 까마귀 발Crowfoot은 말했다. '조금 뒤면 나는 떠난다. 어디로 가는지 나도 모른다. 우리는 모르는 곳에서 와서 모르는 곳으로 간다. 삶은 무엇인가? 밤중에 빛나는 개똥벌레 불빛이다. 겨울에 내쉬는 버펄로의 숨결이다. 풀밭을 가로질러 움직이다가 해질녘에 사라지고 마는 작은 그림자이다.'

부처는 말했다. '제행무상諸行無常이라.'

미국의 작가 거트루드 스타인은 작가이자 그의 파트너였던 앨리스 B. 토클러스Alice B. Toklas에게 물었다. '답이 뭐지?' 토클러스가 제대로 대답을 못 하자 스타인은 웃음을 터뜨리며 말했다. '그럴 땐 그래야지, 질문은 뭐지?'

섣달 그믐날, 새해에 관한 시를 지은 뒤, 요한 게오르크 야코비Johann Georg Jacobi는 말했다. '내가 방금 축하한 그 새해를 나는 보지 못할 것이다.'

필라델피아 최초의 신문을 발행한 앤드루 브래드퍼드Andrew Bradford는 말했다. '주여, 오탈자를 용서하소서!'

17세기 프랑스 예수회 수사로 당대의 이름난 문법학자였던 도미니크 부우르Dominique Bouhours는 말했다. '나는 죽을 것이다. 나는 죽으려 한다. 두 표현 모두 옳다.'

사람들이 고통스러우냐고 묻자 제임스 1세의 아들인 헨리 왕세자는 대답했다. '"조금"이라고 해야 할 것 같은데 그 말을 못 하겠어요.'

칼 마르크스에게 가정부가 세상에 마지막으로 남길 말이 없느냐고 묻자 마르크스는 답했다. '허튼 소리 말고 나가시오. 유언은 충분히 말을 못 한 바보들이나 남기는 것을.'

멕시코의 혁명가 판초 비야는 말했다. '이런 식으로 끝낼 순 없다. 사람들에게 내가 무슨 말이라도 했다고 전하라.'

'내가 죽으면,' 이것은 내 어머니의 유언이다. '내 육신을 화장하고 재는 가장 간단한 방법으로 처리해주기 바란다. 내 마음 같아서는 심장, 콩팥, 각막을 기증하고 싶지만, 암 환자의 장기를 이식할 수는 없으니 안 될 것이다. 화장이 유대 율법에 맞지 않는다는 것은 알지만, 생명 없는 육체를 처분하는 방법으로 화장이 가장 지각있는 수단이라고 나는 생각한다. 종교적인 장례식은 바라지 않는다. 그렇지만 가족과 친구들이 특별한 형식 없이 그냥 모여서 서로 힘을 줄 수 있다면 그것은 좋을 것 같다. 나는 세상을 떠나면서 아무런 후회도 쓰라림도 없다. 나는 멋진 인생을 살았다. 그대들 모두에게 평온한 미래가 있기를. 샬롬.' 끝을 앞둔 사람의 체념이 읽힌다.

아버지의 마지막 말은 무엇일까?

내 마지막 말은 무엇일까?

스타에게 족보 잇기 Ⅲ

내 이복누이 에밀리는 1970년대 초에 잠깐 오리건의 한 모텔에서 객실 담당 직원으로 일했다. '어떻게 그런 우연이 있었는지 모르겠지만, 그 사치스러운 장소에 어느 날 페피 부부가 손님으로 왔지.' 아버지의 말이다. 에밀리는 실드크라우트에게 자기소개를 했고, 배우는 에밀리에게 '유럽식으로 삐딱하게 기울여 한 눈을 가리며 쓰고 있던 세련된 보살리노 펠트 모자를 기념으로' 주었다. '그치는 늘 마티네 아이돌matinee idol(여자들에게 인기 있는 미남배우―옮긴이)이었으니까.' 에밀리는 모자를 아버지에게 주었다. 아버지는 '그걸 몇 년 동안 옷장에 넣어 두었는데, 네 엄마가 죽은 뒤에 이사를 할 때 치워버린 것 같다'고 했다.

내가 이 이야기를 에밀리에게 했더니 답장이 왔다. '조지프 실드크라우트가 나한테 모자를 줬다는 그 이야기 말인데, 그게 참 알 수 없는 노릇이란 말이야! 내가 오리건주 캐넌비치의 호텔에서 잠깐 일했던 건 사실이야. 그렇지만 그 신비한 손님을 만난 기억은 없어. 영화 〈안네 프랑크의 일기〉에서 본 걸 제외하면 다른 데서 본 기억도 없고. 내가 그 시절에 하도 정신이 없어서 그 중요한 사건을 까맣게 잊었거나, 아니면 이번에도 아빠가 풍부한 상상력을 발휘해서 네게 허풍을 떤 거겠지. 안됐구나.'

나는 에밀리의 말을 고스란히 아버지에게 전했다. 아버지는 외려 되물었다. '그러면 그 보살리노 모자가 하늘에서 떨어졌단 말이냐? 나는 에밀리가 우리한테 말했던 걸 확실하게 기억한다. 자기가 일하는 오리건 휴양지에 조지프가 묵는다는 걸 알고는 그에게 가서 우리 집안의 원래성을 말했고, 몇 분 동안 대화를 나눈 뒤에 페피가 모자를 줬다고 했어. 당시는 남자 배우라면 누구나 모자를 쓰던 시절이었기 때문에 페피는 무대에 설 때나 영화를 찍을

때 이런 보살리노 스타일의 모자를 썼다. 게다가 이탈리아제 고급 제품인 보살리노야말로 페피 취향이지 않으냐.'

그러고는 얼마 지나지 않아, 정말로 기이한 우연이 겹쳤는지, 집안 친구 하나가 아버지에게 전화를 걸어서 오래전에 맡겨둔 잡동사니 상자 두 개를 찾아가라고 했다는 것이다. '한쪽 상자의 뚜껑을 열었더니 맨 위에 70년대 초에 오리건 해변 호텔에서 실드크라우트가 에밀리에게 줬던 그 모자가 있지 뭐냐! 네가 이 (우연한) 고고학적 발견에 흥미가 있을 것 같아서 알린다.'

그럼요, 그럼요. 하지만 모자는 아무 증거가 안 된다고요. 아주 최근에서야 나는 실드크라우트가 1964년에 죽었다는 사실을 알게 됐다. 그 말인즉 에밀리가 아버지의 인정을 받으려는 마음에서 달콤한 이야기를 지어냈거나, 아버지가 이야기를 지어냈거나, 내가 세부사항을 잘못 이해했거나, 가족이란 모름지기 말 전달하기 놀이를 하는 법이라고 믿는 가정에 내가 태어났다는 뜻이다. 그러나 『아버지와 나』에 실린 〈안네 프랑크의 일기〉 연극 사진에서 실드크라우트가 수전 스트라스버그Susan Strasberg의 이마에 입 맞추는 자세는, 아버지가 아주 꼬마이던 에밀리에게 입 맞추며 찍은 사진 두 장 속의 어색한 연극적 태도와 얼마나 비슷한가. 페피나 아버지나 나의 사진들은 대개가 이런 식이다. 왠지 욕구불만인 듯한 과장된 연기, 예쁜 아이로 보이고 싶다는 기분(나는 12세까지, 아버지는 중년 늦게까지, 실드크라우트는 죽을 때까지), 으스대는 자세, 카메라 앞에 무릎을 꿇고 아첨하는 태도, 사랑 받는 피사체가 되고 싶다는 분위기, 촌뜨기 같은 미소, 남들의 사진에서 보았던 자세를 답습하는 태도……

실드크라우트는 또 제 감정으로부터 초연한 듯한 태도를 보이는데, 그게 뭔지 내가 잘 알기에 자꾸 신경이 쓰인다. 실드크라우트는 이렇게 썼다. '어쩌면 내 진짜 삶에서는 사랑이 없었다. 사랑에 몸 바쳐 고통스러워하고 희열을 느끼는 일은 무대에서만 존재했다.' 나는 말 더듬는 버릇에 관해서 이렇게 쓴 적이 있다. '말을 더듬는 사람은 사랑, 미움, 기쁨, 깊은 고통처럼 전형적이고 진정 중요한 감정들을 표현할 때에도 자의식을 완전히 떨칠 수가 없다. 적나라하게 감정을 인식하는 게 우선이 아니고 그 감정을 어떤 문장으로 표현해야 더듬지 않을까 생각하는 게 먼저이다보니, 감정은 타인들에게나 속한 것이라는 생각이 든다. 감정은 행복한 사람들의 소유일 뿐이지 내 것은 될 수 없으며, 솔직하지 못하게 돌려 표현할 수 있을 뿐이지 온전히 가질 순 없다는 생각이 든다.'

내가 가장 짱짱하게 짤 수 있는 씨실과 날실은 신택스

(문장구조)의 소리이다. 조지프는 아버지 루돌프에 대해서 '아버지는 단어들의 소리와 격한 사랑에 빠졌다'고 말했다. 어머니에 대해서는 '어머니는 사업 감각이 예리했다. 한 닢 크로이처kreuzer(독일, 오스트리아에서 사용된 동전—옮긴이)도 큰돈으로 만드는 솜씨가 있었다'고 말했다. 내 아버지는 말한다. '브라운스빌의 보르시치borscht(슬라브, 러시아 사람들이 먹는 붉은색 수프—옮긴이)를 죄다 걸어도 좋아.' 내 아버지는 쓴다. '다과를 놓고 담소하며 당면한 시사문제들을 다루는 대화 모임이 마지막으로 열린 지 1년도 넘었건만 우드레이크 사람들은 여태 그 운명의 날에 벌어졌던 산사태 같은 사건들을 입에 올린다.' 나는 쓴다. '내가 가장 짱짱하게 짤 수 있는 씨실과 날실은 신택스의 소리에서 나온다.' 관통하는 기조가 무엇인지 눈치챘는가? 틈만 나면 두운이 속삭속삭 반복된다는 것을? 두운법을 남용하는 실드크라우트의 문장이 아버지의 스타일과 내 스타일과 (또한 내 말 더듬는 스타일과) 비슷한 데가 있다고 아버지에게 말했더니, 아버지가 답장을 보냈다. '조지프 실드크라우트의 문장 스타일에 관해서라면, 그가 쓴 글은 공저한 그 책["리오 라니아가 정리한" 『아버지와 나』]밖에 없다고 생각한다('리오 라니아'는 허구의 인물로, 출판사가 공저자의 이름을 확실히 밝히지 않고 이렇게 표기하곤 했

다—옮긴이]. 혼자 힘으로 썼든, 도움을 받아 썼든 말이다. 공저자가 얼마나 다듬었고 페피가 얼마나 썼는지는 모를 일이지. 내 스타일? 엄격한 저널리즘 스타일이지. 지나치게 두운이 많다는 독특한—정신 사나운?—특징이 과연 있긴 하지만, 그건 O. 헨리의 영향이다. 나는 7세인가 8세쯤에 O. 헨리 단편집을 읽고 또 읽었지. 형 필이 작문 대회에서 상으로 받아온 O. 헨리 전집이 집에 굴러다녔거든. 내가 그걸 하도 탐독하는 바람에 (안타깝게도) 그의 문체가 하나부터 열까지 내 글쓰기에 반영되었지.'

10년쯤 전에 나는 언젠가 동유럽을 여행하며 실드크라우트 가문의 흔적을 찾아보고 싶다고 말했다. 아버지가 대꾸했다. "거참 꿈같은 여행이구나. 너하고 나 둘이서 오스트리아, 독일, 우크라이나에서 실드크라우트 혈통을 조사한다 이거지. 준비가 되면 말해라, 난 언제든 차비가 되어 있으니까. 멋진 모험이겠구나." (우리는 아직 가지 못했다.) 나는 아버지에게 설명했다. 내가 정말로 관심 있는 것은 아버지에게 두 번이고 세 번이고 거듭 또 거듭 이야기를 시키는 것이고, 끝없이 소재를 재창조하고 확장하는 아버지의 능력을 파헤치는 것이라고. 아버지는 이렇게 답장했다(아버지만의 특징이자, 아래로는 내게서, 위로는 실드크라우트에게서도 찾아볼 수 있는 면모가 잘 드러난 대답이다. 철

통처럼 확고한 자의식 말이다). '보나마나 너는 그런 글을 쓸 때 내가 "사촌이 맞아, 아니, 육촌인가?" 하며 나 편할 대로 지껄였다는 내용을 활용하겠지. 아인슈타인 추모 행사에서 페피와 딱 한 번 직접 만났던 일화를 내가 얼마나 떠벌리고 또 떠벌렸는지, 그 일화 덕분에 식사 초대를 잔뜩 받았다는 자랑은 또 얼마나 해댔는지 적겠지.'

정말이지, 아버지가 즐겨 입에 담는 표현대로, 그래서 뭐 어쨌다는 건가? 연결고리를 찾아내려는 이런 노력은, 족보를 왜곡해서라도 유명인에게 닿고자 하는 병적인 집착 말고 무엇이겠는가? 친척일지도 모르는 사람의 회고록에서 나와 닮은 특징을 짚어냈다고 해서, 그게 무슨 증거라도 되는가? 그는 친척일까 아닐까? 친척이었을까 아니었을까? 나는 모른다. 알 수 없다. 영원히 모를 것이다. 그런데도 왜 이토록 끈질기게 관련이 있다고 믿고 싶어하는가? 아버지의 이야기와 그가 출연한 〈안네 프랑크의 일기〉를 참고하건대 한 인간으로서 상당히 불쾌했고 배우로서도 괴로우리만치 서툴렀던 사람과 관계를 맺지 못해 안달할 이유가 무엇인가? 스타의 발싸개, 유명인 이름 장사, 족보 위조자. 요즘 아버지는 샌프란시스코에서 한때 유명했던 마임 2인조 '실즈와 야넬'의 실즈가 우리와 친척인 것 같다고 말한다. 확실한 증거는 없지만. 그런 말을 들으면 나도 나름대로 생각나는 게 있다. 어쩌면 우리는 브룩 실즈와 친척인지도 모른다. 영화 〈끝없는 사랑〉의 막바지에, 그녀가 뉴욕의 어두운 호텔 방에서 데이비드에게 작별을 고하려고 하며 울먹일 때, 머리카락을 총총 땋아서 말아 올린 그 모습, 특히 그 입과 턱 부분이, 내가 10대 때 간혹 짓곤 했던 표정과 아닌 게 아니라 조금 닮았단 말이다.

성과 죽음 Ⅳ

■■■■■ 1986년에 드니 아르캉은 〈미제국의 몰락〉을 발표했다. 등장인물들이 성을 주제로 한 고담준론을 강박적으로 늘어놓는 영화였다. 17년 뒤에 속편인 〈야만적 침략〉이 선보였다. 이번에는 죽음을 주제로 한 강박적인 고담준론이었다. 성에 관한 영화는 '몰락'이고 죽음에 관한 영화는 '침략'이다. 눈여겨볼 대목이라고 생각한다.

버빗원숭이들이 식사를 할 때는 수컷 몇 마리가 무리에 등을 돌리고 앉아서 생식기를 잘 보이게 드러낸다. 죽은 동물의 고기를 찾아다니는 청소동물들이 가까이 오는 것을 막으려는 것이다. 낯선 동물이 접근하면 수컷들은 발기를 하고, 무서운 표정을 지어 보인다. 전투기 조종사들은 위험천만한 상황에서 탈출할 때 에피네프린(스트레스를 겪을 때 배출되는 호르몬) 수치가 극도로 높아지고, 간혹 사정을 하는 경우도 있다.

자동차 정비사이면서 어머니의 속옷 가게를 물려받아 운영하던 프랑스 사람 루이 레아르는 두 벌로 된 수영복을 디자인했다. 그 수영복을 사람들에게 공개하기로 한 날로부터 나흘 전에 미군이 북태평양의 작은 열도인 비키니 산호섬에서 핵무기 폭발 시험을 했다. 1946년 7월 5일, 레아르는 수영복을 공개하면서, 원자폭탄의 위력이 아니라 반지 모양 산호섬의 아름다움을 따서 비키니라고 이름 지었다고 발표했다.

교수형을 당하는 남자가 발기를 하고 오르가슴을 느끼는 경우가 있다. 목줄이 척수를 끊어놓기 때문이다. 목 바로 아래 신경들이 척수에서 도려내어지면 반사반응으로서 자동으로 사정이 된다. 오노레 도미에의 판화를 보면 사슬에 묶인 해골들이 가득한 고문실에서 목 매달린 남자가 사정을 했다. 사드 후작의 『쥐스틴』을 보면 테레즈가 롤랑을 잠깐 목매달아서 오르가슴을 느끼도록 돕는다. 롤랑은 탄성을 지른다. '오, 테레즈! 오, 이 느낌은 이루 형언할 수가 없어. 그 무엇도 뛰어넘는 느낌이야!' 『율리시스』에서 까까머리 소년은 '숨을 거둔다. 그 교수된 자의 급격한 발기로 죄수복 밖으로 정액이 흘러나와 조약돌 위에 방울방울 떨어진다. 벨링엄 부인, 옐버튼 배리 부인 그리고 머빈 텔보이즈 각하 부인이 앞으로 달려나가 손수건으로 그것을 적셔 훔친다.' 20세기 초에 병리학자 버나드 스필스버리 경Sir Bernard Spilsbury이 교수형을 당한 사람의 시체를 검시한 기록을 보면, 이번에는 '정액 분출'이 없었다고 쓰여 있다. 그 말인즉 다른 때는 종종 분출이 있었다는 뜻이다. 스필스버리라(스필spil은 '흘리다' '분출하다'라는 뜻—옮긴이)······ 1865년에 링컨 대통령 암살 공모자들을 처형한 사진을 보면 루이스 파웰은 목매달린 후에 발기를 했다.

18세기 런던에서는 교수형이 공개적으로 열렸다. 영국의 전기작가 제임스 보즈웰은 자주 참관을 했고, 죽은 사람의 얼굴을 들여다보기를 좋아했다. 한번은 아직 대롱대롱 매달린 시체들을 두고 보즈웰이 창녀에게 직행해서 말했다. '충격적인 잔상이 머릿속에 남았어. 꺼내버려야겠어.'

보즈웰의 희망은 말처럼 가벼운 일이 아니다. 미셸 우엘벡이 『소립자』에서 썼듯이 '감수분열의 순간에 염색체가 갈라지면서 절반의 염색체만을 지닌 정자와 난자를 생산해내는 일은 속성상 구조적 불안정을 일으킨다. 달리 말하면 성적 재생산에 의존하는 종들은 모두 본질적으로

생명이 유한할 수밖에 없다.'

19세기의 시인이자 비평가 프랜시스 폴그레이브 경은 『상인과 수도사*The Merchant and the Friar*』에 이렇게 썼다. '처음으로 맥박이 뛸 때, 근육이 떨릴 때, 장기들이 활기차게 살아날 때, 그때 죽음의 씨앗도 싹튼다. 우리 몸의 손발이 채 갖추어지기도 전에 그들이 들어가 누울 좁은 무덤 파기가 시작된다.'

벨기에 과학자 쥘 보르데Jules Bordet가 말한 명제는 100년 전에 크게 유행했다. '삶은 시시각각 위협당하는 평형을 가까스로 유지해가는 과정이다.'

'남자애들은 페즈 사탕통(알약 크기의 사탕을 하나씩 꺼내 먹을 수 있는 한 뼘 길이 사각 기둥 모양의 사탕통 ─ 옮긴이) 같아요. 젖꼭지를 보여주면 바로 발기해요.' 어느 10대 소녀의 말이다.

『생의 비극적 의미*The Tragic Sense of Life*』에서 미겔 데 우나무노는 이렇게 썼다. '사는 것은 자신을 내놓고, 자신을 이어가는 일이다. 그리고 자신을 이어가고 자신을 내놓는 일은, 곧 죽는 일이다. 번식 행위가 엄청나게 즐거운 까닭은 어쩌면 죽음의 맛을 미리 느끼기 때문인지도 모른다. 자기 생명의 정수가 조금 흘러나온 것을 미리 맛보기 때문인지도 모른다. 우리는 남과 결합하지만 그럼으로써 우

리 자신은 분열한다. 가장 친밀하게 포옹할 때 가장 은밀하게 우리의 뿌리가 뽑힌다. 성애의 즐거움, 곧 유전적 경련의 본질은 타인 속에서 자신이 부활하고 소생한다는 느낌에 있다. 우리는 오로지 타인 속에서만 자신을 소생시키고 이어갈 수 있다.'

어느 미국인 남자 대학생은 말했다. '죽음을 떠올리면, 실제 나이는 수백만 살이지만 얼굴은 마흔 살로 보이는 사람의 모습이 그려져요.'

버지니아 울프는 44세일 때 일기에 적었다. '삶은, 내가 10세부터 줄곧 말해온 대로, 무지무지하게 흥미롭다. 44세인 지금의 삶은 24세일 때보다, 굳이 말하자면, 더 빠르고, 더 통렬하고, 뭐랄까, 더 절박하다. 나이아가라폭포를 향해 달려가는 강물처럼. 죽음도 새롭게 보게 된다. 죽음은 활동적이고, 긍정적이고, 다른 것들과 조금도 다르지 않고, 신난다. 그리고 무척 중요하다. 하나의 경험으로서.'

이탈리아의 시인이자 철학자 자코모 레오파르디는 이렇게 썼다. '죽음은 악하지 않다. 오히려 악한 것들로부터 우리를 해방시킨다. 좋은 것들을 빼앗아가는 건 사실이지만, 좋은 것들을 바라는 욕망까지 앗아간다. 제일로 악한 것은 늙는 것이다. 온갖 즐거움을 앗아가면서도 즐거움을 바라는 마음은 남겨두고, 대신 온갖 고통을 안기기 때문이다. 그런데도 우리는 죽음을 두려워하고 늙은 채로 있기를 바란다.'

체코 출신의 극작가 톰 스토파드가 한 말이다. '성숙 대신 치르는 값비싼 대가가 늙음이다.'

안토니우스는 클레오파트라에게 말했다. '나는 죽어간다, 이집트여, 나는 죽는다.'

『의사의 종교 Religio Medici』를 쓴 의사 토머스 브라운 Thomas Browne은 말했다. '사람은 사는 데 이력이 붙은 나머지 죽을 마음이 안 난다.'

공자는 곧 죽으리라는 것을 알고 울었다.

사람은 누구나 몸이 있다. 몸은 모두 죽는다. 당신의 몸도 그런 몸이다.

2차 대전 때 아버지는 정보교육부대에 배속되었다. 아버지의 임무는 미국의 우방과 적에 관해 병사들에게 가르치고, 소속 병사들의 소식을 병사의 고향 신문에 알리는 일이었다. 사병이 일병으로 진급하면 그 사병의 고향 신문에 보도자료를 보내어 그가 '포화 아래 발휘한 용기'나 '군인다운 태도' 때문에 진급했다고 알리는 식이었다. 1945년 8월 8일, 오키나와 병영 한가운데 선 라디오 방송

본부에서, 일본이 무조건 항복을 선언했으며 그날 오후에 도쿄 만 영해의 함정에서 평화조약에 서명할 것이라는 소식이 흘러나오자, 아버지는 정신 나간 사람처럼 흥분하여 식당으로 달려갔다. 그리고 취사 담당 하사관 콜먼 피터슨에게 자기가 그 대신 120명 부대원의 아침 급식을 맡겠다고 말했다.

피터슨 하사관은 아버지더러 정신이 나갔다고 하면서 첫 줄에 선 사람들이 달걀이 너무 딱딱하네 팬케이크가 너무 얇네 투덜거리는 걸 대여섯 번만 들으면 그만두고 싶어질 거라고 충고했다. 아버지는 더글러스 맥아더 장군이 아니라 그 할아버지가 와도 자기를 막지 못할 거라고 대꾸했다.

피터슨은 달걀과 팬케이크를 담는 것만은 자기가 해야겠다고 고집했다. 아버지는 흔쾌히 동의하고, 허리에 앞치마를 묶었다. 급식을 받으러 온 첫 병사가 오늘 아침 메뉴는 뭐냐고 묻자, 아버지는 노래하듯 지저귀었다. "프렌치토스트에 얹은 말똥입니다! 아니, 사실은 승전 기념 특별 메뉴입니다. 스크램블 달걀, 베이컨, 먹고 싶은 만큼 얼마든지 먹어도 좋은 팬케이크, 그리고 이 섬에서 가장 진한 커피!"

당연한 일이지만 아버지라고 불사의 몸은 아니다.

요전에 내가 찾아갔을 때의 이야기이다. 아버지는 언제나 그러듯 내 몸 상태가 어때 보인다는 둥 평을 했고, 역시 언제나 그러듯 한 손으로 운전하는 내 버릇이 얼마나 위험천만한지 일장연설을 했다. 또 언제나 그러듯 내털리가 아직도 수영 강좌를 신청하지 않았느냐고 물었다. 아버지는 내털리가 워싱턴 호수에서 어정대다가 빠져 죽을까봐 걱정이 컸다. 아버지가 내털리에게 줄 생일 선물을 사야 했기에 함께 백화점으로 갔는데, 아버지는 언제나 그러듯 내게 계산을 시켰다. 아버지는 그리 넉넉하지 않은 재산을 단단히 틀어쥐고 있으려는 게 분명하다.

이튿날에 함께 늦은 아침을 먹기로 해놓고, 내가 약속 시각에 15분 늦었다. 가 보니 아버지가 훌쩍대고 있었다. 내가 차 사고로 죽은 게 아닌가 걱정되어 호텔에 전화를 걸고, 911에 전화를 걸고, 시애틀의 아내에게까지 전화를 걸어서 내가 어디 있는지 아느냐고 물었다는 것이다. 식당에서 아버지는 그 이상 밍밍하기도 힘들 것 같은 수프가 너무 짜다면서 격렬하게 비난했다. 아버지는 강렬한 무언가가 일상의 리듬을 흐트러뜨리는 일을 절대 바라지 않았다.

나는 아버지를 몇 달 만에 만난지라, 급격하게 쇠약해

진 아버지의 모습에 깜짝 놀랐다. 아버지는 좁은 집 안에서 쉴 새 없이 비척비척 돌아다녔다. 새로 생긴 강박에 따라 갖고 있던 물건들을 거의 남김없이 내버렸기 때문에 집안은 휑했다. 아버지는 시끄럽고 힘겹게 숨을 쉬었다. 눈동자는 흐리멍덩하니 빛이 없었다. 왼쪽 눈 아래 살갗이 축 늘어졌다. 왼쪽 귀는 피부암 수술을 받을 때 조금 잘려나갔다. 아버지는 설사와 변비를 왔다갔다했다. 바지 지퍼 올리기를 자주 까먹었다.

영화 〈식코〉가 시작하기를 기다리며 앉아 있을 때, 아버지는 내게 생명 탄생의 비밀을 언제 어떻게 알았느냐고 물었다. 뒷줄에 앉은 사람들이 킬킬 웃음을 터뜨렸고, 이제 와서 아버지와 생식의 신비를 논하는 것은 좀 늦은 일이 아닌가 싶었지만, 좌우간 대답하는 수밖에 없었다. 아버지의 보청기가 잘 작동하지 않았기 때문에 나는 꽤 큰 소리로 다양한 자료들을 참고했노라고 대답했다. 다행인지는 몰라도, 먹통이 된 보청기 때문에 아버지는 영화 내용을 하나도 알아듣지 못했다. 아버지는 불이 켜지기 전에 극장을 나서느라 하마터면 계단에서 크게 구를 뻔했다. 주변 사람들이 일제히 숨을 삼켰다.

'나는 24시간 피곤하다.' 내가 집으로 돌아온 뒤에 아버지가 보낸 편지이다. '1년 전만 해도 수영장을 열 바퀴쯤 돌 수 있었다. 지금은 서너 바퀴쯤 가능할까. 잠은 또 왜 그렇게 자고 싶은지. 타이레놀 PM 수면제를 먹고, 두 번에 나눠서 잔다. 9시 반에서 4시 반까지 자고, 아침을 먹은 뒤에 두어 시간 더 자고, 간간이 한 시간쯤 낮잠도 잔다. 예전에는 우드레이크 18홀 골프장에 자주 나갔는데 요즘은 그 유혹에도 심드렁해졌다. 두어 달째 한 번도 나가지 않았어. 긍정적인 면을 찾자면, 아직도 매일 30분씩 체육관에서 운동한다. 보통은 실내 자전거를 타지. 점심 먹은 뒤에. 강행군이야. 하지만 할 수 있는 게 다행이고, 해낼 의지가 있는 게 기쁘지. 요약하자면 성가신 문제들 중 몇 가지는 세월 탓이라고밖에 할 수 없겠다. 너는 늘 그렇게 생각했는데, 네 말이 옳아. 97세는 79세가 아닌 거지.' 부분적으로나마, 그리고 떨떠름하게나마 이 사실을 인정한다는 것은 아버지로서는 쉽지 않은 말 바꾸기였을 것이다.

마지막으로 한 번 더, 처음부터 끝까지

생식 임무를 다하는 순간, 우리는 버려도 좋은 존재가 된다.

성적으로 성숙한 뒤에는 몸의 최대 효율이 떨어지기 시작한다. 조지메이슨 대학 생물학 교수인 해럴드 모로위츠Harold Morowitz가 말했듯 '완벽한 질서를 유지하는 데에는 무한한 노력이 필요하기' 때문이다. 또한 쇠락은 누적되는 경향이 있다.

19세기 말에 독일 생물학자 아우구스트 바이스만은 '유전자를 다음 세대로 전달하는 생식 세포들은 불멸하되 나머지 세포들은 늙어 죽어간다'고 구분했다. 바이스만에 따르면 우리가 죽는 이유는 '낡은 조직이 언제까지고 재생하지는 못하기 때문이다. 그리고 세포분열을 통한 성장 능력은 무한하지 않고 유한하기 때문이다.'

임무를 다 수행한 몸에 어떤 일이 벌어지든 자연은 별 관심이 없다. 어느 종 개체들의 생식 가능 수명은 총 수명과 최대한 같아지는 방향으로 나아간다. 한 마디로, 생리적 자원은 번식에 투입되는 것이지, 번식 이후의 수명을 연장하는 데 쓰일 것이 아니다.

나이 든 개체에게는 자연선택의 힘도 덜 미친다. 자연선택이 빚어낸 사람의 생리학은 40대까지 노화와 사망의 확률이 착실히 증가하게끔 만들어져 있다. 생식 최적기를 지나버린 사람에게 재난이

닥치든 말든, 그 결과는 대체로 종 전체의 생존에 무의미하다.

자연은 인생 초기에 유용한 역할을 하는 유전자들을 쌓아놓기를 좋아한다. 그 유전자들이 인생 후기에 해로운 영향을 미치더라도 상관없다. 정상적인 환경에서라면 동물은 대개 그 악영향이 실제로 문제를 일으키는 시점까지 살지도 못하기 때문이다. 몸에서 암을 막아주는 메커니즘은 또한 노화도 방지한다. 수명이 긴 종은 수명이 짧은 종보다 세포 차원의 보호 체계가 훌륭하다는 뜻이므로, 암도 더 늦게 걸린다.

우리 몸에는 솔방울샘이라는 생체 시계가 들어 있다. 솔방울샘은 내 나이가 얼마인지, 내가 생식의 전성기를 지났는지 아닌지 알고 있다. 효율적으로 번식할 나이가 지났다고 판단하는 순간, 솔방울샘은 멜라토닌 생산량을 줄이기 시작한다. 그러면 몸의 여러 계통들이 무너지기 시작하고, 노화가 시작된다. 이때가 약 45세쯤이다. (여성이 남성보다 솔방울샘이 큰데, 그 때문에 여성이 더 천천히 늙고 더 오래 사는 것인지도 모른다.)

멜라토닌 농도가 낮아지면 정확하게 어떤 일이 벌어질까? 예를 들면 면역계가 작동을 멈추고, 내분비계가 성 호르몬을 적게 내놓는다. 성 호르몬 농도가 낮아지면 남녀의 생식기가 위축되고, 더불어 성에 대한 흥미나 수행 능력이 감퇴한다. 아버지의 연장은 90세에 끝내 은퇴했다.

성체가 된 지 한참 된 나방들은 젊은 나방들의 움직임을 흉내내

곤 한다. 포식자의 시선을 젊은 나방에게서 자기에게로 옮겨와 제 목숨을 희생함으로써 종 전체의 이득을 추구하는 것이다. 내가 이 제껏 지지부진 늘어놓은 이야기는, 어쩌면 이 한 문장으로 요약할 수 있을 것이다. 개체는 중요하지 않다. 아버지, 당신도, 거시적인 관점에서는, 중요하지 않아요. 저도, 물론, 중요하지 않아요. 우리는 세포들의 생명을 전달해주는 매개동물에 지나지 않아요. 우리는 각자 10개에서 12개쯤 돌연변이 유전자를 갖고 있는데, 어쩌면 치명적인 돌연변이일지도 몰라요. 우리는 그 돌연변이들을 아이에게 전달하지요. 아버지는 제게, 저는 내털리에게. 유전자가 불멸하는 대신 우리는 늙어 죽는 대가를 치러야 해요. 아버지는 이 사실에 영혼이 갈가리 찢기는 것처럼 느끼죠. 저는 그 사실에 짜릿하고 속이 시원해요. 제가 보기에 삶은 단순하고 비극적이에요. 그리고 기이하리만치 아름다워요.

떠나는 사람들에게 묻다

인생의 의미가 무어냐는 질문에 고생물학자 스티븐 제이 굴드는 답했다. '우리가 여기에 있는 까닭은 어느 유별난 물고기들이 특이한 지느러미 구조를 가졌기 때문이다. 그 지느러미가 다리로 변해서 육상 생물이 탄생했기 때문이다. 또 운석이 지구를 덮쳐서 공룡을 멸종시켰기 때문이다. 그래서 그런 일이 없었다면 살아남지 못했을 포유류가 기회를 잡았기 때문이다. 또 여러 차례 빙하기를 거치면서도 지구가 단 한 번도 꽁꽁 언 적은 없기 때문이다. 또 25만 년 전에 아프리카에서 어느 작고 끈질긴 종이 생겨났고, 그들이 온갖 수단을 동원하여 지금까지 살아남았기 때문이다. 사람들은 "고차원적인" 대답을 갈구하지만, 사실 그런 답은 없다.' (다윈은 진화론에 대해 '이러한 시각으로 생명을 바라보면 장대한 감격이 느껴진다'고 했다. 스토파드는 진화에 대해 이렇게 말했다. '신이 존재한다는 생각은 터무니없이 비상식적인 것 같다. 하지만 끈적끈적한 초록색 덩어리가 충분히 시간이 흐른 뒤에는 셰익스피어의 소네트를 쓸 수 있게 될지도 모른다는 그 대안 명제에 비해서는 좀더 말이 되는 것 같다.')

와이오밍 주 샤이엔에서 철거회사를 운영하는 로버트 윌코스케는 말했다. '동물들은 어떻게든 살아보려고 끝까지 죽자사자 싸웁니다. 방울뱀이 땅다람쥐를 삼킬 때도 말이죠, 땅다람쥐는 벗어나려고 버둥댄단 말이죠. 하지만 뱀이 일단 물었다 하면 다람쥐는 먹히는 겁니다. 사람도 다를 게 없어요. 나는 동물들이 싸우는 걸 많이 봤습니다. 동물들은 아무리 세가 불리해도 끝까지 싸웁디다. 결국 질 것이 뻔한데도 살아보려고 죽을 때까지 아등바등합니다. 사람도 무슨 대단한 목적 때문에 살아 있는 게 아니에요. 살아 있으려는 본능일 뿐이지. 하기야 뭐, 나는 그쪽에 전문가가 아니니까요.'

택시 운전사 호세 마르티네스는 말했다. '우리는 죽으려고 사는 겁니다. 살다 죽는 거죠. 나도 낚시나 좀 하고, 여자친구랑 놀고, 세금을 내고, 책도 좀 읽고, 그러다가 나가떨어질 때가 되겠죠. 여기 있거나 아니면 없거나, 그 밖에 뭐가 있나요. 사람도 바람이에요. 내가 가고 나면 다른 사람들이 오겠죠. 사람은 자기 스스로 망하게 되어 있고, 달리 어쩔 수가 없어요. 더 나은 방법을 찾기에는 늦었다고요. 마음 단단히 먹고 받아들이는 수밖에. 세상의 질병들을 이기는 방법은 핵전쟁밖에 없어요. 싹 쓸어버리고 처음부터 다시 시작하는 것.'

우디 앨런은 말했다. '우리는 홀로 우주를 누비며, 절망과 고통에 못 이겨 서로 끔찍한 폭력을 휘둘러대는 존재들이다.' 반전은 없다.

영국의 경제학자 윌프레드 베커먼Wilfred Beckerman은 말했다. '인류가 진화 과정에서 한낱 작은 점 이상으로 발전할 가능성은 아주 작다.'

랩 가수 아이스티는 말했다. '우리 인생은 물 위로 잠깐 머리를 내밀어, 주변을 둘러보고, 다시 가라앉는 것이다. 인간도 이 거대한 정글에 사는 한 동물일 뿐이다. 우리가 가진 많은 본능은 전부 동물적이다. 우리는 화가 나거나 식량이 필요해서 남을 죽인다. 아기를 낳는 이유는 그러면 기분이 좋은데다가, 우리에게는 남을 보살피려는 본능이 있기 때문이다. 아이를 낳으면 자기 자신을 다시 보게 된다. "아, 이러자고 내가 태어난 거구나" 하고 깨닫는다. 인생은 정말로 짧고 나도 곧 죽을 테니까, 나 대신 물 위로 고개를 내밀고 있을 다른 사람이라도 남겨야 하는 것이다. 그 다음엔 그저 다음 세대가 자랄 때까지 버티는 시간일 뿐이다. 그러니까 수선 피우지 말고 그냥 번식하면 된다. 종을 유지하면 된다.'

묘지기의 조수인 니컬러스 비슬로키는 말했다. '무덤 파는 사람이 된다는 게 처음에는 영 내키지 않았어요. 날마다 보는 게 애달파하는 가족들뿐이죠. 관을 나를 때는 그 안에 누가 누웠을까 상상하게 돼요. 제일 마음이 뭉클한 것은 어린애들이 죽었을 때죠. 아이들은 순수하니까 관이 흰색이고, 관 크기도 1미터쯤 될까, 작지요. 그 애들은 뭘 경험할 틈도 없었잖아요. 뭔가 도둑맞은 것이나 마찬가지죠. 그 작고 하얀 관을 볼 때면 우리 인생이 얼마나 짧고 덧없는가 뼈저리게 느껴요.'

아버지가 97번째 생일을 맞기 직전에, 그처럼 긴 인생을 살면서 배운 점이 무엇이냐고 내가 물었다. "오래오래 건강하게 사는 비결은 하루에 30분이라도 매일 운동을 하고, 무슨 일이 있어도 그 원칙을 사수하는 거다." 장수하는 비결을 물은 게 아니라 그게 다 무슨 의미이더냐, 의미가 있기는 있더냐 물은 거라고 하자, 아버지는 으쓱 하더니 진부한 '진실'들을 총총 꺼내어 말했다. "늙는 데 위안이 하나 있긴 있지. 이 일을 다시 할 필요는 없다는 것." "죽는 건 쉽다. 아무리 못난 사람이라도 그건 하잖니. 사는 게 재주지." "이것저것 다 고려해보면, 1910년의 뉴욕 브루클린보다는 지금이 훨씬 살기 좋은 세상이라고 해야겠지." 이 말에서 생각이 났는지, 아버지는 자신이 학업을 계속했으면 어땠을지 상상했다. 시티 칼리지 뉴욕에서 학사학위를 받았다면, 그 뒤에 컬럼비아 대학에서 저널리즘 석사학위를 받았다면, 그러면 아버지는 꿈을 이뤘을지도 모른다. (아버지의 영웅인 레드 스미스Red Smith[본명은 월터 스미스—옮긴이]의 뒤를 좇아서) 뉴욕타임스의 스포츠 칼럼니스트가 되는 꿈을. 그 생각에 아버지는 울음을 터뜨렸다. 아버지는 이야기를 맺고 "산책이나 하자"고 했다. 우리는 산책을 했다. 아버지는 이제 테니스도, 골프도, 달리기도 하지 않는다. 우드레이크 단지 다섯 바퀴, 그러면 1.5킬로미터가 좀 넘는데, 그만큼을 뛰지 못하는 것은 상상도 안 된다고 예전에 아버지는 말했다. 요즘 아버지는 발을 끌면서 한 바퀴를 겨우 돈다. 그마저도 자주 길가 의자에서 쉬어야 한다.

이 현실에 대해서 아버지는 지금껏 누구도 생각하지 못했을 신선한 해석을 제기했는데, 어쩌면 몇 차례나 일정을 조정한 끝에 결국 며칠 전에 받은 대장내시경 검사 때문인지도 모른다고 했다. 아버지는 검사를 마치고 집으로 오는 내내 간호사들이 자신을 얼마나 '무례하게' 다뤘는지 모른다며 분통을 터뜨렸다. 아버지는 검사를 받을 때 겉옷에 오줌과 똥을 지렸다는 사실에 굴욕감을 느꼈다. 검사 결과 암이 아니었다. 아무 병도 아니었다. 다만 심하지 않은 결장주머니염이 있는데, 그것은 비교적 쉽게 치료할 수 있다고 했다. 하지만 이제 아버지는 그것에 집착하며 우울해한다(집착과 우울이 아버지에게는 생명력이나 마찬가지라는 사실을, 나는 이제야 깨닫는다).

아버지를 기리는 만장에서 내가 하고 싶은 이야기들.

1930년대 초에 아버지는 동부에서 마이너리그 심판을 보았다. 간혹 에밋 애시퍼드Emmett Ashford와 짝을 지어 일하기도 했다는데, 애시퍼드는 연예인 기질이 다분한 사람으로 30년 뒤에 메이저리그 최초의 흑인 심판이 되었다. 아버지가 홈플레이트 뒤에서 취한 광대 같은 동작들 때문에 아버지를 '백인 애시퍼드'라고 부른 사람들도 있었다. 아버지와 나는 코우팩스가 등판하는 날이나 방망이를 나눠주는 행사가 열리는 날이 아니라 애시퍼드가 주심을 보는 날에 샌프란시스코 자이언츠 경기를 보러 갔다. 아버지는 경기 내내 쌍안경을 애시퍼드에 고정시키고 간혹 말했다. "에밋이 스트라이크를 낮게 잡아주네." "저건 에밋이 틀렸지." "저 녀석이 에밋한테 한 번만 더 툴툴거렸다가는 에밋이 당장 나가라고 할걸." 그래서 내가 고개를 들어보면 아니나 다를까 에밋이 선수에게 퇴장 명령을 내렸다.

골든게이트 공원에서 열린 그 경기는 대단한 리그 경기는 아니었다. 덜 유명한 리그 경기도 아니었다. 그것은 산업 리그라고들 하는 리그의 경기였다. 기계공 팀과 회계원 팀이 붙었다. 태평양 가스 및 전기회사 팀이 웨스턴 항공 팀과 붙었다. 그래도 그들은 진짜 하드볼을 던졌고, 목숨을 걸고 싸웠고, 선수의 아내들은 광분한 여학생들처럼 응원했고, 내 아버지가 심판이었다. 아버지는 일요일 아침이면 스파이크 운동화와 금속 마스크를 들고, 푸른 유니폼 아래에 가슴 보호대를 착용하고, 홈플레이트에서 먼지를 떨 용도로 작은 양복솔을 호주머니에 쑤셔 넣고, 경기장으로 향했다. 아버지가 심판을 보는 장면을 처음 보았던 날을 나는 잊지 못한다.

야구장이라고 하기에는 좀 쑥스러웠다. 그저 담장이 없는 널따란 공터였다. 그래도 다이아몬드는 그려져 있었고, 양쪽에 덕아웃이 있었고, 반원형 스탠드 관람석도 있었다. 나는 그물망 뒤에 서서 데니스 레스토랑과 세이프웨이 마켓의 시합을 관전했다. 둘 다 내게는 아무 의미 없는 팀이었다. 몇 회가 지난 뒤에 나는 아버지가 어디 있나 찾아보았다. 다음 경기를 준비하고 계시리라고 생각했다. 그 순간, 포수 뒤에 쭈그리고 앉아서 공 하나하나를 판정하는 푸른 옷의 덩치 큰 남자가 바로 아버지임을 알아챘다. 세계 어느 곳, 어느 리그, 어느 경기장에서는 관중이 자신들의 경제적, 성적 좌절감을 저 외로운 심판의 일거수일투족에 투사하는 일도 있을지 모르겠지만, 1966년 여름의 어느 일요일, 샌프란시스코 골든게이트 공원에서는 그런 일은 없었다.

데니스 레스토랑과 세이프웨이 마켓은 평균미달의 경기를 펼쳤다. 그래서 곧 관중의 시선은 아버지에게 쏠렸다. 타자가 삼진을 먹으면 아버지는 분해하는 그 희생자의 몸짓을 따라 했다. 타자가 볼

넷으로 출루하면 아버지는 시합을 빠르게 진행시키려고 일루 중간까지 따라 뛰었다. 심판은 아버지 한 사람뿐이었다. 그래서 공이 외야로 떨어지면 아버지는 파울선까지 달려가서 공이 제대로 잡혔는지 확인했고, 공이 내야로 떨어지면 제대로 판정을 하려고 일루까지 달려가서 관찰했다. 비행기를 인도하는 사람처럼 죽 뻗은 팔을 휘두르며 세이프를 선언했다. 엄지를 획 젖혀 아웃을 선언할 때는 아버지의 몸 오른쪽이 따라서 기울었다. 공수교대 시간에는 야구공 3개로 저글링을 했다.

아버지는 하루 종일, 아침 10시에서 저녁 6시까지, 기나긴 네 경기를 심판했다. 마지막 시합이 끝나자 팬들이 박수를 보냈다. 관중은 가볍게, 예의상, 산발적으로 박수를 쳤고, 어쩌면 이긴 팀에게 보내는 갈채였을지도 모르지만, 내 귀에는 우레 같은 기립박수 소리로 들렸고, 심판에게 감사하는 소리로 들렸다. 나도 그물망 뒤에서 함께 박수를 쳤다. 나는 아버지에게 응원을 보냈다.

내가 세상에서 가장 사랑하는 두 가지는 언어와 스포츠이다. 나는 그 사랑을 아버지에게서 배웠다. 이제 나는 운동선수와는 거리가 멀다. 요통이 있고, 어깨 힘줄염이 있고, 무릎관절이 불안정하고, 양쪽 다리에 균형이 맞지 않아서 신발에 깔개를 깔았고, 얼마 전부터는 뒷목이 저릿저릿할 때가 있다. 반면에 97세인 아버지는 테니스 엘보 말고는 그다지 아픈 데가 없는 것 같다. 아버지는 비가 오면 짜증을 낸다. 밖에서 걸을 수 없고 실내에서 운동해야 하기 때문이다. 그래서 짜증을 낸 뒤에 체육관으로 가서 운동을 한다. 아버지는 요즘도 거의 매일 수영한다. 아주 최근까지만 해도 골프를 쳤고, 이따금 테니스도 쳤다. 아버지는 내가 아는 가장 정력적인 사람이다. 우리 가족이 샐먼 강으로 뗏목 여행을 갔을 때의 이야기를 아버지가 쓴 게 있다. '나는 다음날 아침 6시에 일어났다. 불쏘시개나 땔감으로 쓸 나무를 알아서 모아왔다. 다른 식구들은 침낭 속에서 비비적대다가 7시 30분 아침식사 시각에 맞춰서 겨우 일어났다.'

내가 6세 때부터, 아버지와 내가 매일 아침 제일 먼저 한 일은 신문 스포츠면을 읽는 것이었다. 내가 가장 애틋하게 간직한 기억은 20년쯤 전의 일인데, 아버지 댁의 소파에 우리 둘이 나란히 앉아서 사위가 어둑한 가운데 라디오 중계를 들었던 일이다. 다저스와 자이언츠의 경기였다. 마이크 마셜이 10회에 3점 홈런을 날려서 다저스가 이긴 순간, 아버지와 나는 마주보았다. 야릇하게도 우리 둘 다 눈물을 흘리고 있었다.

스포츠가 우리를 묶어주었듯 단어들도 그랬다. 나는 아버지가 웃긴 말장난, 별로인 말장난, 형편없는 말장난을 사랑하는 것을 사랑한다. 농담과 이야기를 능란하게 해내는 능력을 존경한다. 내 대학 졸업식 하루 전에 우리는 로드아일랜드 역사협회가 관리하는 존 브라운 하우스를 관람하러 갔다. 판에 박은 듯한 내용으로 미국 역사를 설명하는 안내원의 말이 그렇게 단조로울 수가 없었다. 아버지와 나는 웃지 않으려고 무진 애를 썼지만, 이 방 저 방 옮기는 도중에 급기야 무례하게도 킥킥 웃음을 터뜨려 웃다가 죽을 뻔했다. '지배적 패러다임을 전복하라.' 자동차 스티커로 자주 쓰이는 이 문장은 이제 문화적 클리셰나 다름없는 표현이 되었다. 아버지가 내게 가르쳐준 것이 어떻게 보면 바로 그런 자세였다. 기존의 지혜를 의심해보라는 것, 스스로 본 시각을 고집하라는 것, 언어를 운동장처럼 생각하라는 것, 운동장을 천국처럼 생각하라는 것. 아버지는 내 입과 내 타자기에서 흘러나오는 단어들을 사랑하라고 알려주었고, 내가 내 몸에 깃들어 있다는 사실을 사랑하라고, 다른 누구의 거죽이 아니라 내 거죽에 담겨 있는 사실을 사랑하라고 알려주었다.

아버지를 비롯하여 군인 5천 명을 시애틀에서 오키나와로 실어 나르는 군 수송선 안, 1945년 5월. 아버지는 사흘 밤낮 이어진 포커 시합에 끼었다. 선수들은 화장실에 갈 때나 밥을 먹을 때나 잠을 잘 때 빼고는 판을 떠나지 않았다. 한 달 전에 오키나와에서 해군이 상륙작전을 벌이다가 상당한 희생을 치렀다는 사실을 모두 알았다. 그래서 아버지에 따르면 '내일이면 다 죽을 텐데' '돈이 다 무슨 소용이야' 같은 체념의 기운이 포커 시합에 감돌았다.

셋째 날, 아버지는 남들보다 1천 달러를 더 딴 상태였다. 병사들이 한 게임은 7장 스터드였다. 아버지는 첫 두 장에서 킹을 뽑았다. 아버지는 당장 판돈 최고액인 2달러를 걸어서 경쟁자를 가급적 많이 떨어뜨리려 했다. 이것은 할아버지에게 배운 포커 전략이었다. 아버지는 네번째 카드로 또 킹을 뽑았다. 이제 아버지가 쥔 패를 이길 수 있는 사람은 거의 없다 해도 좋았다.

다섯번째 카드를 뽑을 때는 단 두 명이 남았다. 아버지, 그리고 조지아 출신의 젊은 사병 '레벨'이었다.

아버지가 2달러를 걸자 레벨이 받았다. "올리지요, 하사관님. 2달러하고 2달러 더."

아버지는 레벨이 페어 아니면 스트레이트를 갖고 있다고 판단하고, 2달러를 올려서 따라갔다. 할아버지가 가르쳐준 두번째 포커의 교훈. 절대로 상대의 허세에 눌리지 말라. 마지막에 단 둘이 남았을 때는 더욱. 할아버지는 말했다. '상대가 솔직하게 나오도록 묶어둬야 한다. "따라가다가" 마지막 동전 한 닢까지 처박는 한이 있어도. 명심해라.'

여섯번째 카드를 돌릴 때, 아버지가 먼저 걸었고, 레벨은 거기에 또 2달러를 얹었다. 아버지는 이제 킹이 네 장이었다. 레벨이 펼쳐둔 패를 볼 때 킹 네 장을 밟을 만한 패를 쥐고 있을 리는 만무했다. 아버지는 레벨을 따라 금액을 올렸다.

일곱번째 카드는 '숨기는' 장이었다. 아버지가 레벨에게 말했다. "올리는 사람 마음이니까, 자네한테 달렸네, 레벨."

"저를 따라오시려면 4달러 더 내셔야겠는데요, 하사관님." 레벨의 친구들이 왁자하게 웃어댔다.

아버지는 레벨을 쳐다보면서 패가 뭐냐고 물었다.

"별 건 아니지만 스트레이트를 가졌습죠." 레벨은 판돈 75달러를 긁어모으려고 했다.

"그걸론 안 되겠는데, 레벨." 아버지는 킹 넉 장을 펼쳤다.

레벨은 카드를 탁자에 팽개쳤다. "어쩌면 그렇게 빌어먹을 유대인들처럼 포커를 하신답니까!" 레벨은 '유대인Jew'의 '주'를 여러 음절 발음인 것처럼 길게 잡아 늘여서 아버지가 듣기에는 '쥬—우'라고 하는 것 같았다.

식사 시간을 알리는 종이 울렸고, 포커판은 깨졌다. 아버지는 레벨에게 물었다. "'빌어먹을 유대인들처럼 포커를 하다'니 무슨 뜻이지?"

레벨은 자기 아버지에게 들었다면서 유대인은 모두 약삭빠르게 포커를 잘 친다더라 했다. 아버지는 브루클린의 자기 친구들 중에는 레벨이나 그 친구들만큼 형편없는 포커 선수도 있다고 했다. (할아버지는 좋은 패를 갖게 되면 갑자기 자세를 바꿨다. 의자를 탁자에 바싹 끌어당기고, 이디시어로 "우베르 예츠Ubber Yetz"라고 말했는데, 그것은 거칠게 번역하면 "하지만 이제……"라는 뜻이다. 전투에 돌입할 테고 나는 준비가 되었다는 의미였다. 다른 사람들은 웃음을 터뜨리며 말했다. "이봐, 샘이 그 '우베르 예츠' 패를 가졌나본데. 누가 좀 확인해봐." 그러면 할아버지는 말했다. "농담은 됐고. 지금 여기 포커 치려고 모인 거 아니야? 내가 시작으로 25센트를 걸지. 누구 들어올 사람?" 한두 명이 남아서 판을 이어갔고,

보통 할아버지가 따기 마련이었다. 판돈이래봤자 큰 액수였던 적은 없지만.) 그러고서 자기가 유대인이라고 밝혔다. 레벨은 믿지 않았다. 아버지는 푸른 눈동자에, 금발에, 피부가 볕에 타서 까맸다. 아버지는 증거를 보여줄 테니 같이 변소에 가서 할례 받은 물건을 보겠느냐고 했다. 레벨은 알았다고, 믿는다고 했다.

코미디언 대니 케이는 아버지와 함께 PS149(뉴욕은 각 행정구역에 따라 PS(퍼블릭 스쿨) 뒤에 숫자를 붙여 초등학교 이름을 만드는데, 일상적으로는 다른 이름을 쓰기도 한다. 여기서 말하는 PS149는 브루클린 퀸즈 지역의 149번 학교로, 현재는 '대니 케이 초등학교'라고 불린다—옮긴이)를 다닌 동급생이다. 1950년대 중반, 내가 태어난 직후에, 케이가 할리우드볼에서 단독 공연을 열었다. 부모님은 친구 대여섯 명과 함께 구경을 갔다. 케이가 공연 도중의 쉬는 시간에 무대로 올라와서 관객 중에 브루클린 출신이 있느냐고 물었다. 적잖은 사람들이 손을 들었다. 케이는 개중에서 PS149를 나온 사람이 있느냐고 물었다. 10명쯤이 계속 손을 들고 있었다. 케이는 PS149의 응원가를 기억하는 사람이 있느냐고 물었다. 오직 아버지만 계속 손을 든 채로 있었다. 케이는 "좋습니다, 불러보자고요" 하더니 밴드에게 손짓을 했다. 어머니는 "밀턴, 창피하잖아요, 앉아요"라며 아버지의 코트를 잡아당겼지만 친구들이 어머니에게 괜찮으니까 그냥 두라고 했다. 대니 케이와 아버지는 모교의 응원가를 불러젖히기 시작했다.

149는 우리의 학교

어려움을 이겨내고

착실하고 바르게

모교를 따르리

149에 충성하리

라라

높이 들자

붉고 흰 깃발

응원하자

온 힘을 다해

149에 충성하리

장내는 열광의 도가니가 되었다.

나는 요즘 이런 꿈을 새로 꾸기 시작했다. 사막 한가운데서 아버지가 부츠를 벗고 속에 든 자갈, 먼지, 마른 나뭇잎을 털어낸다. 옆에는 도마뱀이 바위나 깡총한 잡목 아래 그늘을 찾아 기어가고 있다. 아버지가 수통의 마개를 돌려 열지만 물은 한 방울도 없다.

네가 물을 다 마셨구나.

네, 목이 말라서요.

그게 마지막이었는데. 우리는 오래 못 견디겠구나.

400미터쯤 밖에 거대한 선인장 한 그루가 보인다.

제가 달려가서 선인장에서 물을 받아올게요.

아버지는 허리띠에 찼던 수통을 풀고, 배낭을 벗어서, 둘 다 내게 건넨다. 허리 굽혀 발끝 만지기와 무릎 구부리기를 해서 다리를 푼 뒤, 모래를 뭉쳐 출발선의 발 받침대처럼 쌓고는, 단거리 달리기 선수처럼 엎드린 자세를 취한다. 발을 모래에 묻고, 잔뜩 웅크린 어깨를 가볍게 털며, 고개는 사냥개처럼 정면으로 쳐들고, 몸을 앞뒤로 흔들며 준비를 한다. 아버지는 진지하다.

출발 신호는 누가 주지요?

선수들이. 아버지는 먼지 위에 침을 뱉는다. 어서 출발선에 서.

정말로 이걸?

준비.

진짜 하기 싫은데?

땅, 아버지가 말한다. 아버지는 출발이 너무 좋다. 부정출발인지도 모른다고 나는 생각한다. 나는 아버지를 따라 뛰면서 정말로 공정하게 하려면 다시 시작해야 하는 것 아니냐고 외치지만 아버지는 무시한다. 아버지는 주먹을 움켜쥐고, 보폭을 늘리며, 힘차게 자갈을 찬다. 돌멩이와 잡목을 피해 사막 땅을 걷어차면서, 우리는 선인장으로 달려간다. 선인장은 거대하다. 바닥에서부터 줄기 네 개가 옆으로 구부러져 났고, 하늘로 쭉 뻗은 몸통은 9미터쯤 되어 보이는데 흡사 두꺼운 녹색 손가락 같다.

나는 아버지의 가쁜 숨소리가 들릴 정도로 바싹 다가붙었다. 하지만 여력이 없다. 내 머리는 정신없이 위아래로 까닥이고, 목 근육은 터질 듯 팽팽하다. 아버지는 무릎을 더 높이, 가슴에 닿을 듯이 들어올린다. 아버지는 쏜살같이 더 멀리 달아난다. 선인장을 향해서, 고함을 지르면서, 제대로 속도가 붙어 달려간다. 아버지의 팔다리는 부드럽게 힘차게 움직인다.

나는 돌연 무릎이 꺾여 먼지투성이 땅으로 엎어진다. 몸을 받치려고 팔을 쭉 뻗는 바람에 손이 돌멩이에 온통 긁힌다. 아버지는 호주머니에서 칼을 꺼내어 선인장 낮은 가지를 베고, 손바닥으로 물을 받아 마신다. 아버지가 이겼다. 또 아버지가 이겼다. 언제나 아버지가 이긴다. 하지만 결국에는 아버지도 진다. 우리 모두 언젠가 진다.

스포츠와 언어, 그리고 │우리 육체의
애틋함에 │관하여

이 책을 뭐라고 부르면 좋을까? 과학적 사실들을 양념으로 곁들인 자전적 에세이? 자신의 이야기를 내러티브로 삼아 죽음과 삶에 관한 여러 통찰들을 정리한 보고서? 저자는 2007년에 『윌로우 스프링스』라는 문예지와 가진 인터뷰에서 이렇게 말했다. "문학적 논픽션이라고 하면 지나치게 자기도취적이거나 자기비하적인 듯하지 않나요? 창조적 논픽션이라고도 하더군요. 뭐와 비교해서 창조적이라는 거지요? 파괴적인 것의 반대? 그거 좋네요. 파괴적 논픽션. 제가 쓰는 게 그것 같아요."

저자의 말이 농담만은 아니다. 이 책은 파괴적 논픽션이다. 죽음과 육체의 덧없음이라는 파괴적인 주제를 파괴적으로 들쑤셔본 파괴적 논픽션이다. 우리 인생에서 단 한 가지 확실한 것은 우리가 언젠가 죽는다는 사실뿐이라고 제목에서부터 야멸치게 선언하더니,

외면할 생각은 하지도 말라는 듯이 과학적, 통계적 수치들을 와르르 풀어놓는다. 태어나서 죽기까지 우리 몸이 겪는 변화의 수치들, 인구 집단의 질병과 사망 통계, 수명을 연장하기 위한 각종 노력들의 효과에 관한 수치들. 수치들에 따르면 우리는 6,7세 유년기에 인생의 절정을 맞는 동물이다. 성적으로 성숙한 청년기에는 오직 후손을 남길 생각에 몸이 달아하는 동물이고, 임무를 완수한 후인 중년과 노년에는 살든 죽든 자연의 관심 밖에 놓인 잉여의 목숨들이다.

뺨을 후려치며 현실을 직시하라고 말하는 듯한 매몰찬 결론, 정말로 인생은 그것뿐일까. 남들도 다 그렇게 살다가 가는 걸까. 저자는 무수한 인용구들로 답을 갈음했다. 공자, 셰익스피어, 오스카 와일드, 우디 앨런, 코맥 매카시, 도널드 트럼프, 스티븐 제이 굴드, 래퍼 아이스티, 무명의 택시 운전사까지 다양한 시대와 처지의 인물들에게서 의견을 수집하여 또 와르르 쏟아놓았다. 다 같은 처지라고 토닥거리는 말이 있는가 하면, 죽음의 통계보다 더 냉혹하게 희망을 꺾어놓는 독설도 있다. 체념한 사람과 분노한 사람, 당황한 사람과 초연한 사람, 슬퍼한 사람과 웃어넘긴 사람. 각양각색이지만 모두 기억하고 싶은 인용구들이 잔뜩 망라되어 있다.

그런데 또 그것만이 아니다. 과학적 사실들과 문학적 인용들 사이에 특별한 아버지와 아들의 이야기가 흐른다. 100세를 앞둔 아버지와 50세를 넘긴 아들, 그러나 아버지가 죽음에 가깝고 아들이 삶에 가까운 것이 아니라 그 반대이다. 평생 조울증에 시달리긴 했지만 90세가 될 때까지는 병원 한 번 안 갔던 아버지, 가족여행을 떠나서도 간간이 갓길에 차를 대고 팔벌려뛰기 100번을 실시했던 아버지, '죽는 건 누구나 한다, 사는 게 재주지'라고 말하는 아버지이다. 한편 아들은 여태 야구모자를 고집하는 아버지와는 달리, 훌랑 벗어진 머리를 진작에 받아들였다. 훌륭한 농구선수였던 시절은 이미 먼 과거, 지금은 당장 죽어버려도 좋겠다 싶을 정도로 심한 요통에 시달리는 글쟁이일 뿐이다. 위로는 생존기계 그 자체인 100세 아버지가 있고, 아래로는 천둥벌거숭이 같은 10대 딸이 있다. 그는 노골적인 생명력이 부담스럽다. 그는 생명을 사랑하지만 그 덧없음도 사랑한다. 그래서 그는 아버지가 영원히 살기를 바라면서 또 아버지가 얼른 죽기를 바란다. 그래서 그는 이 글을 썼다. 우리는 누구나 죽는다, 나도, 내 아버지도, 언젠가 죽는다, 라고 말하는 파괴적 논픽션을.

옮긴이로서, 나는 이 책을 스포츠와 언어에 관한 에세이라고 부르고 싶다. 죽음을 부정하는 100세 아버지이든 죽음을 직시하는 50세 아들이든, 죽음을 생각하면 할수록 그들에게는 인생의 가장 좋은 것 두 가지인 스포츠와 언어가 더욱 각별해진다. 스포츠, 저자에게 그것은 살아 움직이는 육체이고, 한순간이나마 자신의 육체를 완벽하게 통제하고 있다는 착각을 안겨주는 행위이다. 그리고 언어, 그것은 각자의 육체에 갇힌 사람들이 서로 다리를 놓는 수단이다. 이 짧은 삶에서 우리는 서로를 완벽하게 이해할 수 없을 테지만, 그래도 어쨌든 수다를 떠는 것, 울적한 농담을 던지는 것, 그것 말고 우리가 뭘 하겠는가. 그리하여 결국 이 책은 우리의 존재이자 한계인 육체의 애틋함에 관한 에세이이다.

평소에 나는 마감을 넘긴 번역원고를 끌어안고 있는 형편만 아니라면 언제 죽음이 오든 뭘 어쩌겠느냐고 생각하는 편이지만, 이 책을 옮기는 동안에는 애틋한 것들에 대한 생각을 유독 자주 했다. 내게 탄생을 주셔서 죽음의 기회도 주신 부모님을 생각했다. 이겨도 져도 애틋한, 사랑하는 야구팀 자이언츠를 생각했다. 이런 책을 읽고 옮기는 것이 얼마나 각별한 일인가 생각했다. 저자의 인용구 컬렉션에 은근슬쩍 보태고 싶은 드라마 〈닥터 하우스〉의 대사를 떠올려본다. "죽음은 언제나 추해요. 언제나. 존엄한 죽음 따위는 없어요. 존엄하게 살 수 있을 뿐이지." 언젠가 나도 죽겠지만, 그 언제까지는.

옮긴이 **김명남**

KAIST 화학과를 졸업하고 서울대 환경대학원에서 환경정책을 공부했다. 인터넷서점 알라딘에서 편집팀장으로 일했고 현재는 전문번역가로 활동하고 있다. 추리소설 '마르틴 베크 경감' 시리즈와 『휴먼 에이지』 『남자들은 자꾸 나를 가르치려 든다』 『면역에 관하여』 『명랑한 은둔자』 『행동』 등을 옮겼다. 『우리 본성의 선한 천사』의 번역으로 제55회 한국출판문화상을 수상했다.

우리는 언젠가 죽는다

1판 1쇄 2010년 3월 19일
1판 19쇄 2026년 2월 20일

지은이 데이비드 실즈
옮긴이 김명남

기획 김지연 박여영 | 책임편집 최지영 | 편집 구민정 | 독자 모니터 김경범
디자인 이경란 한충현 | 저작권 박지영 형소진 주은수 오서영 조경은
마케팅 정민호 서지화 한민아 이민경 왕지경 정유진 한경화 정경주 김혜원 김예진 이서진
브랜딩 함유지 김은솔 박민재 이송이 박다솔 조다현 김하연 이준희
제작 강신은 김동욱 이순호 | 제작처 (주)상지사 P&B

펴낸곳 (주)문학동네 | 펴낸이 김소영
출판등록 1993년 10월 22일 제2003-000045호
주소 10881 경기도 파주시 회동길 210
전자우편 editor@munhak.com | 대표전화 031)955-8888 | 팩스 031)955-8855
문학동네카페 http://cafe.naver.com/mhdn
인스타그램 @munhakdongne | 트위터 @munhakdongne
북클럽문학동네 http://bookclubmunhak.com

ISBN 978-89-546-1070-4 03300

www.munhak.com